KEVIN EASON

DRIVE

LES HOMMES QUI ONT FAIT LA FORMULE 1

TRADUIT DE L'ANGLAIS (GRANDE-BRETAGNE)
PAR CHARLES RECOURSÉ

Hugo Sport

Titre original : DRIVEN

Publication originale : Hodder & Stoughton, 2018

Pour la traduction française :

34-36, rue La Pérouse
75116 Paris

Collection Hugo Sport et ouvrage dirigés par Bertrand Pirel
Graphisme de couverture et mise en page : Marion Rosiere
Couverture : Max Mosley et Bernie Ecclestone – Mika Häkkinen et Michael Schumacher – Lewis Hamilton – Alain Prost et Ayrton Senna / © Presse Sports
Cahier central : © Presse Sports

ISBN : 9782755692198
Dépôt légal : octobre 2021
Imprimé en Espagne par CPI Blackprint

Ce livre est dédié aux talentueux et généreux éditeurs de la rubrique sports du Times *– David Chappell, Keith Blackmore et Tim Hallissey – qui m'ont accordé le temps et l'espace nécessaires pour m'épanouir dans le journalisme sportif, et à tous les collègues – particulièrement Bob McKenzie et Jonathan McEvoy – qui m'ont permis de garder ma santé mentale en dépit des centaines de milliers de kilomètres parcourus avec le cirque de la Formule 1. Et à Bernie Ecclestone ainsi qu'à sa terrible clique d'entrepreneurs. C'était un honneur de faire modestement partie de leur histoire.*

SOMMAIRE

INTRODUCTION

Quelque part au-dessus de moi, quelqu'un m'interpelle. Je ne vois pas où exactement, mais je reconnaîtrais cet accent irlandais entre mille. Perché dans une tribune du circuit de Yas Marina, Eddie Jordan m'a repéré alors que je déambulais dans le paddock.

Après trois cents grands prix ou presque, celui d'Abou Dhabi va être le dernier que je couvrirai pour le *Times*, et Jordan, le premier patron d'écurie que j'aie rencontré dans ma carrière, a visiblement l'intention de marquer le coup. « Tu nous manqueras pas, me crie-t-il. Espèce de bon à rien. T'as jamais rien pigé à la F1. »

Et je vais vous dire une chose : il a raison. Jordan a beau me taquiner, à côté de lui je n'y connais pas grand-chose, même après vingt ans au cœur de ce sport hors du commun. Ma retraite arrive à point nommé, tout comme la sienne.

Nous sommes en novembre 2016 et je tire ma révérence au crépuscule d'une époque marquée par la mainmise de Jordan et d'une cohorte d'autres entrepreneurs sur le plus fabuleux spectacle sportif au monde. Bernie Ecclestone ne le sait pas encore, mais ce grand prix va être son dernier à la tête d'un sport qu'il a présidé pendant presque quatre décennies ; Ron Dennis, le titan de McLaren, a tiré sa révérence juste avant cette course, et quant aux autres – Flavio Briatore, Luca di Montezemolo et tant d'autres –, ils s'en sont allés l'un après l'autre.

Journaliste sportif est un métier formidable ; le pratiquer pour le *Times* est un privilège ; être spécialisé dans la Formule 1, eh bien... c'est formidable.

Contrairement à nombre de mes collègues, qui sont avant tout des fans, j'ai eu une longue carrière avant la F1 (un vrai travail, comme je le dis souvent) : je viens de la presse locale et ai réalisé ma première interview alors que j'étais encore un stagiaire inexpérimenté et âgé de dix-sept ans, avec une certaine Evelyn Harrison, un petit bout de femme avec un carré de cheveux violets et une robe à la mode des années 1920, qui a tenu à s'assurer qu'elle pouvait me faire confiance en palpant les bosses de mon crâne avant de me parler de son club de rencontres pour célibataires. J'ai passé le test crânien. J'ai aussi interviewé le Premier ministre Ted Heath au sujet de l'entrée de la Grande-Bretagne dans ce qui s'appelait alors le Marché commun, et couvert les grèves de mineurs et les plans sociaux de l'industrie automobile. Je suis arrivé à Fleet Street, la rue où se concentrait historiquement la presse anglaise, en tant que correspondant sur les sujets industriels, et j'ai suivi le travailliste Neil Kinnock lors de la campagne de 1987, serrant dans ma main mon tout premier téléphone portable (qui n'a jamais fonctionné). Mais je me suis aussi retrouvé tout près de l'avion qui s'est écrasé à Kegworth en 1989, tuant quarante-sept passagers, et plus tard la même année je me suis rendu sur l'épave de la péniche *Marchioness* qui avait été coulée par une collision avec un autre bateau, coûtant la vie aux cinquante et une personnes qui y faisaient la fête. En 1997, j'ai repris la route pour une nouvelle campagne électorale et rejoint l'équipe qui couvrait la mort de la princesse Diana.

J'ai aussi été rédacteur en chef adjoint de la rubrique automobile, une version miniature de Jeremy Clarkson si vous voulez. Cela m'a donné l'occasion de conduire tous les types de voitures imaginables aux quatre coins du globe. J'ai anéanti une célèbre Ford GT40 à Silverstone et je suis parti en tête-à-queue avec une Ferrari 360, sous les applaudissements des mécaniciens de la Scuderia. Manifestement cet épisode a tenu lieu d'entretien d'embauche, puisque, en mars 1998, j'embarquais dans un avion à destination de l'Australie pour y couvrir mon premier grand prix. Après avoir écrit sur des grèves, des morts, des élections et des voitures, on m'envoyait assister au feuilleton le plus cher du monde – et ce feuilleton était fascinant. Il y avait des vainqueurs couverts de gloire et des vaincus dignes dont les histoires n'étaient en rien moins passionnantes.

Moi qui croyais avoir tout vu dans le journalisme, j'étais tout à coup comme hypnotisé, et pas uniquement par les voitures, le paddock et le défilé des célébrités (j'ai croisé George Harrison en sortant des toilettes), mais par le peuple de la F1.

Sepp Blatter dirigeait la FIFA, l'entité régissant le football, à la manière d'un prince féodal entouré de vassaux, mais Blatter n'avait rien à perdre à ce jeu. En cas de problème, ce n'était ni son argent, ni sa tête qui se retrouvait sur le billot, contrairement à Eddie Jordan qui a misé jusqu'à son dernier penny dans la Formule 1. Blatter n'a pas été contraint de voir des footballeurs mourir dans d'atroces souffrances sur la pelouse, et il n'a pas perdu un de ses meilleurs amis dans un brasier en plein match, contrairement à Frank Williams ou à Bernie Ecclestone. Blatter n'a pas risqué la faillite pour bâtir son empire, contrairement à Ron Dennis avec McLaren.

Ce livre n'est ni une histoire, ni une enquête – d'autres, comme Tom Bower, Tim Collings, Susan Watkins et Richard Williams, ont disséqué les rouages du sport avec talent et force détails. Il s'agit plutôt d'une suite de souvenirs, d'instantanés et d'anecdotes racontée par un journaliste qui a eu un siège à la table d'honneur de la Formule 1. Je tâcherai de donner de la couleur à des personnages dont les interviews télévisées restituent une image trop terne, et de passer en revue les événements qui ont façonné ces personnages. Je les ai revus durant l'écriture de ce livre, pour me remettre en mémoire certains aspects rarement dévoilés de leur personnalité. Et pour me rappeler que les hommes qui ont fait la Formule 1, qui ont fait de ce sport un phénomène mondial qui pèse des milliards d'euros et passionne des dizaines de millions de personnes, ces hommes étaient extraordinaires et uniques. Ils étaient déterminés.

1
L'HOMME QUI NOUS A RENDUS RICHES

7 mars 2017 : une invitation à dîner, seize mots à l'encre argentée qui résument toute une vie : « Hommage à Bernie Ecclestone, l'homme qui a donné ses lettres de noblesse à la Formule 1. » Sous-entendu : « Et qui a rendu beaucoup de gens riches. »

Le carton d'invitation aurait pu aller plus loin, car l'hommage ne s'adressait pas à un seul homme, mais à toute une époque sans pareille dans le monde du sport ; il marquait la fin d'une ère d'entrepreneurs hors du commun et menés par Ecclestone, grâce à qui la Formule 1, autrefois une poignée de passionnés vivotant de la course automobile, était devenue un mastodonte du divertissement.

Ces hommes étaient des géants, et pourtant ils étaient gouvernés par le plus petit d'entre eux. Avec son mètre 61, Ecclestone paraît à la merci du premier coup de vent, mais les apparences sont trompeuses. Cet homme qui a débuté comme acheteur et revendeur de voitures de courses d'occasion s'est montré assez fort pour survivre parmi les durs de l'East End londonien et se faire respecter par des types deux fois plus grands que lui, avant de passer à la F1 où il est devenu le P.T. Barnum, la bête de scène, le Monsieur Loyal d'un cirque ambulant qui faisait frissonner des millions de spectateurs du monde entier.

Mais son règne extraordinaire appartient aujourd'hui au passé. Après avoir gouverné en dictateur pendant quatre décennies, Ecclestone a été expulsé sans ménagement du sport qu'il a façonné à son image. Pour la première fois en quatre-vingt-six ans, il se retrouve au chômage et, pour la première fois de mémoire d'aficionado, il n'y aura pas de Bernie à l'ouverture de la saison de F1, dix-neuf jours après ce dîner de fête qui rassemble une cinquantaine de copains et de partenaires de haut vol dans un élégant restaurant de Chelsea.

En arrivant, les invités se voient remettre un programme souvenir et un masque à l'effigie d'Ecclestone, afin que l'invité d'honneur tombe sur une foule terrifiante de Bernie quand il poussera la porte.

C'est David Coulthard, ancien pilote de chez Williams, McLaren et Red Bull, et vainqueur de treize grands prix, qui endosse le rôle de maître de cérémonie en accueillant les invités, dont moi, l'unique journaliste, l'intrus dans une assemblée de multimillionnaires. Malheureusement pour moi, la Formule 1 ne m'a pas rendu riche. Ce qui n'est pas le cas de Flavio Briatore, l'ancien directeur des écuries championnes du monde Benetton et Renault, qui a organisé ce dîner à Sumosan Twiga, un curieux restaurant de cuisine italo-japonaise situé sur une des artères les plus chics de Londres. Nous nous trouvons dans le fief d'Ecclestone, au croisement de Chelsea et Knightsbridge. C'est ici qu'il a élu domicile et présidé la Formule 1 depuis son petit QG à deux pas de Harrods et Harvey Nichols, les grands magasins où se vend l'ultra-select « Made in Chelsea », et des boutiques de luxe qui attirent les touristes fortunés.

Sumosan Twiga est blotti au pied de la Jumeirah Carlton Tower, un hôtel où les familles royales du Moyen-Orient descendent en Lamborghini dorée et prennent des suites dont le prix peut atteindre les 3000 euros par nuit. Jadis, la F1 n'avait que des sandwichs et de la bière à proposer, mais depuis Ecclestone on y boit du champagne dans les beaux quartiers.

Chaque fois que la double porte du Sumosan Twiga s'ouvre, un visage familier du monde de la F1 – le monde de Bernie – apparaît.

Luca di Montezemolo, l'aristocrate mis à la porte de la Scuderia Ferrari qu'il a secourue et reconstruite, arrive de Rome, aussi svelte et impeccable que dans sa jeunesse, lorsqu'il a fait de Ferrari une des écuries les plus riches et couronnées de ce sport. Est aussi présent Piero Lardi Ferrari, le fils illégitime d'Enzo qui incarne le dernier lien du sang avec le fondateur de la marque et pionnier du sport.

À l'autre bout de la salle, verre en main, j'aperçois Vijay Mallya, le magnat indien de l'alcool et créateur de la compagnie aérienne Kingfisher – jusqu'à ce que les autorités indiennes décident de le poursuivre pour des faits de corruption, réfutés par Mallya qui préfère y voir la persécution d'une célébrité dans son propre pays pour des motifs politiques. Ici, tout le monde s'en moque, et le propriétaire de l'écurie Force India est aussi resplendissant qu'à son habitude, avec ses énormes diamants aux oreilles et ses lourds bijoux en or.

Toto Wolff, l'Australien dégingandé à la tête de Mercedes Sport, arrive avec sa femme Susie, suivi de près par Christian Horner, le directeur de l'écurie Red Bull et témoin de mariage d'Ecclestone. Ces deux-là sont les nouveaux, les jeunes loups prêts à prendre la place des entrepreneurs qui ont risqué leurs fonds propres dans la course automobile. La femme de Horner, Geri, ex-Spice Girl en grande forme, se rapproche bientôt de Karen, l'épouse de David Coulthard, et de Susie Wolff, et toutes trois s'arrogent une table « réservée aux femmes » où elles seront préservées des rodomontades testostéronées d'une assistance très majoritairement masculine.

Son Altesse Royale le prince Salman ben Hamad Al Khalifa, héritier de la couronne du Bahrein, petit homme soigné cigare toujours aux lèvres, est la première tête royale à se présenter. C'est lui qui est l'instigateur du projet démesuré de construction d'un circuit à 120 millions d'euros au milieu du désert, un palais de la vitesse sans le moindre intérêt pour la population de son pays et qui mobilise l'opposition depuis plusieurs années. Mais le prince n'en fait qu'à sa tête et martèle que sa folie automobile bénéficiera grandement à son petit pays.

Il est suivi par une personnalité de rang inférieur, à savoir le prince Albert de Monaco, en costume gris et chemise blanche à col ouvert. La F1 est une affaire de famille chez les Grimaldi, qui organisent des grands prix dans les rues étroites et tortueuses de leur principauté-jouet depuis 1929. Monaco demeure le joyau sur la couronne de la F1, ce qui explique probablement que ce soit la seule course n'ayant rien à débourser pour avoir le privilège d'accueillir un grand prix. Depuis les remparts de son palais, le prince voit le tracé du plus célèbre circuit au monde dans des rues décrites par Somerset Maugham comme « un endroit ensoleillé pour les gens louches ». C'était peut-être vrai autrefois, mais, depuis, nombre d'acteurs de la F1 – comme Lewis Hamilton, David Coulthard et Eddie Jordan – ont succombé aux charmes de ce petit paradis fiscal accroché aux falaises de la Côte d'Azur, doté d'un climat favorable et protégé des regards.

Tandis que la salle se remplit et que le volume sonore augmente, je remarque la mince silhouette pâle de Max Mosley dans un coin. Mosley est un des deux compères qui administraient naguère la Formule 1. Ecclestone et lui formaient un étrange couple d'amis : d'un côté Mosley, l'avocat, l'aristocrate, le cérébral, l'héritier devenu président de la Fédération Internationale de l'Automobile (l'instance dirigeante du sport automobile), et de l'autre Ecclestone, le vendeur de voitures d'occasion originaire d'un village du Suffolk, qui a régné sur la F1 en jouant de la menace autant que de l'appât du gain.

En plus de leur vision pour le sport, ces hommes étaient unis par un trait de caractère commun : ils adoraient faire les quatre cents coups. Aucune blague n'allait trop loin quand il s'agissait de rabattre le caquet à un prétentieux. Après une vie à intriguer pour déloger les anciennes élites et s'approprier la F1, les deux vieux compères sont aujourd'hui sur la touche. Du reste, Mosley n'est pas un grand fêtard et préfère ce soir rester en retrait et siroter tranquillement son champagne, modestement vêtu d'une veste de sport et d'un col roulé noir. Un jour, je lui ai demandé s'il pensait Bernie capable de prendre sa retraite. « Il ne pense qu'à la Formule 1 du matin au soir. C'est toute sa vie. Et vous, Max, ça ne vous manque pas ? » À quoi Mosley m'a répondu : « Absolument pas. Je peux faire une foule de choses maintenant que je n'ai plus à m'occuper de toutes les affaires des écuries. J'ai enfin le temps de lire. Bon, cela dit, je ne pense pas que Bernie soit un grand lecteur. » Il avait sûrement raison, et je suis prêt à parier que Bernie n'a jamais lu que des contrats.

Mais soudain, le brouhaha cesse. Briatore nous fait signe de nous taire. Les portes s'ouvrent et Ecclestone apparaît, vêtu comme à l'accoutumée d'un costume gris foncé sur mesure et d'une chemise d'un blanc aveuglant. Il est abasourdi par les cinquante Ecclestone de papier qui l'accueillent bruyamment. Son épouse Fabiana le prend par le bras et le guide dans la mêlée. Il paraît sous le choc et meurt d'envie de se défiler, mais impossible d'échapper à l'amitié des convives qui retirent leurs masques pour révéler leur identité. À la fin du dîner, on apporte le bouquet final : le gâteau, gigantesque et nappé de photos des dizaines d'années d'Ecclestone dans la F1. Quelqu'un a donné à Bernie un énorme couteau pour le découper, mais il semble hésiter, visiblement peu enclin à détruire tous ces souvenirs. Fabiana, presque un demi-siècle de moins que son mari, prend les choses en main, comme chaque fois qu'Ecclestone est brusquement rattrapé par son âge vénérable, et l'aide à trancher l'empilement de couches de sucre. Pour finir, Ecclestone fait un tour de salle et échange un mot avec chacun. Quand il m'aperçoit, il vient me poser une main sur le bras et me dit « Merci d'être venu, mon vieux », puis il passe à quelqu'un d'autre, et j'ai l'impression qu'il cherche une porte de sortie. La fête est finie... bien finie.

2
AMIS ET ENNEMIS

Ils étaient chiens et chats, pommes et oranges, jour et nuit, comme vous préférez. Les entrepreneurs qui ont créé la Formule 1 et l'ont adaptée à l'époque moderne couvrent tout le spectre des silhouettes et des tailles, des intelligences et des éducations, et la seule chose qui semble réunir ces frères d'armes est leur obsession pour la perfection dans un sport qui a phagocyté leur vie.

Ils avaient beau ne pas se ressembler, ils se comportaient en famille mafieuse, proches et soudés en public, mais capables de devenir les pires ennemis en privé, dans les salles de négociation. Ils rivalisaient sur les circuits et comparaient la taille de leur compte en banque, et pourtant dès que les choses tournaient au vinaigre ils resserraient les rangs, chacun surveillant les arrières des autres avec une férocité susceptible de repousser les critiques les plus puissants.

Certains étaient jusqu'au cou dans les dettes à leurs débuts, mais tous ont fini riches comme Crésus. Leur fortune en paraissait presque obscène. Chacun de ces hommes est devenu multimillionnaire et Bernie Ecclestone était réputé pour être le cadre le mieux payé de Grande-Bretagne dans les années 1990, à une époque où les millionnaires ne couraient pas les rues.

Le linge sale se lavait en public et les menaces de brouille étaient constantes. On avait parfois l'impression que le milieu de la Formule 1 se livrait une guerre permanente pour la plus grosse part d'un gâteau toujours plus gros. David Richards, qui dirige aujourd'hui la Motor Sports Association, est un des hommes les plus intelligents du sport automobile; c'est lui qui a mené Colin McRae et Richard Burns aux championnats du monde avant de prendre la tête des écuries Benetton et BAR Honda. Il ne partage pas cette vision des choses: « C'est une histoire de compétition et de triomphe. C'est une histoire d'argent. Les gens les plus compétitifs du monde se retrouvaient dans la Formule 1. C'étaient des gens extraordinaires, qui auraient été extraordinaires dans n'importe quel autre domaine. »

Bernie Ecclestone, né en 1930 et fils d'un pêcheur de Lowestoft, est l'antithèse de Max Mosley, né dix ans plus tard de parents dont l'admiration pour Adolf Hitler est restée célèbre: le politicien fasciste Oswald Mosley et sa femme Diana. Ecclestone et Mosley sont devenus aussi inséparables que des siamois lorsqu'ils ont mis ensemble le grappin sur la F1. Mosley aurait toutefois pu faire profiter Ecclestone de son expérience en lui suggérant de ne pas évoquer, dans une interview pour le *Times* en 2009, son respect pour « l'efficacité » de Hitler. Mosley comprenait mieux que la plupart des gens les répercussions de cette saillie.

L'aristocratique Luca Cordero di Montezemolo est né en août 1947 à Bologne, dans une des familles les plus privilégiées d'Italie, tandis que Ron Dennis, son aîné de deux mois seulement, vient d'un foyer en partie décomposé de Woking, une cité-dortoir en bordure de l'autoroute M3 dans le sud de l'Angleterre. Montezemolo est polyglotte, raffiné, et a été un temps pressenti pour devenir président de l'Italie; Dennis a inventé une variante étranglée de l'anglais, baptisée « Ronspeak », et avoue souffrir de troubles obsessionnels compulsifs, ce qui ne l'a pas empêché de faire de McLaren l'écurie la plus titrée de l'histoire, juste après Ferrari. Les deux hommes, de tempérament et de style opposés, ont laissé derrière eux un héritage: deux entreprises, Ferrari et McLaren, connues dans le monde entier pour incarner l'excellence technique et technologique.

Sir Frank Williams est né cinq ans avant Montezemolo et Dennis, et dans un monde encore différent, à South Shields, une ville de pêcheurs du nord-est de l'Angleterre, où il a vécu jusqu'à ce que ses parents l'envoient en pension à la suite de leur séparation. Sir Jackie Stewart, né en 1939, avait été préparé à reprendre l'affaire de son père, qui vendait des Jaguar et des Austin. Les deux hommes sont devenus des chevaliers de la course automobile, malgré des vies marquées par leurs différences.

D'autres encore ont occupé une place importante, comme Eddie Jordan, né en 1948. Un Irlandais qui a tout risqué – sa maison, son avenir et sa famille – et récolté une véritable fortune grâce à sa volonté acharnée et infatigable. Et il faut aussi évoquer un retardataire qui ne connaissait rien au sport mécanique : Flavio Briatore, un homme extravagant, aux idées arrêtées, accusé d'avoir triché à une échelle délirante. Il est né en 1950 dans la petite ville de Verzuolo, dans le nord de l'Italie. Il a commencé sa carrière comme assistant d'un homme d'affaires réputé pour ses liens avec la mafia qui mourut dans un attentat à la voiture piégée. Un vernis glamour appliqué sur l'histoire de celui dont la confiance, le culot et le sens des affaires ont contribué à faire connaître la marque de vêtements Benetton avant de la lancer dans le sport automobile.

Si vous mettiez tous ces personnages dans la même pièce, il serait impossible de comprendre ce qui les rassemble, à l'exception d'une chose : la Formule 1. Et éventuellement une deuxième : tous étaient fermement déterminés à réussir. Un jour peut-être, un psychologue ouvrira leur crâne et nous expliquera comment ce petit groupe d'une demi-douzaine d'hommes, auxquels s'ajoutait une poignée d'incontournables, a pu arriver dans le même sport à la même période et en prendre possession, tout en projetant son image sur des dizaines de millions d'écrans de télévision de par le monde et en générant des milliards d'euros.

Il n'y avait dans leur vie de place pour rien d'autre que pour la F1. La névrose de Ron Dennis s'est révélée être autant une souffrance qu'une force. Est-ce elle qui l'a poussé, jeune homme, à trimer jour et nuit sans s'autoriser une seule soirée au cinéma avec une fille, une seule journée à la mer avec ses copains ou même des vacances à la plage ?

« Si vous voulez être le meilleur dans votre domaine, tout le reste doit passer en second. Vous devrez être concentré et impliqué, et pour cela faire preuve de passion. Et ma passion à moi était extrême », a-t-il déclaré en 2017 dans un discours devant l'American Academy of Achievement. « Il n'y avait aucune place pour les filles dans ma vie, même lorsque j'avais vingt ans, et je ne dépensais pas mon argent parce que je ne sortais pas, vu que je travaillais tout le temps. »

Dennis ne s'est marié qu'à trente-huit ans. Il a divorcé de Lisa, avec qui il est resté vingt ans, en 2008. Ces deux-là formaient une équipe fantastique, et j'ai senti une pointe de nostalgie dans sa voix quand il a ajouté cette phrase à son analyse de la passion qui l'avait animé : « Parfois, on n'a pas le temps de décompresser quand on sort du travail. On est encore en train de travailler quand on rentre à la maison et la famille s'en rend compte. »

Claire Williams, qui a grandi auprès d'un père ayant investi tout ce qu'il avait dans la Formule 1, a pris toute la mesure de cette quête et de l'incertitude qui pèse sur ces vies. Après avoir connu le succès, Sir Frank Williams a dû affronter un handicap terrible et est resté cloué dans un fauteuil roulant pendant plus de trois décennies. Son appartement personnel se trouve au même étage que la direction de l'usine Williams, tout près de la ruche des secrétaires, des concepteurs et des ingénieurs. Sir Frank, le tétraplégique survivant, a cessé de jouer un rôle actif dans l'écurie qu'il a fondée et portée au succès, mais il n'a pu se résoudre à abandonner le sport auquel il a voué son existence. À en croire Claire Williams, même le handicap de son père a dû passer après son obsession pour la Formule 1.

« La seule chose que mon père a faite pour moi – depuis l'école primaire et jusqu'à l'université – a été de participer à *une* réunion parents-profs. Je ne lui reproche rien, il a accompli énormément de choses. On ne peut pas réussir si on n'a pas sa détermination. Mais y consacrer toute sa vie, se laisser consumer à ce point, être aussi obsédé, n'avoir aucune autre passion et aucun loisir, cela me dépasse un peu. »

Pour des yeux extérieurs à cet univers, ce mode de vie n'a aucun sens dans le monde réel où les gens font les magasins, emmènent leurs enfants jouer et ont des occupations variées. Et puis il y a le monde du sport, l'étrange obsession pour la mécanique et l'aérodynamique, les pneus et les ordinateurs, tout cela contenu dans une bulle dorée qui pourrait figurer dans un numéro de *Vogue*. La Formule 1, c'est comme la coriandre : on aime ou on déteste ; rares sont les personnes qui n'ont pas d'avis. Les journalistes sportifs tous médias confondus, le plus souvent immergés dans le football, le cricket et le rugby, n'en comprennent ni le jargon ni les subtilités, sans même parler des références constantes aux sommes considérables qui semblent en être le motif premier. Les commentaires des lecteurs sous les articles consacrés à la F1 sont souvent émaillés de remarques narquoises, insultantes, que l'on peut généralement résumer par : « Ce n'est pas un sport. »

Peu de personnes comprennent le goût des hommes tels que Frank Williams pour la vitesse et le danger, ou l'intérêt des fans pour l'opulence du paddock, les top models et les yachts.

En effet, la Formule 1 a beaucoup de détracteurs, qui y voient un loisir ennuyeux, un sport de blaireaux. Pire encore, les classes intellectuelles se font souvent un devoir de dénigrer un sport qui paraît voué depuis longtemps à la consommation effrénée. Prenez par exemple cette description assassine, sous la plume de Camilla Long dans le *Sunday Times* en février 2018, quelques jours après que Liberty Media, le nouveau propriétaire de la Formule 1, eut annoncé la fin des « *grid girls* », ces filles sur la grille de départ qui étaient un des attributs les plus célèbres du sport, au motif qu'elles ne correspondaient plus aux « valeurs de la marque ». Camilla Long ne retient pas ses coups : « J'ai été fascinée d'apprendre que la marque Formule 1 avait des “valeurs”, car j’ai du mal à imaginer un secteur économique qui mette autant l’emphase sur les courbes dénudées et les poitrines pneumatiques que le cirque de la course automobile, où l’on se gargarise à l’essence en se mettant des chaussettes sur la tête. »

Un jugement bien superficiel et mesquin, mais qui trouve un écho chez des millions de personnes, et particulièrement auprès des femmes qui voient dans la Formule 1 un domaine réservé aux hommes en une ère de mouvement #MeToo. Claire Williams en a bien pris conscience lors de sa première réunion avec les cadres dirigeants du sport quand elle est devenue directrice générale adjointe de l’écurie paternelle : « Nous étions tous autour de la table et Luca [di Montezemolo] me jetait régulièrement des regards en coin. C’était très gênant. Au bout d’un moment, il s’est levé, il est venu se placer derrière moi et il m’a dit : “Ça y est, je sais qui tu es. Tu es la petite Claire. Je te connais depuis que tu es toute petite. Tu étais minuscule et regarde où tu en es maintenant.” Et après ça il m’a tapoté la tête. J’avais envie de disparaître dans mon fauteuil. »

Malgré cette démonstration de condescendance, les femmes ont leur place dans ce sport. En plus de Claire Williams, qui dirige une écurie prestigieuse, il suffit de jeter un coup d’œil aux garages durant les retransmissions pour voir des femmes derrière des ordinateurs, et d’autres en bleu de travail qui s’affairent aux côtés des hommes à tous les postes. Tous sauf un : il n’y a pas de femme pilote. Certaines ont eu leur chance – Maria Teresa de Filippis dans les années 1950 et Lella Lombardi vingt ans plus tard, les deux seules femmes à avoir pris le départ d’un grand prix –, mais personne ne sait pourquoi elles ne parviennent pas à passer le cap. Cela étant, les hommes aussi sont très nombreux à échouer à l’examen final de la F1. Le salut viendra peut-être de Jamie Chadwick, une jeune et fougueuse Britannique qui a remporté en 2018 sa première victoire dans le championnat de Formule 3, une division qui a vu éclore des pilotes tels que Martin Brundle, Mika Häkkinen et Ayrton Senna. Chadwick a raison quand elle dit que la course automobile a grandement besoin d'une championne. Les sponsors et les écuries dérouleraient le tapis rouge à une jeune femme brillante qui viendrait secouer un milieu historiquement masculin.

Mais c'est l'image qui est reine, or celle de la Formule 1 s'est façonnée sur plusieurs générations. Les observateurs extérieurs ne voient souvent que le strass et les paillettes du paddock et ils oublient de prendre en compte la passion qui irrigue ce sport, et les exploits techniques que le monde entier admire. L'industrie britannique, dont la Formule 1 est le joyau, est trop peu reconnue pour sa position de leader du secteur. Sous l'impulsion de la F1, le sport automobile britannique, au départ une poignée d'amateurs dans leur garage, est devenu une industrie dont les 4 500 entreprises pèsent 11 milliards d'euros, exportent 87 % de leur production et emploient plus de 41 000 personnes, selon les chiffres calculés en 2013 par la Motorsport Industry Association. C'est considérable à tous les points de vue.

Et pourtant, il est rare que la F1 soit saluée comme elle le mérite. Sans parler des décennies de chamailleries financières qui ont propagé la vision d'un milieu froid et calculateur, bâti exclusivement sur la soif de richesse. Rien d'étonnant, donc, à ce que les politiciens et les bien-pensants soient sans pitié envers un sport réputé pour ses excès, et souvent taxé de corruption et de triche à une échelle proprement époustouflante.

Les pilotes sont des gladiateurs dont les exploits et les salaires à sept chiffres font les gros titres, et nombre d'entre eux sont devenus des monuments dont le nom reste gravé dans l'esprit du public : Juan Manuel Fangio, Stirling Moss, Jackie Stewart, James Hunt, Michael Schumacher et Lewis Hamilton sont de ces figures emblématiques dont les prouesses ont soulevé les foules et qui ont eu à pleurer des collègues restés sur le bitume.

Mais la course automobile ne se cantonne pas à des pilotes chouchoutés, des patrons sournois et des fontaines de champagne.

Elle est faite d'hommes et de femmes issus de familles ordinaires et ayant choisi des professions qui exigent de leur part autant de loyauté, de précision, d'abnégation et de passion que celles des superstars qui enchaînent les interviews et défilent dans le paddock devant des millions de téléspectateurs. Ils et elles sont dans l'ombre et largement méconnus, mais leurs émotions n'en sont pas moins profondes.

Flavio Briatore ne connaissait rien à la Formule 1 lorsqu'il a débarqué des États-Unis, où il avait contribué à faire de Benetton une des marques de mode les plus en vue. Pour lui, ce n'était qu'une mission comme une autre, mais il a compris combien il se trompait le jour de 1990 où il s'est présenté à l'usine Benetton, dans la campagne anglaise.

« Ce n'était pas du *business*, tout le monde prenait la course très à cœur, jusqu'à l'homme de ménage, m'a raconté Briatore. Il y a eu un accident pendant un test et la voiture a été gravement endommagée. Tout le monde, y compris les secrétaires, est descendu dans la cour pour voir ce qu'il en était. J'ai trouvé ça fou. Pourquoi ma secrétaire avait-elle besoin d'être là ? Elle n'allait pas pouvoir réparer la voiture. Tout le monde était très impliqué, se sentait très concerné par les voitures, leur ligne, leurs performances et l'identité de leur pilote. Pour ces employés, ce n'était pas du *business*. La Formule 1, c'est du bruit et de la vitesse, mais c'est surtout un mode de vie. »

De même que Briatore, Finbarr O'Connell était tout sauf un mordu de sport mécanique. Au siège de Smith & Williamson, dans la *City* londonienne, O'Connell était un gestionnaire estimé, qui avait dans son escarcelle certains des plus gros clients de la société et était chargé d'encadrer la liquidation d'entreprises en faillite. Il a pris les rênes de mines d'or au Ghana, s'est fait du mouron pour des récoltes de blé en Ukraine, et a fait partie de l'équipe qui s'est coltiné la banqueroute complexe de Boris Becker. Mais la Formule 1, c'était encore autre chose. Lorsqu'il a passé les portes de l'écurie Caterham, à Leafield, dans l'Oxfordshire, en octobre 2014, il s'est retrouvé devant des chefs-d'œuvre de technique et a rencontré des ouvriers qui refusaient d'empocher leur prime de licenciement et de disparaître en abandonnant leur écurie. « Je n'oublierai jamais l'esprit d'équipe qui régnait chez les mécaniciens et dans tout le staff », confie O'Connell avec son doux accent irlandais.

Le plus simple pour lui aurait été de refermer les portes de l'usine et de vendre les châssis rutilants et la fibre de carbone, mais O'Connell a eu la bonne idée de tenter le tout pour le tout afin de maintenir Caterham en vie. Il a lancé une campagne de financement participatif visant à inscrire l'écurie au dernier grand prix de la saison 2014 qui se courait à Abou Dhabi. Caterham avait manqué deux courses faute de moyens, mais O'Connell espérait que, s'il réussissait à lui offrir un dernier départ, la passion qui animait l'équipe ne passerait pas inaperçue et séduirait un repreneur potentiel. La campagne de financement permit de lever plus de 270 000 euros, auxquels les sponsors ajoutèrent un demi-million, grâce à quoi les hommes et les femmes de Caterham purent se remettre au travail. Et ils firent des miracles. C'était une réussite impressionnante, mais O'Connell devait garder à l'esprit que cette écurie n'allait guère faire d'étincelles. Caterham n'avait pas marqué le moindre point en F1 depuis cinq saisons. Cinq années de travail acharné, pas un seul hourrah et pas une seule récompense.

Dans un sport délibérément biaisé en faveur des riches et des puissants, il est légitime de se demander à quoi servent les petites écuries comme Caterham. Elles ne gagneront jamais, n'approcheront même pas un trophée à moins qu'une grande écurie ne l'oublie dans un hall d'aéroport. Chaque grand prix est une nouvelle odyssée contre vents et marées. Mais, pour ces écuries, c'est *leur* odyssée. L'obstination de Caterham était peut-être dans son ADN, car c'était sa peau qu'elle défendait, et elle n'allait pas s'avouer vaincue aussi vite. O'Connell – un comptable grisonnant à lunettes et sourire malicieux – n'avait rien d'un meneur d'hommes, et pourtant il a su convaincre toute l'écurie de le suivre.

S'il a été surpris que les mécaniciens et les ingénieurs n'hésitent pas à travailler gratuitement pendant presque une semaine sous le soleil accablant du Moyen-Orient, il a été absolument stupéfait en entrant dans le paddock d'Abou Dhabi un peu moins d'un mois après sa reprise en main de Caterham. En une seconde, cet homme qui n'avait jamais vu une course ni entendu hurler un moteur de F1 a tout compris. L'argent dégoulinait des murs couleur sable des bureaux d'accueil, où cheikhs arabes et hommes d'affaires européens trinquaient au champagne dans une nuit illuminée par des milliers de projecteurs.

« C'est là que j'ai pigé, dit O'Connell. J'ai vu tout ce que la Formule 1 a d'attirant et de séduisant. L'équipe était surexcitée. Un mécanicien doué peut gagner deux fois plus en travaillant pour des clients très riches que ce qu'il aura dans une écurie, mais ce n'est pas ce que cherchaient ceux de Caterham. Ils adoraient leur métier. »

Fut un temps, le paddock n'avait à offrir que des transats branlants et des tables sur tréteaux qui ployaient sous le poids des sandwichs, des bouteilles de bière et de la promesse d'un gâteau, et on n'avait pour s'abriter qu'un auvent fixé au toit de la remorque transportant les outils et les vivres. Quand il pleuvait, on était trempé ; quand il faisait beau, on crevait de chaud. À la fin de ma carrière, il y avait d'immenses « centres d'accueil » climatisés, où des top models et des capitaines d'industrie sympathisaient avec des stars comme Michael Douglas, Al Pacino, Rihanna, David et Victoria Beckham, ou encore le chef Gordon Ramsay. Les visages étaient beaux, le buffet appétissant et les vins délicieux, et le paddock était un paradis seulement accessible par un passe électronique accordé par Ecclestone en personne. Ce sésame ouvrait les portes d'un univers parallèle de fortune et de glamour où tout le monde cherchait à se faire admettre. Ceux qui restaient dehors ne pouvaient qu'envier ceux qui étaient dedans. Ces instants d'éblouissement étaient le fruit de l'obsession d'Ecclestone et sa clique pour la propreté, le métal étincelant et la précision, et le circuit de Yas Marina, autour duquel Abou Dhabi a investi des dizaines de milliards d'euros, constituait le zénith de leur succès.

Si ces entrepreneurs ont réussi, c'est parce que leur esprit de compétition s'est montré plus fort qu'eux, et ceux qui ne se sont pas jetés corps et âme dans la F1 ont compris qu'ils n'avaient pas leur place dans cet étrange asile où chacun est enchaîné à ses obsessions. David Coulthard a fait toute sa carrière dans la Formule 1, d'abord comme pilote pour Williams et McLaren, puis pour Red Bull, avant de se transformer en chroniqueur pour la télévision et en homme d'affaires. Voici comment il décrit Ecclestone et son si particulier cirque de la vitesse : « Ils sont tous sur le même spectre, et ils baignent dans une croyance absolue. La plupart des gens travailleront dans un bureau du matin au soir jusqu'à leur retraite. Eux, ils vivent pour leur travail. Dans ce milieu, soit vous serez embarqué, soit vous serez dévoré tout cru et recraché. »

3
LES PIONNIERS

La boîte de réception de Kimi Räikkönen tinte pour annoncer un nouvel e-mail, quelques heures avant qu'il enfile sa combinaison rouge aux armes de la plus célèbre des écuries de Formule 1. Räikkönen, impassible et pratiquement muet en public, se révèle cordial et volubile en privé, capable de se montrer chaleureux et très drôle à en croire sa plus grande fan, Brenda Vernor.

Brenda redoute qu'il se retrouve trop souvent empêtré dans des incidents et accidents avec le jeune Max Verstappen. « J'ai dit à Kimi qu'il fallait faire quelque chose. Ça ne va pas du tout, autrefois les pilotes ne se comportaient pas comme ça. »

Et Brenda est bien placée pour le savoir, avec tous les pilotes qu'elle a connus au fil des années. Cependant, elle a toujours eu un faible pour Kimi, qu'elle a pris sous son aile lorsqu'il a remplacé Michael Schumacher chez Ferrari en 2007. Elle n'avait jamais beaucoup aimé Schumi, qui se permettait de prendre ses quartiers dans le cottage d'Enzo Ferrari au milieu de la piste d'essai de Fiorano quand il venait pour les réglages de sa nouvelle voiture. Brenda raconte qu'il exigeait que ses draps soient changés tous les jours et que son chien puisse manger sur le sol de la cuisine, et qu'il prenait des plats à emporter au restaurant Montana, la cantine de la Scuderia, pour les manger seul. Non, Brenda a certes pu éprouver de la peine pour Michael, mais jamais la moindre affection.

Elle n'était pas proche de lui comme elle a pu l'être de Kimi, de Jody Scheckter ou de Gilles Villeneuve, ou bien de tous ceux qui ont traversé sa vie depuis le jour où elle a débarqué dans la petite ville industrielle de Maranello. Elle était alors une jeune femme originaire du sud de Londres qui apprenait l'italien toute seule et le parlait avec beaucoup d'allure et un accent de la région de Modène. Embauchée pour enseigner l'anglais à un adolescent nommé Piero Lardi, elle fit la connaissance d'un homme grisonnant, en costume bien coupé, qui s'attardait souvent à l'extérieur de la pièce où elle faisait cours. Elle allait découvrir que cet homme était bien plus qu'un simple visiteur mais le père de Piero, son fils illégitime. Elle n'avait encore jamais entendu le nom d'Enzo Ferrari. Et puis, un jour, cet homme distingué lui offrit un poste de secrétaire personnelle. Depuis, Brenda a acquis une connaissance encyclopédique sur la maison. Avant de pouvoir pénétrer dans le saint des saints, le bureau d'Enzo Ferrari, les pilotes devaient passer par elle, et elle était aussi le point de contact pour Bernie Ecclestone et ses *garagistes** britanniques, les arrivistes qui volaient la vedette au plus illustre nom de la course automobile. Elle était le portail menant à Enzo Ferrari, l'« Ancien », comme elle l'appelle.

Lorsque nous nous rencontrons, Brenda a quatre-vingt-quatre ans et m'emmène dans une de ses adresses préférées, une *trattoria* à deux pas de l'usine Ferrari où presque rien n'a changé depuis l'époque où elle était l'unique voix anglaise dans tout Maranello et l'unique femme au milieu des deux cents hommes qui peuplaient l'écurie. Elle était un soutien pour les mécaniciens qu'elle considérait comme sa famille, leur apportait des plateaux chargés de Lambrusco et de prosciutto pour les aider à tenir le coup pendant les longues nuits durant lesquelles ils préparaient les voitures rouges avant le prochain grand prix. Elle lavait les combinaisons des pilotes et y cousait les écussons des sponsors.

*. En français dans le texte. (*N.d.T.*)

Elle plaisantait et dînait avec eux et se murait dans un silence abattu lorsqu'ils ne revenaient pas d'une course, ajoutant leur nom à la liste des victimes du sport. Ces jours-là, elle évitait l'Ancien. Il n'affichait jamais ses émotions et ne pleurait pas en public. Un pilote était mort, mais la Scuderia lui survivait.

Le nom Ferrari apparaît toujours en jaune au-dessus de l'entrée rectangulaire de l'usine, et le mur a conservé sa teinte terre cuite. De temps à autre, une voiture en sort, le nez couvert d'un drap masquant ses courbes élancées, et s'élance sur la chaussée étroite avec un aboiement de ses cylindres.

Si Schumacher n'a pas gagné le cœur de Brenda, pas plus d'ailleurs qu'Alain Prost ou Mario Andretti, de nombreux autres y sont parvenus : elle se souvient de la bonne éducation d'Ayrton Senna, ainsi que des yeux de Jochen Rindt, et de la beauté de Carlos Reutemann qui la laissait sans voix. Elle a gardé contact avec Jody Scheckter, Jean Alesi et Gerhard Berger, qui avait pour habitude d'enfiler sa combinaison dans son bureau avant de partir essayer ses voitures.

Elle adorait Gilles Villeneuve et sa joie de vivre d'enfant incapable de grandir. Un soir, alors qu'ils sortaient dîner, sa conduite lui a fait tellement peur qu'elle a insisté pour qu'il la laisse descendre de voiture. Une autre fois, il lui a écrit une lettre mais, au lieu de l'adresser à Brenda Vernor, c/o Ferrari, il l'a adressée à Ferrari, c/o Brenda Vernor, un clin d'œil à son rôle de mère poule. Elle a gardé cette lettre. La mort de Villeneuve lors des qualifications du Grand Prix de Belgique en 1982 l'a anéantie, même si, au fond, elle était consciente que les prises de risque du pilote s'achèveraient dans les larmes. Enzo refusait d'entendre la moindre critique à l'encontre de son chouchou, même lorsque les techniciens se plaignaient de ce que le style de pilotage de Villeneuve massacrait leur travail. Il existe une photo des deux hommes, Villeneuve avec une bouteille de Lambrusco à la main et Ferrari un sourire aux lèvres. L'Ancien n'a fait aucune déclaration après la mort de Villeneuve. « Gilles était comme un fils. Le lundi matin a ressemblé à n'importe quel autre lundi matin. Je n'ai pas toqué à sa porte. Je lui ai fiché la paix. C'était la routine. »

Lorenzo Bandini, le cheveu noir et la rage de vivre, habitait dans le même immeuble qu'elle. « Lui, c'était un coquin. Il sortait jusqu'au petit matin et j'étais bien obligée de le couvrir. Il me faisait beaucoup rire. » Brenda était à Monte-Carlo le jour de mai 1967 où Bandini perdit le contrôle de sa Ferrari et percuta les bottes de foin qui servaient de barrière de sécurité. Souffrant de blessures à la poitrine et brûlé à 70 %, Bandini mourut trois jours plus tard. « J'ai dit que je ne retournerais jamais à Monaco, et j'ai mis dix ans avant de pouvoir y remettre les pieds », me dit Brenda, visiblement affectée, en serrant dans ses mains un petit verre de Sangiovese, un vin issu de raisins qui poussent dans les environs de Maranello. Il n'y a pas eu de discours pour Bandini, mort à trente et un ans, ni de commémoration. Cela étant, le monument en hommage à tous les pilotes morts au volant d'une Ferrari devrait être immense s'il fallait en ériger un.

Ayant évoqué tant de moments tristes et d'amis disparus, nous rentrons dans une ambiance plus sombre. Nous passons devant le rond-point indiquant que Maranello, loin d'être un trou paumé, est la ville du cheval cabré, une ville dont l'existence même dépend de celle de Ferrari. Sur le rond-point se dresse une statue du fameux *Cavallino Rampante*, le symbole de Ferrari. C'est lui qui vous accueille lorsque vous arrivez de Modène par les routes sinueuses qui serpentent au milieu des oliveraies et des vignes, ces mêmes routes qu'Enzo Ferrari empruntait quotidiennement pour se rendre à son usine dans le centre de Maranello.

Le trafic était dense, et on y voyait de nombreuses Ferrari rouges ou jaunes dont le pot d'échappement grondait quand le conducteur faisait hennir les chevaux italiens d'une pression sur l'accélérateur. Dans le coin, on n'y prête même plus attention, et tout le monde est incollable sur les Ferrari. Celles que nous croisons sur la route se dirigent vers le musée consacré à l'homme qui a bâti la légende du cheval cabré. Quel que soit le succès des rivaux anglais de Ferrari, on imagine mal pareil pèlerinage vers Woking, fief de McLaren, ou Milton Keynes, siège de Red Bull, qui n'ont ni ce mythe, ni cette histoire, ni cette figure tutélaire. Des hordes de visiteurs de tous âges affluent dans l'entrée du musée pour y prendre l'inévitable selfie, tandis que, à l'intérieur, des familles posent devant les voitures exposées. Un niveau est consacré aux Formule 1 et l'autre aux voitures de grand tourisme, dont la Enzo, un monstre capable d'atteindre les 350 km/h et baptisé en hommage au fondateur de la marque. Seuls 399 exemplaires ont été produits et commercialisés en 2002 pour la somme de 659 000 $ (552 000 € actuels) ; aujourd'hui, il faut beaucoup de chance pour en trouver aux enchères à moins de 2,5 millions d'euros.

Tout cela pour un vieil homme claustrophobe, caractériel et autoritaire, qui avait une vie amoureuse compliquée, aimait les opéras de Puccini et de Verdi mais détestait voyager, qui évitait de rouler en Ferrari et préférait une modeste Renault 5. C'était un homme distant et austère, néanmoins bon et généreux, à qui l'Italie doit un de ses plus fiers symboles – non pas une écurie de Formule 1, mais un monument national en l'honneur d'un mode de vie grisant. Enzo était aussi un éternel insatisfait. Un jour, à la question de savoir quelle était la meilleure Ferrari, il répondit simplement : « La prochaine. »

L'histoire moderne de la Formule 1 ne compte qu'un seul nom immuable, et le championnat de Formule 1 ne compte, depuis sa création en 1950, qu'une seule écurie à avoir pris part à toutes les saisons, une écurie qui est aussi la seule identifiable aux quatre coins du monde, aussi bien par les femmes au foyer de Los Angeles que par les écoliers de Shanghai : Ferrari. Au-delà de ça, Enzo Ferrari a joué le rôle de pont entre le vieux monde de la course automobile et la nouvelle ère des entrepreneurs qui ont mis le grappin sur la Formule 1. Il était révéré dans son pays et surnommé « *Il Commendatore* », le Commandant, mais préférait « *L'Ingegnere* », l'Ingénieur, pour sa signification et sa simplicité. Considérant son héritage, il aurait aussi pu être appelé le Pionnier.

Cela paraît bien loin aujourd'hui, mais Enzo Ferrari est né en 1898, une dizaine d'années environ après l'automobile. Il avait seulement dix ans lorsque, en 1908, son père Alfredo l'emmena au Circuito di Bologna, un circuit long de cinquante kilomètres qui empruntait les routes des environs de la ville avant de déboucher dans la via Emilia, l'artère principale qui menait à la gare de Bologne. Les Fiat rouges étaient en tête et Felice Nazzaro emporta la victoire avec une vitesse moyenne de 119 km/h sur ces routes droites et poussiéreuses. Le spectacle dut être époustouflant pour le jeune garçon, et on l'imagine presque rentrer à Modène vibrant des images et des sons qui, des décennies plus tard, seraient l'intégralité de sa vie.

Enzo réalisa son rêve de devenir pilote pour l'écurie Alfa Romeo, incontournable aux premiers temps de la course automobile, et fut victorieux au Circuito del Savio, près de Ravenne, où il rencontra le comte Enrico Baracca, le père de Francesco, un as de l'aviation qui avait combattu dans la même escadrille qu'Alfredo, le frère défunt d'Enzo. Informée du lien entre les deux familles, la comtesse Paolina demanda à Ferrari d'utiliser le cheval cabré, l'emblème qui ornait l'avion dans lequel son fils avait été abattu. La légende raconte que Ferrari, ému, accéda à la demande de la comtesse, posant le cheval sur un fond jaune, la couleur de sa ville natale de Modène.

Le cheval cabré est le symbole d'une époque où les pilotes de course étaient des aventuriers qui prenaient autant de risques que le pauvre Francesco Baracca dans son fragile appareil au-dessus d'une Europe déchirée par la guerre. Les voitures étaient lourdes et peu maniables, et la mort guettait à chaque virage. Ferrari a tenu dans ses bras Ugo Sivocci, mentor et coéquipier des premiers temps, pendant que la vie le quittait après un accident sur le Circuito del Savio, et il a été dévasté en 1925 par la mort d'un autre ami et coéquipier, Antonio Ascari, tué lors du Grand Prix de France. On disait alors que les grands prix étaient une guerre sans coup de feu.

Et puis le pilote décida de lancer sa propre entreprise. Mais, durant la Seconde Guerre mondiale, il éloigna son usine de la voie ferrée qui l'exposait aux bombardements alliés et l'implanta sur des terrains agricoles à une vingtaine de kilomètres au sud de Modène, à Maranello, où elle fabriqua des pièces essentielles à l'effort de guerre. Mais Enzo était obsédé par la course et par ses chères voitures rouges. Aussitôt la guerre terminée, il se remit à la production automobile et, en 1949, il remporta les 24 Heures du Mans et, dans la foulée, la Targa Florio et les Mille Miglia. L'année suivante, lorsque le championnat de Formule 1 fut inauguré, il était fin prêt à affronter les puissantes Alfa Romeo et Maserati.

Deux ans plus tard, en 1952, Alberto Ascari, fils du collègue et ami d'Enzo Ferrari, décrocha le premier titre pour la Scuderia, après une saison triomphale qui le vit remporter six des huit grands prix. La légende Ferrari était née.

Pendant que les Ferrari rugissaient sur les circuits d'Europe, la Grande-Bretagne pansait les plaies de la guerre. Mais l'esprit d'entreprise bouillonnait là aussi, alimenté par une soif de vivre née sur les cendres des bombardements. Le National Health Service – le système de santé – faisait ses premiers pas, un étudiant en médecine du nom de Roger Bannister courait pour la première fois le *mile* en quatre minutes, et le tout premier avion à réaction du monde décollait de l'aérodrome de Haviland, dans le Hertfordshire. Les danses soporifiques cédaient la place au *skiffle* et à une musique pop tapageuse, jouée par de jeunes hommes aux cheveux gominés qui roulaient des hanches. La jeunesse se ruait dans les cinémas tous les vendredis soir, non pas pour voir de charmantes comédies musicales ou des westerns, mais des drames sociaux montrant qu'il était possible de braver l'ordre établi. Le monde changeait à toute allure, et la Formule 1 changeait avec lui.

Ce n'est pas qu'on ne se passionnait pas pour la course automobile en Grande-Bretagne, mais on n'avait pas les infrastructures construites par les Italiens dans la région de Modène, le cœur technique de l'Italie, où Enzo Ferrari n'avait qu'à choisir parmi la foule des artisans spécialisés dans la soudure ou l'usinage. En revanche, la Grande-Bretagne comptait toute une génération d'ingénieurs formés par la Royal Air Force qui avaient appris à travailler vite et bien ; de jeunes types comme Ken Tyrrell, qui avait été navigateur dans un bombardier, ou Colin Chapman, qui avait fait son service militaire dans les rangs de la RAF.

On ne roulait pas sur l'or, et les dépenses exigées par les grands prix dépassaient amplement les maigres moyens de ceux qui avaient survécu aux hostilités. Malgré son physique en granite, Tyrrell travaillait dans le bois, rejeton d'une famille de bûcherons. C'était aussi un demi-centre décisif dans l'équipe de football de son village. En 1951, ses coéquipiers et lui décidèrent de monter dans un bus avec des caisses de bière et d'aller à Silverstone pour voir les voitures BRM en action au Grand Prix de Grande-Bretagne. Les Alfa Romeo de Giuseppe Farina, alias Nino, et de Juan Manuel Fangio écrasèrent les BRM, mais cela n'empêcha pas Tyrrell d'attraper le virus de la course automobile. Comme il le raconte à Christopher Hilton, l'ami et journaliste auteur de sa biographie : « Je n'avais même jamais lu un seul article sur la course auto, mais j'en ai eu le souffle coupé. Je suis tombé immédiatement amoureux. »

Mais le public ne s'intéressait pas encore aux grands prix. C'était le cyclisme –abordable et accessible – qui rapportait. Un terreau fertile pour un jeune homme dont la carrière dans les affaires avait débuté pendant les récréations où il se faisait quelques livres en proposant des petits pains et des stylos à ses camarades de classe. Bernie Ecclestone était un vendeur-né. Adolescent, il sortait des numéros de charme qui lui permettaient de conclure des ventes avant que ses clients aient le temps de cligner des yeux.

Il quitta l'école à seize ans et fut embauché par la compagnie du gaz, mais il ne travaillait guère et passait ses journées au téléphone à chercher des motos pour les acheter et les revendre, et le reste du temps il briquait son précieux stock. Ecclestone avait un talent pour les motos. Il disputa ses premières courses en 1946, alors que l'on n'avait pas fini de déblayer les gravats de la guerre ; d'abord des courses de côte et de cross, puis il emmena ses machines sur le circuit de Brands Hatch, où des milliers de spectateurs venaient chercher des frissons à petit prix après les rigueurs de la guerre. Un divertissement pour le public, mais un danger pour les pilotes, et plus d'une fois Ecclestone termina à l'hôpital, couvert de bleus et commotionné.

Il était constamment tourné vers le prochain coup à jouer, le prochain contrat, la prochaine victoire. Dès qu'il comprit qu'il pouvait gagner sa vie en revendant des motos, il démissionna de son poste à 5 livres par mois à la compagnie du gaz et s'installa dans un garage nommé Harcourt's, dans le sud-est de Londres. Dix-huit mois plus tard, il rejoignait Compton & Fuller qui lui proposait un meilleur emplacement. Là, il multiplia les transactions et les bénéfices, achetant des motos qu'il nettoyait, retapait et revendait deux fois plus cher, avant de filer s'aligner au départ d'une course pour avoir sa dose d'adrénaline.

La guerre avait légué au pays une multitude de terrains d'aviation : les Spitfires et les Hurricanes décollaient de West Hampnett, et les parachutistes du débarquement s'étaient envolés de Thruxton. Dans le Northamptonshire, les bombardiers Wellington se hissaient vers le ciel depuis les longues pistes construites dans une plaine proche du village de Silverstone : un emplacement idéal pour des coureurs assoiffés de vitesse, et qui présentait théoriquement peu de risques. En septembre 1947, un groupe de copains, mené par Maurice Geogheghan, disputa une course de deux *miles* sur la piste d'où décollaient naguère les engins à la cargaison mortelle. On ne déplora cette fois qu'une seule victime : un mouton que

Geogheghan percuta et qui démolit sa voiture. L'épisode resta dans l'histoire sous le nom de Grand Prix du Mouton.

Le Royal Automobile Club trouva dans ces pistes le moyen de pérenniser la course automobile britannique – à condition d'écarter les moutons –, mais les temps étaient durs et il était difficile de trouver des financements pour un projet perçu comme futile, ne profitant qu'à une poignée de pilotes fortunés et privilégiés, ainsi qu'à une multitude de constructeurs étrangers. Mais le village de Silverstone constituait une option raisonnable et bon marché : situé presque au centre de l'Angleterre, il offrait une bonne quantité de terres disponibles, de pistes goudronnées et de voies d'accès. Une solution clé en main. Un an après le Grand Prix du Mouton, celui de Grande-Bretagne lui succédait devant plus de cent mille spectateurs, qui contribuèrent à ancrer durablement le circuit de Silverstone dans la vie sportive du pays.

Le Grand Prix 1949 ferait vibrer une foule plus grande encore, et il offrirait en outre une tribune à un homme qui en viendrait à incarner la Grande-Bretagne, au même titre que le rosbif et le pudding. Murray Walker, c'est son nom, baignait dans la moto depuis sa naissance. Son père Graham courait le Tourist Trophy de l'île de Man. Murray n'a pas oublié l'année 1938, lorsque, à quinze ans, il quitta son Warwickshire natal pour se rendre sur le circuit de Donington, où il rencontra Tazio Nuvolari dans sa combinaison d'un blanc éblouissant, qui allait mener à la victoire sa redoutable Auto Union. Walker passa cinq décennies derrière un micro, il commenta une kyrielle de grands prix et rencontra presque toutes les figures mythiques de la Formule 1, mais Nuvolari resta à jamais son héros.

C'est donc au Grand Prix de Grande-Bretagne 1949 que Walker fit ses débuts, installé dans une boîte en bois bricolée à la hâte et disposée au niveau du virage de Stowe pour commenter une action à laquelle il ne comprenait pas encore grand-chose. À cette époque, les ordinateurs, les caméras haute définition et les affichages électroniques n'existaient pas. Walker était seul avec son micro, une poignée de notes et un cœur bien accroché. Les monstres mécaniques déboulaient à quelques mètres de lui avec des hurlements de pneus, en laissant derrière eux des relents d'huile et d'essence. Soudain, une voiture English Racing Automobiles appartenant à John Bolster partit en tonneaux et frôla sa cabine. Bolster atterrit presque aux pieds de Walker, couvert de sang. Tout ce que trouva à dire l'apprenti commentateur, qui hériterait par la suite du surnom affectueux de « Motormouth », ce fut : « Et c'est une sortie de route pour Bolster. »

L'adoption du circuit de Silverstone est un repère physique dans la révolution annoncée d'un sport qui s'appelait désormais Formule 1, et l'ancien terrain d'aviation serait la toile sur laquelle s'écrirait l'histoire. Lors de la première course du premier championnat du monde – le Grand Prix de Grande-Bretagne du 13 mai 1950 –, la grille de départ était dominée par les puissantes Alfa Romeo et Maserati. Seules cinq voitures britanniques étaient inscrites, toutes sous la bannière English Racing Automobiles (ERA), la marque lancée avant-guerre par Raymond Mays depuis le garage de la maison familiale dans le Lincolnshire.

Enzo Ferrari refusa de faire participer sa Scuderia à ce gala auquel assistaient 150 000 personnes ainsi que le couple royal, la princesse Margaret et le comte et la comtesse de Mountbatten. Jugeant la dotation insignifiante, Ferrari, vexé, préféra inscrire son écurie à deux courses de Formule 2 en Belgique, sur le circuit de Mons, tandis que son compatriote Giuseppe Farina s'imposait à Silverstone avec pole position et victoire pour Alfa Romeo. L'homme de Turin, ville natale de Fiat, allait devenir le premier champion du monde de Formule 1.

Hormis d'occasionnelles incursions sur le podium, les marques britanniques restèrent largement transparentes pendant les années d'après-guerre, et les premiers champions pilotaient des italiennes ou des allemandes – Alfa Romeo, Maserati, Mercedes et, bien sûr, Ferrari. Pourtant, imperceptiblement d'abord, une communauté se formait : bien longtemps avant l'avènement de la Silicon Valley, le sud de l'Angleterre commençait à agréger nombre d'acteurs de la course automobile.

Dans le nord de Londres, un jeune homme récemment démobilisé cherchait à mettre à bon usage les connaissances techniques qu'il avait acquises, d'abord à l'University College de Londres puis dans la RAF. Colin Chapman n'était pas issu d'une famille fortunée. Son père dirigeait un hôtel à Hornsey et, lorsqu'il épousa sa femme Hazel, son beau-père lui laissa les clés de son garage pour dix shillings la semaine – 0,6 € d'aujourd'hui. Chapman n'a jamais été doué pour les finances et ces dix shillings n'ont probablement jamais changé de main. Mais Hazel, elle, était une véritable locomotive, et c'est avec 25 livres sorties de sa poche que Chapman lança Lotus Engineering en 1952. Après des débuts comptant sur le bouche-à-oreille – il reconstruisait des Austin et des Ford –, les voitures Lotus commencèrent peu à peu à apparaître au départ de diverses courses, et le premier succès arriva avec la Lotus 7, une deux-places poids plume à la fois sport et piste. En 1956, Chapman en avait vendu plus de cent, et sa carrière d'ingénieur et de patron d'écurie prenait son envol.

Mais c'est Stirling Moss qui fut le porte-étendard du pays en devenant le premier pilote britannique à remporter une course de championnat du monde, à savoir le Grand Prix de Grande-Bretagne 1955 sur l'ancien circuit d'Aintree – même s'il courait alors sur Mercedes. Plus tard la même année, il s'installa au volant d'une Connaught, fabriquée dans le Surrey, et gagna le Grand Prix de Syracuse (qui ne comptait pas pour le championnat), ce qui fit dire au pilote Tony Brooks que la Grande-Bretagne s'affranchissait de la domination des constructeurs étrangers. Deux années de suite, Stirling Moss et Tony Brooks remportèrent à tour de rôle le Grand Prix de Grande-Bretagne avec une Vanwall construite à Acton, à l'ouest de Londres. Dans cette incarnation moderne du championnat du monde, c'était une première pour un constructeur anglais, en plus d'un triomphe à domicile.

Les pilotes britanniques avaient ainsi le vent en poupe, et ils entraînaient à leur suite les écuries britanniques, un mouvement encore accéléré par l'ingéniosité d'un père et d'un fils qui tenaient un garage à Surbiton, dans le Surrey. Surbiton est une bourgade tranquille au sud de Londres, une banlieue typique dont le seul fait notable est d'avoir vu naître Charles et John Cooper. Il serait un peu exagéré de qualifier leur local d'usine – John Surtees, le seul homme à avoir décroché des titres de champion du monde sur deux et quatre roues, n'y voyait guère qu'une « échoppe de forgeron ». Ils se procuraient des suspensions Fiat de tourisme, y adaptaient des amortisseurs télescopiques et collaient à l'arrière un moteur 500 cm^3 pris sur une moto JAP de course. Aujourd'hui, l'idée de mettre le moteur derrière le conducteur peut sembler être un raffinement, mais à l'époque il n'y avait pas d'autre possibilité car il devait entraîner l'essieu arrière au moyen d'une chaîne.

Ces minuscules voitures, rudimentaires et bourdonnantes, firent bien rire l'aristocratie du sport automobile. Enzo Ferrari qualifia ses nouveaux rivaux de *garagistes** parce qu'ils n'étaient pas comme lui, ce n'étaient pas des constructeurs dédiés à la Formule 1 qui fabriquaient eux-mêmes leurs moteurs et leurs châssis. C'était une étrange industrie rurale, et les pilotes se retrouvaient au garage des Cooper pour passer le temps tout en veillant à ce que leur véhicule intègre toutes les pièces qu'ils avaient commandées.

En retrait, un jeune homme observait sans rien dire, un jeune homme qui commençait à se faire un nom dans la vente de voitures de seconde main. Bernie Ecclestone avait laissé tomber les motos au profit des voitures – dans ses affaires comme sur la piste. Or, les voitures des Cooper étaient rapides et amusantes à conduire, et c'était sur elles que certains des plus grands pilotes britanniques faisaient leurs armes, qu'il s'agisse de Surtees, Moss et Brooks comme de Peter Collins, Mike Hawthorn et Ken Tyrrell. Et, avec eux, un novice baptisé Ecclestone.

Ce petit monde se fit remarquer par le monde de la Formule 1 lors du premier grand prix de la saison 1958, en Argentine, quand Stirling Moss emmena la Cooper T43 de Rob Walker à la victoire, suivi de près par les deux Ferrari de Luigi Musso et Mike Hawthorn. C'était la première fois qu'une voiture à propulsion (et inscrite à titre privé) gagnait une course dans le nouveau championnat du monde, mais surtout les Cooper père et fils venaient de prouver que cette nouvelle race de véhicules légers et aérodynamiques, conduits par de jeunes aventuriers à l'image de Moss, était l'avenir de la Formule 1. Le monopole des grandes fortunes et des gros constructeurs européens était pris d'assaut par des entrepreneurs débordant d'idées et d'enthousiasme.

C'est Mike Hawthorn qui rapporta son premier titre de champion du monde à la Grande-Bretagne en 1958, mais au volant d'une Ferrari. Ce fut un moment historique pour le pays, et le classement de fin de saison se révéla plus important encore : sur les dix courses officielles du championnat, huit avaient été remportées par Vanwall et Cooper, faisant de Vanwall le premier constructeur britannique champion du monde. On raconte que John Cooper avait pour habitude d'exécuter des saltos avant dans les stands après chaque victoire, et les occasions n'allaient pas manquer grâce à Jack Brabham, un Australien qui émigra dans le nouveau cœur du sport automobile et remporta les championnats 1959 et 1960, deux saisons où Cooper remporta le championnat du monde des constructeurs.

Le monde d'Enzo Ferrari avait changé, et les misérables écuries anglaises dont il s'était moqué étendaient leur emprise sur la Formule 1. Enzo détestait la notion de voiture à propulsion – dans son esprit, le cheval tire la charrette, point –, mais ces nouvelles écuries étaient petites et agiles, malines et innovantes, et surtout passionnées.

Ecclestone, lui, adorait ce monde. Il fut couvert de lauriers pour ses exploits en Formule 3, où il se révéla être un pilote agressif et ambitieux, et suffisamment doué pour affronter des hommes de la trempe de Stirling Moss sur des circuits importants, dont le célèbre Nürburgring allemand. Mais il subissait trop d'accidents : à Brands Hatch, en 1951, il fut percuté par une roue détachée d'une voiture concurrente qui l'expédia à travers un grillage et droit dans le public, où il renversa un petit garçon en lui cassant une jambe. Une autre fois, il décolla par-dessus un grillage et atterrit sur un parking. Le pétrolier Shell lui versait 100 livres pour chaque course, mais ses apparitions se firent de plus en plus sporadiques. Le sport ne rapportait pas, à l'inverse de son entreprise où les caisses enregistreuses tintaient aussi fort que les cloches le dimanche avant la messe. Il expliqua à ses amis qu'il ne pouvait plus courir sérieusement, il n'en avait plus les moyens. Il écoulait des voitures à tour de bras avec sa célèbre poignée de main comme monnaie d'échange. Un accord était un accord. Max Mosley, qui deviendrait plus tard son confident et son plus grand allié dans la Formule 1, m'a raconté que « Bernie disait souvent qu'il ne faut rien coucher par écrit, parce qu'on ne peut plus revenir sur sa parole en cas de litige. Je crois qu'il a appris tout ça pendant les années où il vendait des voitures. Tottenham Court Road était le meilleur endroit qui soit pour apprendre les affaires.

« Il a entendu parler d'une bande de revendeurs de Manchester qui avait une combine : ils montaient aux enchères les uns contre les autres, et ensuite ils s'échangeaient ce qu'ils avaient acheté. Bernie s'est présenté la bouche en cœur, mais il était bien plus intelligent qu'eux. Il inscrivait deux voitures fictives à la vente, les voitures étaient mises aux enchères, et à la fin de la soirée il récupérait ses voitures fictives plus deux ou trois autres. Fatalement, il s'est lassé de ce petit jeu, et la fois suivante il a mis un semi-remorque dans le pot commun. À la fin de la soirée, un des vendeurs lui a dit : "Oublie pas de récupérer ton camion, petit." C'est passé comme une lettre à la poste. Mais il était déjà en train de réfléchir au coup suivant. »

Aujourd'hui encore, Ecclestone continue à hanter les salles de vente. Avant la Formule 1, un de ses plus gros coups consista à revendre les voitures acquises pendant les enchères du week-end à la plus grande salle de vente de voitures du pays, où il flairait les bonnes affaires. « Tous les dimanches matin, il était à la salle de Lots Road, à Chelsea, raconte Christian Horner, directeur de l'écurie Red Bull et témoin de mariage d'Ecclestone. Tout ce qui importait pour lui, c'était de marchander, que ce soit pour un canapé pourri à 200 livres ou un contrat de diffusion à 200 millions – et ce qu'il adore par-dessus tout, c'est rendre les discussions tellement brumeuses que vous finissez par ne plus rien y comprendre. »

Le brouillard, la stratégie d'Ecclestone. Il avait un talent pour faire respecter les termes des contrats à la lettre. À *sa* lettre. Tom Bower, un de ses biographes, explique comment il s'est vengé un jour d'un revendeur qui l'avait arnaqué : Ecclestone l'a retrouvé et l'a embrouillé en lui refourguant un hardtop de Mercedes 230SL au lieu d'une Mercedes 230SL hardtop. Mais un accord était un accord, et celui-ci fut respecté à la lettre.

Désireux néanmoins de participer à la saison 1958, Bernie Ecclestone s'inscrivit en son nom propre au Grand Prix de Monaco avec une Connaught. Jack Brabham pilotait une Cooper, Moss et Brooks des Vanwall, et Mike Hawthorn, Peter Collins et Luigi Musso comptaient bien s'imposer avec leurs Ferrari. Stuart Lewis-Evans, un jeune pilote de Luton qui nouait une amitié grandissante avec Ecclestone, avait lui aussi une Vanwall. Mais la gloire devait échapper aux deux copains : Ecclestone fit partie des quinze pilotes qui échouèrent aux qualifications, et Lewis-Evans fut le premier à abandonner, au bout de onze tours seulement, à cause d'un moteur en surchauffe.

Ecclestone ne pensait pas au risque de blessure ou de mort pendant qu'il se battait contre sa Connaught revêche dans les rues tortueuses de Monte-Carlo. Si les voitures qui enflammaient cette génération étaient rapides, elles étaient aussi affreusement fragiles. C'étaient des engins primitifs assemblés à coups de marteau et sujets aux fractures, dont les freins et les pneus cédaient sur des pistes rarement tout à fait lisses. La Formule 1 était un sport extrême, et les accidents souvent violents et catastrophiques.

La saison 1958 est restée dans les mémoires comme étant l'« Année d'or » de la course automobile britannique, une légende forgée par les *golden boys* du pays, Collins et Hawthorn, qui menèrent leurs Ferrari jusqu'au titre. Mais ce fut aussi une saison marquée par un nombre considérable d'enterrements et qui faillit couper l'appétit d'Ecclestone pour la vitesse.

Musso fut tué pendant le Grand Prix de France en juillet ; un mois plus tard, en Allemagne, c'était au tour de Collins – talentueux, beau et âgé de vingt-six ans à peine. Au Maroc, pendant le dernier grand prix de l'année, le moteur de la Vanwall de Lewis-Evans s'arrêta et il alla s'écraser dans les barrières, où le système d'alimentation se rompit, mettant le feu à la voiture. Lewis-Evans réussit à s'extraire de l'incendie, mais il était atrocement brûlé. Ecclestone rentra en Angleterre avec son ami blessé à bord d'un avion affrété par Tony Vandervell, le propriétaire de Vanwall, et il l'accompagna à l'hôpital Queen Victoria, qui soignait les pilotes blessés pendant la guerre. Stuart Lewis-Evans mourut cinq jours après son entrée à l'hôpital, à l'âge de vingt-huit ans, en laissant une femme et deux enfants. Moins d'une semaine plus tard, Ecclestone eut vingt-huit ans lui aussi. Il abandonna la Formule 1, laissant derrière lui l'odeur de la mort et une peine comme il n'en avait encore jamais connu.

Enzo Ferrari, en revanche, ne pouvait pas abandonner. La course automobile était toute sa vie et il exigeait de ses pilotes l'impossible et plus encore. Il n'avait pas le temps de se montrer prudent ou sensible. Il voulait des pilotes au pied droit énergique et au cœur bien accroché, quitte à les pousser au-delà des limites des mortels. En contrepartie, la mort suivrait comme une ombre Enzo Ferrari et la Formule 1. Vers la fin de sa vie, l'Ancien réussit à exprimer la peine qu'il éprouvait chaque fois qu'un pilote ne rentrait pas. « Quand on va aussi souvent que moi au cimetière, on finit par voir très nettement le visage mystique de la mort, expliqua-t-il à la télévision italienne. Et à quoi est-ce qu'on pense dans ces moments-là ?

À tous les soucis, tous les problèmes, tous les combats pour en arriver là. Je m'interroge profondément. Je ressens beaucoup de choses, trop de choses... La terrifiante fragilité de la vie humaine en est une. »

4
LES BRITANNIQUES DÉBARQUENT

Les vendeurs de Warren Street, qui achetaient et refourguaient des voitures dans une artère londonienne reliant Marylebone Road à Tottenham Court Road, n'étaient pas des tendres, et ils se mêlaient sur le pavé aux gangsters et aux voyous, aux arnaqueurs et aux escrocs. Mais ils ne faisaient pas peur à Bernie Ecclestone, pourtant le plus petit du lot, qu'ils surnommaient « *The Whippet* », le lévrier, à cause de sa vivacité d'esprit et d'action. Il doublait ses rivaux et savait fixer un prix en une seconde – toujours à son avantage, cela va sans dire.

Il ne se laissait pas intimider par les plus costauds ni par les guerres de gangs qui secouaient les ruelles de la ville. Les transactions étaient réglées en rouleaux de billets de banque qui, cinquante ans plus tard, demeureraient son mode de paiement favori. Il était malin et rapide, et toujours vêtu d'un costume à la dernière mode qu'il achetait dans Savile Road, chez Edward Sexton, le couturier où Mick Jagger et Paul McCartney venaient se mettre au goût du jour. À partir des années 1960, il cessa de plaquer ses cheveux en arrière et adopta la coiffure à la Beatles qu'on lui connaît encore aujourd'hui. Ecclestone s'épanouissait à Londres, l'épicentre du cool.

À côté de son commerce de voitures, il investissait dans l'immobilier et croquait la vie nocturne de la ville la plus branchée du monde. Un dîner à Park Lane suivi d'un tour à Crockfords, le casino chic de Mayfair où il arrivait préparé à perdre non pas des centaines, mais des milliers de livres. Il fréquentait des stars comme Val Doonican, un chanteur populaire qui rivait des millions de Britanniques à leur poste, ou Lulu et Sandie Shaw qui avaient participé à l'Eurovision. Niveau voitures aussi, il donnait dans le haut de gamme, en proposant désormais des Rolls-Royce et des Ferrari à la vente.

C'étaient les « *Swinging Sixties* » et l'Union Jack flottait au-dessus d'un pays qui se reconstruisait et devenait avec confiance le centre mondial de la mode, de la musique et du sport automobile.

Même si les Cooper restaient les vedettes de la F1 britannique, les Lotus de Colin Chapman commençaient à leur faire de l'ombre. Comme Ecclestone, Chapman était tiré à quatre épingles mais, contrairement à lui, il continuait à plaquer ses cheveux en arrière malgré son début de calvitie, et il y ajoutait une élégante moustache qui le faisait ressembler davantage à Leslie Philips, le Don Juan du cinéma britannique, qu'à John Lennon.

Chapman appliquait à ses voitures les principes aéronautiques de légèreté et d'aérodynamisme que lui avait enseigné la RAF. Les Lotus étaient rapides, et il trouva un pilote capable de les rendre plus rapides encore. Jim Clark, un jeune homme discret originaire d'une ferme écossaise, était capable de conduire tout ce qui roule – que ce soit une tondeuse à gazon ou une camionnette de laitier, il roulait à tombeau ouvert et pourtant avec une fluidité parfaite et sans dépasser ses limites. C'était un pilote-né. Chapman décida de le mettre à l'épreuve en comparant ses temps à ceux des meilleurs de l'époque, dont Graham Hill, futur double champion du monde. Échaudé par une sortie de piste précoce, Clark améliora sans cesse ses temps et finit même par battre celui de Hill. Stupéfait, Chapman dit : « Bon sang, il est rapide ce petit. Amenez-le-moi avant qu'il se casse le cou. » Il allait lui confier une Lotus 18 pour la saison 1960, le seul modèle de F1 dont Clark prendrait jamais le volant.

Le jeune pilote s'aligna au départ du Trophée international de Silverstone en 1961, au côté de Stirling Moss, dont le nom était désormais connu du grand public qui ne perdait pas une miette de ses exploits sur les circuits et dans ce qu'il appelait joyeusement « la chasse aux nanas ».

Il pleuvait à verse ce jour-là, tandis que le public affluait à Silverstone pour voir les pilotes Lotus. Deux jeunes mariés s'étaient hissés au sommet d'un talus. L'époux, Max Mosley, était grand, beau et extrêmement intelligent, mais enchaîné à un nom de famille qui le hanterait toute sa vie. Il était le fils d'Oswald Mosley, le dirigeant du parti fasciste qui avait provoqué des émeutes dans tout le Royaume-Uni avant d'être mis au ban de la société britannique. Sa mère Diana, une ancienne beauté de la bonne société, était connue pour l'admiration qu'elle vouait à Adolf Hitler. Le couple s'était même marié en Allemagne, avec le Führer pour témoin et devant les plus grands dignitaires du Reich. Max Mosley étudiait le droit, et la Formule 1 n'existait pas dans sa vie jusqu'au jour où sa femme Jean reçut en cadeau deux places pour Silverstone. Les pieds et les vêtements trempés, il ne perdit pas une miette de la victoire de Moss, sous les hourras de la foule acclamant le héros national. Mosley avait attrapé le virus et commença à donner des cours du soir pour s'acheter sa première voiture de course, dérivée d'une Lotus 7.

De son côté, Enzo Ferrari se souciait peu de la mode, alors même que ses voitures étaient rapidement devenues les machines de prédilection du tout-Hollywood et du gratin du Vieux Continent. Les routes montagneuses de la Côte d'Azur et du littoral californien étaient faites pour les engins rouges, qui les engloutissaient capote baissée et cheveux au vent, sous les regards admiratifs des piétons. Si seulement ce glamour tranquille avait pu se refléter sur les circuits, où Lotus et Cooper envahissaient le pré carré de Ferrari.

La revanche vint en 1961, au cours d'un Grand Prix d'Italie hélas terni par un désastre : Wolfgang von Trips allait être couronné champion s'il accrochait la troisième place, tandis que Phil Hill, son coéquipier chez Ferrari, avait besoin d'arriver deuxième pour empocher le titre. Un été brûlant s'abattait sur Monza, où les spectateurs s'agglutinaient dans le parc royal pour tenter de voir les Ferrari et leur « nez de requin » profilé tout en s'abritant sous les grands arbres qui bordaient la piste. À l'abord du Parabolica, un long virage à main droite, von Trips toucha l'arrière de la Lotus de Clark. La Ferrari fut catapultée dans le grillage protégeant les spectateurs ; le grillage céda et quinze personnes furent tuées, en plus de l'Allemand. Clark se souvenait seulement d'avoir vu le corps de von Trips qui lui avait « retourné le ventre ». Il fut soustrait par Chapman à l'attention des *carabinieri* qui cherchaient un coupable. Phil Hill gagna la course et fut nommé champion du monde, un point seulement devant son coéquipier décédé. Il n'y eut aucune célébration à Monza ni aux États-Unis, la patrie de Hill. Ferrari se retira de la dernière course de la saison, le Grand Prix des États-Unis, privant le champion floridien de l'adulation de ses compatriotes.

Du reste, Enzo Ferrari n'aimait pas beaucoup Phil Hill, qu'il jugeait trop nerveux et prudent pour être un vrai héros de la marque au cheval. Et en effet, Hill était un homme calme, doux et réservé, qui admettait sans honte ne pas avoir le tempérament impitoyable qui habitait tant de ses rivaux. L'Américain était parfaitement conscient de l'ambiance qui régnait à Maranello, où chaque journée apportait son lot de conflits, aussi récurrents que la chaleur et le soleil des étés de la région. Tim Collings le cite dans *The Piranha Club*, où il se livre à un examen exhaustif de la Formule 1 moderne : « Ils estiment que je devrais prendre une voiture inférieure et me sacrifier pour l'honneur et la gloire de Ferrari. Il y a déjà eu trop de sacrifices. Je refuse d'en être un de plus. »

L'Ancien n'eut pas un mot de remerciement pour Hill au terme de cette éreintante saison 1961. En rentrant à Maranello, le pilote découvrit qu'une sévère grogne agitait Ferrari, et il assista au départ de nombreux cadres, poussés à bout par un régime dictatorial qui n'accordait pas davantage d'importance aux pilotes qu'aux pièces mécaniques sortant des bâtiments bas de l'usine.

Il faut dire que l'Ancien lorgnait sur un pilote qui se démarquait par un style flamboyant et un courage brut au service d'un talent sublime. Il voulait Stirling Moss, l'homme qui avait battu Fangio, le quintuple champion du monde qui savait conduire tout ce qui avait quatre roues et qui avait conquis le Mille Miglia à une allure moyenne de 159 km/h. Enzo était tellement sur les dents qu'il alla jusqu'à proposer à Moss de peindre sa Ferrari dans le bleu de la Cooper Climax avec laquelle il avait décroché le Grand Prix d'Argentine 1955 pour l'écurie privée de Rob Walker. Malheureusement, Moss n'eut même pas le temps de refuser cette offre.

Né en 1929, Stirling Craufurd Moss aurait pu passer sa vie à maudire son étrange nom, mais il choisit plutôt de s'en délecter. Sa mère Aileen était issue d'une lignée écossaise remontant jusqu'à William Wallace, le rebelle dont Mel Gibson s'est inspiré pour *Braveheart*. Aileen baptisa son unique fils Stirling, du nom de la ville où elle était née, et ce dernier en tira une certaine fierté, rappelant régulièrement que « ça vaut toujours mieux que de s'appeler Tom ou Dick ». Son père Alfred, un des dentistes les plus réputés de Grande-Bretagne, avait tâté du sport automobile pendant ses études à l'université de l'Indiana, participant même à l'Indianapolis 500. Stirling aurait ça dans le sang.

Adolescent, il faisait des tours avec sa vieille Austin Seven dans le verger de la maison familiale au bord de la Tamise et mourait d'envie de s'essayer à la course. Son père lui avait inculqué le respect de l'argent et, lorsqu'il fut question d'acheter une petite Cooper 500-cc, il prêta l'argent à son fils en insistant pour revoir son avance. Alfred n'aurait pas dû s'en faire, car Stirling se révéla être un prodige du volant, qui se lança à l'assaut des championnats dans toutes les voitures sur lesquelles il pouvait mettre la main, jusqu'à se constituer un palmarès de 212 victoires pour 529 courses, dont 16 en grand prix. Un total qu'aucun pilote ne sera peut-être jamais en mesure d'égaler.

Moss ne fut jamais champion du monde de Formule 1, mais cela ne l'ennuyait pas plus que cela. Il finit deuxième ou troisième à chacune de ses sept dernières saisons et c'est un acte d'une exceptionnelle générosité qui le priva de la récompense suprême. Durant le Grand Prix du Portugal en 1958, il repéra Mike Hawthorn qui poussait sa Ferrari calée dans une côte pour la faire redémarrer. Moss ralentit et fit signe à Hawthorn de laisser la voiture redescendre. Hawthorn suivit son conseil et put repartir. Il fut ensuite disqualifié pour avoir roulé à contresens, mais Moss intervint auprès des commissaires de course et prit la défense de son compatriote. Il avait remporté le Grand Prix et savait parfaitement ce qui arriverait si Hawthorn récupérait sa deuxième place. Il persista néanmoins et parvint à faire céder les commissaires. Cette saison-là, Moss avait gagné quatre grands prix et Hawthorn un seul, mais une victoire au Portugal suffit à faire la différence, et Hawthorn fut sacré champion avec un petit point d'avance sur l'homme qui avait si courageusement plaidé sa cause.

Ce type d'acte chevaleresque paraît inimaginable dans la foire d'empoigne qu'est devenu le sport moderne, mais pour Moss, c'était parfaitement naturel. En 2015, lorsque je l'ai rencontré chez lui – une maison étroite et toute en hauteur à deux pas de Park Lane, remplie de gadgets et qui fait penser au quartier général des Sentinelles de l'air –, il s'est contenté de hausser les épaules à l'évocation de cette journée. Au fil des années, il a répondu des milliers de fois à la question. « Je ne pouvais pas faire autrement, m'a-t-il dit, ça n'aurait pas été bien. » Vêtu d'une chemise de plage colorée et d'un pantalon de toile retenu par des bretelles, il a tout de suite changé de sujet pour aborder le plaisir du sport automobile et ce qui l'avait séduit. Il y avait la vitesse, bien sûr, le frisson, les voyages, les amis qu'il s'est faits à Hollywood et l'esprit de camaraderie avec ses collègues pilotes, mais il y avait aussi autre chose. « Rencontrer des nanas du monde entier. Quand

Lewis Hamilton gagne un grand prix, il va parler à ses sponsors et signer des milliers d'autographes, mais moi, j'allais chasser les nanas. » Et il a même des cahiers qui le prouvent : un vert pour ses exploits motorisés et un noir pour ses conquêtes, souvenir politiquement incorrect d'une époque défunte où il était souvent obligé d'esquiver les paparazzis dans les rues de Londres et où il alla même jusqu'à cacher une fille dans sa voiture pour éviter qu'elle soit vue avec lui.

De toutes ses victoires, c'est le Mille Miglia qui restera à jamais la plus belle. Il était guidé pour l'occasion par Denis Jenkinson, alias Jenks, un journaliste qui avait dessiné le tracé de la course, mille *miles* soit mille six cent neuf kilomètres à travers l'Italie, sur un rouleau de papier de six mètres de long, une sorte de rouleau de papier toilette géant, de manière à pouvoir lui transmettre ses instructions par des signes de la main – gauche, droite, tout droit, accélère, freine – tandis qu'ils traversaient en trombe de minuscules villages sous les applaudissements de la foule. Moss gagna en 10 heures, 7 minutes et 48 secondes avec une époustouflante moyenne de 159 km/h. Un record qui ne sera jamais battu, la course ayant été interdite après l'édition 1957, lors de laquelle la Ferrari du marquis Alfonso de Portago tua neuf spectateurs, dont cinq enfants. L'ampleur de l'exploit de Moss peut se mesurer en cercueils : en une trentaine d'années d'existence, le Mille Miglia a fait plus de soixante morts. La Mercedes 300SLR sport – n° 722 – qu'il conduisait figure sur une plaque commémorative qui orne la façade de sa maison.

Quelques années plus tard, un accident devait le priver de toute chance chez Ferrari et mettre fin à sa carrière – et presque lui coûter la vie. Le lundi de Pâques 1962, un mois avant le début de la saison, il fit une sortie de route pendant le Glover Trophy, une course de F1 ne comptant pas pour le championnat. Bilan : une orbite oculaire et une pommette brisées, une double fracture à la jambe gauche et le bras gauche en miettes. Lui qui redoutait naguère de passer pour une « mauviette » s'il portait un casque, il avait maintenant la tête en morceaux. Il fallut trois quarts d'heure pour le dégager de la carcasse de sa Lotus afin de l'emmener à l'hôpital, où il resta trente-huit jours dans le coma. Toute la presse s'inquiéta pour ce héros national, dont la réputation avait depuis longtemps dépassé les pages sport pour gagner la rubrique société. Les femmes au foyer le connaissaient aussi bien que les amateurs de sport mécanique, et les policiers demandaient souvent aux conducteurs trop pressés s'ils se prenaient pour Stirling Moss. Chaque jour, les lecteurs espéraient des nouvelles fraîches et le standard de l'hôpital croulait sous les appels. Parmi tous ces fans soucieux se trouvait un ami américain, un certain Frank Sinatra. À Maranello, Phil Hill signa à contrecœur pour une année supplémentaire, en se jurant qu'il ne serait pas un simple nom de plus dans les registres de Ferrari.

Trois mois après son accident, Moss put enfin sortir de l'hôpital, et il le fit avec le style qui lui était propre : appuyé sur une des onze infirmières qui l'avaient soigné. Vacillant sur ses béquilles, il insista pour les inviter toutes les onze à dîner puis au théâtre en guise de remerciement. Un an plus tard, il tenta de reprendre le volant d'une F1, mais les réflexes et l'envie avaient disparu, et il remisa son casque pour de bon. Plus que quiconque, il avait alimenté la légende du sport, un sport seulement digne des plus audacieux, des plus courageux et, dans son cas, des plus chevaleresques. Un vieux dicton, souvent attribué au romancier aventureux Ernest Hemingway, veut qu'« il n'existe que trois sports : la corrida, la course automobile et l'alpinisme. Les autres ne sont que des jeux. » Si Moss ne fut jamais champion du monde, il fut fait chevalier en 2000 et jouit encore aujourd'hui de l'affection d'un public qui le considère comme un mythe.

Moss à la retraite, Clark et Graham Hill allaient devenir des superstars, tandis que Chapman et les autres Britanniques renforçaient leur emprise sur la Formule 1. En 1962, c'est BRM (British Racing Motors) qui remporta le championnat des constructeurs, talonné par Lotus et Cooper, et du côté des pilotes c'est Graham Hill qui était sacré champion. L'année suivante, Clark se révéla presque imbattable, avec sept victoires et deux podiums en dix courses.

Ferrari renoua avec la victoire en 1964 grâce à John Surtees, mais la Scuderia était comme toujours secouée par les rancœurs et les dissensions. L'homme de Tatsfield s'était fait un nom en décrochant quatre titres de champion du monde moto sur 500 cm^3, et il était presque aussi irascible et têtu que l'Ancien. Dès le premier jour, leurs rapports furent tendus, le nouveau pilote britannique critiquant le temps et l'énergie investis dans le programme voitures de sport de la marque au détriment de la Formule 1, bien conscient que les *garagistes*[*] représentaient une menace croissante.

Malgré ce sursaut temporaire de Ferrari, la clique qui allait régner pendant presque quarante ans sur la Formule 1 se mettait peu à peu en place. Et c'est alors qu'un nouveau pilote écossais apparut dans le sillage de Jim Clark, un pilote susceptible de laisser sa marque sur un sport qu'il dominerait brièvement mais avec panache. John Young Stewart – alias Jackie – fut remarqué par Ken Tyrrell, qui dirigeait une écurie de Formule 3 appartenant aux Cooper et qui invita le jeune prodige à Goodwood, où s'entraînait un pilote plus chevronné, Bruce McLaren. Stewart se montra plus rapide que le Néo-Zélandais et c'est ainsi que, après avoir triomphé en Formule 3, il se lança à l'assaut de la F1 en 1965 avec BRM, au côté de Graham Hill. Son salaire annuel était de quatre mille livres.

Cette même saison vit aussi le retour d'Ecclestone à la Formule 1. Il avait disparu des radars après la mort de Stuart Lewis-Evans, pris un congé sabbatique forcé et s'était jeté à corps perdu dans les affaires pour se changer les idées. John Cooper et Roy Salvadori, un ancien pilote dont il avait fait la connaissance sur le marché automobile, l'embarquèrent pour le Grand Prix du Mexique où ils lui présentèrent un Autrichien prometteur. Jochen Rindt, vingt-trois ans, était né en Allemagne mais avait quitté le pays pendant la Seconde Guerre mondiale, après que son père et sa mère avaient été tués dans les bombardements de Hambourg, pour aller vivre chez ses grands-parents maternels. C'était une vraie tête brûlée, dont la conduite imprudente fut sanctionnée par un drapeau noir – lui imposant un arrêt aux stands – lors de sa première course.

Malgré leurs différences de nationalité et de milieu, les deux hommes s'entendirent à merveille et Ecclestone devint à la fois le mentor et le manager de Rindt, comme il l'avait été avec Stuart Lewis-Evans. L'Autrichien débordait de talent et, en 1966, il fit si bien son trou que Cooper lui accorda un mécanicien attitré, un ambitieux jeune homme de dix-neuf ans nommé Ron Dennis. Fasciné par la mécanique, ce dernier avait passé son enfance à bricoler avec ses Meccano et son adolescence à traîner dans l'usine de Jack Brabham, à Chessington, où il préparait le thé et cassait les pieds aux mécanos qu'il regardait travailler sur les F1. Son diplôme de génie mécanique en poche, il alla se faire engager chez les Cooper où on salua tout de suite son sérieux et son implication. Lorsque Rindt passa chez Brabham, il invita son jeune mécanicien à le suivre et le ramena « à ses vieilles théières », pour reprendre la formule de Dennis.

Pendant ce temps, la réputation de Rindt grandissait, en même temps que son amitié pour Ecclestone, qui lui téléphonait régulièrement et ne prenait même plus la peine de frapper lorsqu'il venait chez lui. Le duo monta bientôt une affaire de vente de pièces détachées pour avions et réfléchissait déjà à de nouvelles aventures, notamment dans le textile. Ils jouaient souvent aux cartes jusque tard dans la nuit, et Rindt invita même Ecclestone et sa compagne de l'époque, Tuana Tan, à partager sa lune de miel avec sa nouvelle femme Nina.

La fin de la décennie approchait et la Grande-Bretagne était le centre de l'univers. L'Angleterre avait gagné la Coupe du monde de football 1966 et créé une icône en la personne de Bobby Moore, l'élégant capitaine aux cheveux blonds, et l'Occident tout entier se pressait dans les cinémas pour admirer les exploits d'un espion anglais. Sean Connery battait des records au box-office dans le rôle de James Bond, avec sa beauté ténébreuse et l'Aston Martin DB5 de fabrication anglaise qui devint instantanément un objet de désir, au même titre que n'importe quelle Ferrari. Les Cooper elles aussi accédèrent aux salles obscures en 1969, avec la Mini surgonflée de Michael Caine dans *The Italian Job*, une comédie d'action au titre traduit en français par *L'or se barre*. Difficile d'ailleurs de déterminer qui était la vraie vedette, de Michael Caine ou des trois Mini rouge, bleue et blanche qui échappaient aux *carabinieri* turinois et s'offraient même un tour sur la piste d'essai construite sur le toit de l'usine Fiat. Mais Colin Chapman non plus n'était pas en reste : dans la série *Drôles de dames*, la svelte Diana Rigg faisait sensation dans le rôle d'Emma Peel au volant d'une mignonne décapotable blanche, la Lotus Elan. Un modèle mémorable auquel le constructeur japonais Mazda rendit hommage un quart de siècle plus tard avec la MX-5 qui visait à ressusciter l'esprit de l'Elan.

Le glamour était partout sur le circuit et en dehors, et les victoires s'enchaînaient pour Lotus, Brabham et Ken Tyrrell, qui courait sur un châssis Matra couplé à un moteur Ford. Mais Ferrari était le grand absent des podiums. L'Ancien avait besoin d'un pilote de premier ordre pour remplacer ceux qui avaient été tués dans des accidents tragiques ou qui avaient claqué la porte. Il avait perdu Moss, et Surtees était le dernier en date à partir avec perte et fracas après une série de disputes durant lesquelles Ferrari avait douté de la forme de son pilote à l'abord de la saison 1966. À en croire une rumeur, depuis un accident avec une voiture de sport Lola, le corps de Surtees était plus court de dix centimètres d'un côté et il avait fallu corriger ce déséquilibre au moyen d'une opération. Le conflit entre le pilote et l'Ancien culmina au Mans, où Surtees pensait être pilote principal. Il se trompait, et ce fut la goutte d'eau.

Il fallait donc à Enzo un pilote apte à rapporter la gloire et un titre mondial à Maranello. Dans cette optique, il jeta son dévolu sur un autre Britannique : Jackie Stewart, le petit Écossais au sommet de son art mais qui peinait avec sa BRM H16, laquelle, selon ses propres mots, « transportait plus d'essence, d'huile et d'eau que le *Queen Mary* ». Chapman lui avait offert un volant mais Stewart se méfiait de la réputation de ses voitures, superbement légères et bien conçues, mais pas assez solides dans les moments cruciaux. Et puis Enzo vint lui faire des avances. Stewart mourait d'envie de rejoindre la Scuderia, qui promettait de transformer n'importe quel pilote en légende, toutefois il restait sur ses gardes, conscient que le nom de Ferrari était synonyme de discorde. Enzo, pour sa part, tiqua lorsque l'Écossais consulta ses avocats et présenta des exigences détaillées à *Il Commendatore*.

« Enzo voulait vraiment que je vienne, raconte Stewart, mais j'ai compris que je devrais tout le temps avoir des yeux dans le dos. Nous avons signé pour la saison 1968, pas plus. Ça aurait dû être un contrat à 30 000 $, et j'aurais gagné davantage avec tout ce qui venait s'ajouter – et pourtant c'était l'époque où Enzo avait un oursin dans le portefeuille quand il s'agissait de payer les pilotes. »

Et puis Stewart croisa « par hasard » Jacky Ickx, un ancien coéquipier visiblement manipulé pour ramener à la baisse les prétentions de Stewart. « J'ai téléphoné chez Ferrari et j'ai dit que je refusais de signer parce qu'ils avaient offert la même voiture à Ickx. On m'a répondu que c'était une erreur et tout le monde s'est excusé, mais je savais que ça venait de l'Ancien. Il était hors de question que je conduise pour une écurie comme celle-là. » Ferrari avait peut-être décrété que l'Écossais avait enfreint la règle immuable de la Scuderia, imposant que le pilote s'incline toujours devant l'écurie. « Je ne l'ai jamais regretté, m'a affirmé Stewart. Je suis parti sans me retourner et je suis allé chez quelqu'un en qui je pouvais avoir confiance. » Ce quelqu'un, c'était Ken Tyrrell, le grand homme qui avait poussé Stewart en F1 et savait que son ami se retrouvait sans écurie. Mais lorsqu'il lui demanda

« Pourquoi tu ne viendrais pas conduire pour moi, Jackie ? », ce dernier lui répondit logiquement : « Parce que tu n'as pas d'écurie de Formule 1, Ken. » Aucun problème pour Tyrrell, il avait un plan : il allait monter une écurie dans sa grange, bien loin du faste et de la grande histoire de Maranello.

Pour Mosley aussi, l'année 1968 allait se révéler déterminante. Il se sentait prêt pour faire le grand saut vers la Formule 2. En ce temps-là, les pilotes changeaient facilement de catégorie, conduisaient berline et F1 d'une semaine sur l'autre, et les meilleurs étaient très demandés – Jackie Stewart a calculé que, dans la même saison, il a pris le départ de cinquante-trois courses sur vingt-six voitures différentes. Mosley acheta donc une Brabham BT23C à un certain Frank Williams, qui était alors vendeur de voitures de course. Toujours prudent, il y ajouta une ceinture de sécurité. La majorité des pilotes faisaient l'impasse sur la ceinture, convaincus qu'il valait mieux être expulsé de ces voitures qui n'étaient guère que des bombes lancées à pleine vitesse, des châssis en métal léger enveloppé de fibre de verre, avec un pilote assis entre deux longs réservoirs d'essence. En cas d'accident, elles se brisaient comme des assiettes en porcelaine qui tombent sur le carrelage. Et ensuite elles prenaient feu. « C'était fou, quand on y pense, se souvient Mosley. On était assis dans une baignoire en fibre de verre et aluminium, avec du carburant tout autour de nous. Pas étonnant qu'il y ait eu autant de morts et de blessés pendant cette période. Les pilotes tombaient comme des mouches. »

La première course de Mosley en Formule 2 eut lieu à Hockenheim, en Allemagne. Elle attira aussi deux grands pilotes anglais, Graham Hill et Jim Clark, deux champions du monde et héros du sport mécanique, connus dans le monde entier. Pour Mosley, cela ressemblait un peu à une promotion en Ligue 1. Lorsqu'il avait décidé de se hisser à ce niveau intimidant, il avait promis à sa femme Jean qu'il serait « très prudent », car elle connaissait les dangers et savait que la course automobile faisait presque un mort par semaine. Mais la prudence n'existe pas dans ce sport : un instant de détente ou de relâchement, et la concentration diminue en même temps que la vitesse. Un pilote digne de ce nom ne peut que conduire au maximum de ses capacités, ce que Stirling Moss appelait les « dix dixièmes ». Quant à ceux qui allaient plus loin, qui montaient à onze dixièmes, ils le payaient généralement de leur vie.

Il pleuvait ce jour-là. Pour Mosley, c'était presque une première sur une piste aussi glissante, pratiquement une patinoire. Le trac faisait tambouriner son cœur sur la ligne de départ. Le crachin formait un épais brouillard, et les pilotes étaient plongés dans une quasi-obscurité à l'entrée dans la forêt. Mosley raconte qu'il se guida grâce à la cime des arbres pour suivre le tracé du circuit et qu'il réussit malgré tout à trouver le courage d'appuyer sur l'accélérateur, jusqu'au moment où il remarqua une ambulance dans un virage au milieu d'une section rapide du circuit. Sa première pensée fut que celui qui partait dans les arbres à 270 km/h avait peu de chances d'en sortir vivant.

Il termina onzième, soulagé de voir la fin de la course. Et puis quelqu'un vint le trouver pour lui demander s'il était vrai que Jim Clark était mort. C'est pour l'Écossais que l'ambulance était là. La Lotus 48 de Clark était pliée autour d'un arbre, moteur et boîte de vitesses arrachés et projetés cinquante mètres plus loin dans la forêt. Clark avait le crâne fracturé au niveau de la nuque, à la limite du casque. Le décès fut prononcé sur place. Dans le milieu du sport mécanique, la mort de Clark eut le même retentissement que l'assassinat de JFK : tout le monde se rappelle où il était ce jour-là, le 7 avril 1968. Jim Clark était le dernier d'une lignée d'immenses champions : Nuvolari, Fangio, et enfin lui. Pour Jackie Stewart, il ne fait aucun doute que c'était lui le plus grand de tous, car c'était son compatriote et ami, l'homme avec qui il avait entretenu une rivalité amicale et qu'il s'était efforcé d'égaler.

Jim Clark était un fils de fermier discret qui ne la ramenait pas, ne flambait pas et ne cherchait pas à déstabiliser ses rivaux.

Il avait remporté le Grand Prix de Belgique 1963 dans des conditions épouvantables avec presque cinq minutes d'avance sur la Cooper Climax de Bruce McLaren. En 1965, il devint le premier pilote britannique à remporter l'Indianapolis 500 dans sa Chapman Lotus, le premier à gagner dans une voiture à moteur arrière, et le premier à empocher l'Indy et le championnat du monde de F1 la même année. Il avait triomphé sur vingt-cinq grands prix en soixante-douze départs et pris trente-trois pole positions. À trente-deux ans, il était au sommet de son talent.

Personne n'arrivait à croire que Clark ait pu faire une erreur, il était trop fort pour cela. Jochen Rindt, un de ses amis et fervent admirateur, dit à un journaliste autrichien : « Si même Jim Clark n'est pas en sécurité, alors quels sont les risques pour nous ? » Les enquêteurs estimèrent que l'accident était peut-être dû à une crevaison, et c'est la version que tout le monde choisit de croire. Chapman était anéanti. Aucun pilote n'était plus proche de Clark que lui et il se jura de ne plus jamais s'impliquer autant sur le plan émotionnel. Il proposa à Mike Spence, trente et un ans, de prendre la place de Clark pour l'Indianapolis 500 qui devait se courir un mois plus tard. Le jour venu, Spence tapa un mur, sa roue avant droite se détacha et alla percuter son casque. Il mourut le jour même.

Max Mosley n'avait pas grand-chose à dire à sa femme lorsqu'il rentra d'Allemagne. La scène dut ressembler à ce qu'on voit dans les films : le pilote fanfaron revient affligé et contrit, et retrouve son épouse terrifiée et inquiète pour leur avenir. « J'imagine que Jim Clark aussi, il conduisait prudemment ? » demanda-t-elle, quand bien même elle connaissait déjà la réponse. La course automobile était la drogue de Mosley, mais la sécurité allait dorénavant devenir sa mission.

Ecclestone aussi pensait à la sécurité en course quand Chapman commença à lorgner sur son ami Rindt. Il ne lui avait pas échappé que Stewart avait refusé l'offre de Chapman parce qu'il craignait que ses voitures soient trop fragiles. Ecclestone prévint donc Rindt que son style était trop musclé pour les Lotus, bien qu'elles soient sa meilleure chance d'approcher un titre mondial. « Les Brabham sont plus sûres », lui dit Ecclestone. Des paroles qui se révélèrent prophétiques.

À l'image de la conception de ses voitures, tout chez Chapman était innovant. Les partenariats avec les grands fabricants d'huile et de pneus s'annonçant de plus en plus précaires, surtout depuis le brusque retrait d'Esso, Chapman commença à chercher d'autres secteurs qui apprécieraient la visibilité offerte par la Formule 1. Lorsque les cigarettes Gold Leaf répondirent à l'appel, il n'eut, malgré toute son audace, pas le cran de repeindre ses Lotus (qui arboraient jusque-là le traditionnel vert British Racing Green) aux armes rouge, blanc et or de la marque pour se présenter sur le sol national. Il opta donc pour un dévoilement plus discret, en Nouvelle-Zélande, lors des Tasman Series de l'hiver 1967-1968. Comme prévu, cette nouvelle livrée provoqua une onde de choc, mais Chapman avait trouvé une manne financière et c'est dans leurs nouvelles couleurs que ses voitures prirent le départ du Grand Prix d'Espagne 1968. À l'arrivée, Graham Hill l'emporta, mais le nom de Gold Leaf fut discrètement recouvert afin de limiter les dégâts. Les sponsors titres venaient de faire leur apparition dans la Formule 1 et l'argent du tabac allait accélérer la révolution du sport en finançant son essor technologique et transformant les pilotes, jusque-là des amateurs passionnés, en professionnels fortunés.

Ferrari, qui n'avait pas vu venir l'idée de Chapman, opéra de manière plus traditionnelle quand il lui fallut trouver un investisseur qui injecterait des fonds dans sa Scuderia sans pour autant fourrer son nez dans la gestion de l'écurie. Fiat était actionnaire minoritaire et la famille Agnelli, propriétaire de la firme, ne demandait qu'à accroître ses parts dans la marque la plus célèbre du pays. Les négociations furent longues et acharnées, mais Giovanni Agnelli, dit « Gianni », en sortit converti. Le PDG de Fiat, un des hommes d'affaires les plus puissants d'Italie, adorait conduire des Ferrari

– c'est d'ailleurs au volant de l'une d'elles qu'il se brisa une jambe dans un accident qui lui laissa une difformité à vie et l'obligea à porter une chaussure orthopédique – et mourait d'envie de mettre un pied dans le secteur porteur du sport automobile. Les deux partenaires trouvèrent donc un accord qui satisfaisait toutes les parties : Fiat prit 40 % du capital de Ferrari et Enzo en conserva la moitié, une moitié qui tomberait dans l'escarcelle de Fiat à sa mort. Piero Lardi Ferrari, le fils naturel dont la parenté avec Enzo resta longtemps un secret, obtint 10 %, grâce auxquels il deviendrait par la suite milliardaire en dollars.

Bien que protégé par l'argent de Fiat, Enzo Ferrari demeurait *Il Commendatore*. John Hogan, l'homme qui lui apporta le sponsoring de Marlboro, se souvient que Gianni Agnelli se vantait partout de posséder Ferrari, mais qu'il fut sèchement remis à sa place le jour où il voulut poser son hélicoptère sur un terrain appartenant à Enzo. Ce jour-là, il entendit l'Ancien lui répondre : « Ce champ appartient à Ferrari et aucun hélicoptère ne se posera dessus. »

Enzo avait l'argent et la sécurité, et il était toujours le patron. Ne lui manquaient plus qu'un champion du monde et une voiture capable de rivaliser avec ces maudits Anglais.

5
NOUVELLES TÊTES

Au bout d'un chemin en terre, dans une épaisse forêt du Surrey, au sud-ouest de Londres, se trouvait une grange en bois fermée par une double porte bleue. Les visiteurs arrivant là pensaient y découvrir des tondeuses à gazon, des fourches et une odeur d'herbe coupée. Mais l'odeur qui les attendait était celle de l'huile, et quant aux outils, ils servaient plutôt à fabriquer des champions du monde.

Ken Tyrrell était l'archétype de l'Anglais des campagnes, un homme bâti en chêne massif, les pieds sur terre, sans chichis ni fioritures. Il adorait la course automobile et, lorsqu'il décida de construire sa propre voiture, il le fit tout simplement dans sa grange. Aujourd'hui, où il faut jusqu'à mille cinq cents personnes et 350 millions d'euros par an pour fabriquer des voitures dans des ateliers rutilants qui ressemblent à des blocs opératoires, l'« usine » de Tyrrell nous paraîtrait d'un pittoresque frisant le comique. Elle était bien plus proche de l'atelier artisanal que du laboratoire, et la première Tyrrell 001 fut assemblée par huit ingénieurs au cours de l'hiver 1970. La voiture achevée représentait un coût estimé à 22 000 livres, soit 370 000 euros actuels – un investissement certainement lourd pour un marchand de bois du Surrey.

Un soir, Tyrrell fit la connaissance de Derek Gardner dans un pub, et ils décidèrent de construire une F1 ensemble – pas de contrat écrit, uniquement un accord tacite. Une réelle marque de confiance, puisque Gardner n'avait encore jamais conçu de F1 ; il avait surtout travaillé sur les transmissions et les systèmes d'entraînement à quatre roues motrices de Matra, l'équipementier français chez qui Tyrrell s'était fourni. Il se mit à l'ouvrage chez lui, dans le Warwickshire, à cent cinquante kilomètres d'Ockham, et un beau jour il fut prêt à dévoiler une maquette en bois.

Le champion du monde en titre, Jackie Stewart, pilotait une voiture montée sur un châssis Matra, propulsée par un moteur Ford et assemblée par Tyrrell, mais il ignorait que son patron nourrissait l'ambition de devenir constructeur à part entière. L'Écossais était la personnalité la plus en vue de la Formule 1, le successeur naturel de son compatriote Jim Clark. C'était l'étoile montante du sport, qui avait décliné l'offre de Ferrari pour rester fidèle aux *garagistes**. Il aurait pu aller n'importe où et fixer lui-même son prix, et le voilà qui découvrait sa future F1 dans une grange en bois.

« C'était une maison au milieu d'une rangée de maisons toutes identiques, se souvient Stewart. On avait une maquette en balsa, je me suis assis dedans et on a pris les mesures pour le siège. »

De la grange, on passa au hangar. Grâce à son esprit pratique, Tyrrell avait appris que le ministère de la Défense vendait des baraquements ayant abrité les forces militaires féminines dans une base non loin de là. Il en acheta deux, à 50 livres l'unité, et les relia pour en faire un long hangar en bois. Walter Hayes, qui poussa Ford vers la Formule 1 avec la production du moteur Cosworth DFV, lequel offrit douze titres mondiaux à neuf pilotes, résuma les choses en termes fort simples : « C'était un dépotoir. »

Frank Williams, lui, aurait bien aimé disposer d'un dépotoir pour ses débuts. Francis Owen Garbett Williams, de son nom complet, détonait avec les autres jeunes loups de la F1. Fils d'un officier de la RAF et d'une directrice d'école, il était né à South Shields, à 400 kilomètres de Londres et du sud-est anglais où les choses se passaient. Rien ne le prédestinait au sport automobile. Après la séparation de ses parents, il fut envoyé en pension en Écosse quand il avait seize ans, et ce trajet effectué en Jaguar XK150 changea sa vie pour de bon en lui donnant la passion des voitures et de la vitesse. Il se trouva un poste de voyageur de commerce, mais chaque week-end il remisait son costume-cravate et disputait toutes les courses possibles. Il commença à se faire son trou et rencontra un jeune homme nommé Piers Courage, qui allait devenir son colocataire et son meilleur ami. Descendant d'une dynastie de riches brasseurs, Courage était un personnage charismatique et glamour, tout aussi déterminé que Frank à se hisser sur les podiums de la Formule 1.

Williams vivait pied au plancher, sur la piste comme en amour. C'est ce que devait découvrir Virginia Berry, une jeune femme qui préparait son mariage lorsqu'elle croisa le chemin de ce jeune homme décidé, avec qui elle eut une relation torride au nez et à la barbe de son mari. Dans sa touchante autobiographie, Virginia raconte qu'elle invitait Williams dans le foyer conjugal et attendait que son mari soit endormi pour rejoindre le lit de son amant. La première phrase de son livre annonce la couleur : « À l'instant où j'ai posé les yeux sur Frank, je suis tombée amoureuse de lui. » Un amour dont la force allait se révéler cruciale pour surmonter les épreuves qui attendaient Frank.

En 1966, à vingt-quatre ans seulement, Williams avait déjà fondé sa propre écurie, même s'il courait constamment après l'argent et n'avait que Courage pour seul pilote. Il dirigeait son entreprise avec sérieux, mais ses méthodes étaient hasardeuses et il était contraint d'emprunter un peu partout pour maintenir l'écurie à flot. Un jour où il parvint à lever tout juste de quoi convoyer sur une course les sept membres de l'écurie – lui-même, trois mécaniciens, un chauffeur de camion, Courage et sa femme Sally, qui jouait le rôle de chronométreuse –, il dut même demander à Courage de payer l'hôtel.

Pour la saison 1970, il acheta une De Tomaso italienne, une machine lourde et massive. Ce n'était pas brillant, mais il ne pouvait pas faire mieux. Cette saison-là, le Grand Prix des Pays-Bas, cinquième manche du championnat, fut endeuillé par la mort, à peine trois semaines plus tôt, de Bruce McLaren alors qu'il essayait une voiture pour la Can-Am. Il laissait derrière lui une écurie qui connaîtrait une seconde vie remarquable entre les mains d'un contemporain de Williams.

La mort de McLaren était une tragédie de plus, mais le spectacle devait continuer. Le Grand Prix des Pays-Bas aurait lieu. Conformément à ses performances habituelles, Courage se trouvait en milieu de peloton quand il fit une sortie de route. Sa roue avant se détacha et vint le frapper en pleine tête, après quoi le magnésium du châssis s'embrasa et les flammes engloutirent la voiture. Sally Courage comprit qu'il y avait un problème lorsqu'elle aperçut une colonne de fumée à l'autre bout du circuit. Elle attendit, chronomètre en main, mais son mari – et le père de ses deux fils – ne revint pas. Il avait vingt-huit ans.

Tandis que Frank Williams tirait la langue et que Ken Tyrrell conspirait en secret, les ennuis de Lotus étaient, eux, très publics. Les modèles que testait Chapman continuaient à mettre des vies en danger, surtout celle de Rindt et de son coéquipier Graham Hill. La mode était aux ailerons montés sur de hautes tiges qui évoquaient des mâts radio. L'idée était bonne – accroître l'adhérence du train arrière par l'aérodynamique –, mais la déportance ajoutée était si grande qu'elle brisait les tiges supportant l'aileron. Malheureusement pour Rindt et Hill, pendant le Grand Prix d'Espagne 1969 qui se tenait à Barcelone, leurs ailerons cassèrent au même endroit du circuit tendu de Montjuïc. Rindt s'en tira avec une fracture du nez, une fierté blessée et une dent contre le patron de l'écurie qui s'était montré si désinvolte avec la vie de ses pilotes. Rindt avait dû abandonner à six reprises sur onze grands prix durant cette saison 1969, pendant que Jackie Stewart, qui avait refusé les avances de Lotus, filait vers son premier titre mondial avec Ken Tyrrell.

Rindt écrivit à Chapman pour lui annoncer qu'il « avait de plus en plus de mal à lui faire confiance ». Quant à Hill, qui avait enduré plus que sa part d'accidents, il réussit à appliquer son humour laconique et pince-sans-rire à la situation : « Chaque fois que mon volant m'échappe, je me souviens que je conduis une Lotus. »

Ecclestone se sentait chez lui au milieu des personnages hauts en couleurs de la F1. Helen Stewart, l'épouse de Jackie, ajoutait une touche de glamour à la population des stands, où elle était chronométreuse pour son mari, et, dans les gradins, Nina Rindt ne manquait pas une course. Chaque fois que Bette Hill, la femme de Graham et mère de ses jeunes enfants – dont Damon, né en 1960, qui roulerait dans les traces de son père en devenant champion du monde de Formule 1 – arrivait sur un circuit, elle convoquait une réunion du Doghouse Club, le surnom donné au groupe de femmes qui suivaient leurs compagnons en espérant qu'ils terminent les courses en un seul morceau. Elles buvaient quelques verres en contemplant le monde de voyages et de danger où évoluaient les hommes de leur vie. Ce club existe toujours. Il a adopté le nom plus ronflant de Women's Motor Racing Associates Club, collecte des milliers de livres pour des œuvres caritatives, et les conversations y sont moins anxieuses, les maris jouant moins leur vie qu'autrefois.

Le talent naturel d'Ecclestone pour l'humour à froid en fit un membre incontournable du cercle d'initiés qui voyageait d'une course à l'autre. C'était un grand admirateur de Chapman, dont la détermination triomphait de tous les obstacles, et de son écurie qu'il menait avec la même efficacité que ses recherches de financements. L'approche de Chapman faisait écho à celle d'Ecclestone, lequel, bien que n'ayant pas les talents mécaniques de Chapman, restera à jamais une des plus grandes figures engendrées par ce sport. Les avancées réalisées par Chapman ont posé les fondations de ce qui allait suivre, et les F1 actuelles doivent énormément à ses innovations.

Le contrat de sponsoring avec Gold Leaf était pour Lotus un don du ciel, car la maison-mère, Player, couvrait toutes les dépenses, jusqu'au salaire de Chapman, Hill et Rindt, et contribuait à financer la participation au championnat à hauteur de 100 000 livres par an. Pourtant, Ecclestone n'arrivait pas à se défaire de l'idée que les Lotus, malgré leur rapidité, ne seraient pas assez solides pour emmener son ami jusqu'au titre. Après avoir hésité à retourner chez Brabham pour la saison 1970, Rindt était resté convaincu que Lotus était le meilleur choix, et cette conviction ne fit que se renforcer au gré des huit premiers grands prix de l'année, qui lui donnèrent cinq victoires et la tête du championnat.

Le Grand Prix d'Italie, à Monza, était la dernière course européenne de la saison. Chapman avait laissé tomber l'aileron qui avait suscité la colère de Rindt. Mais, pendant les essais, lorsque le pilote freina à l'entrée du Parabolica, sa voiture fut déstabilisée, alla percuter la barrière Armco, et son nez heurta un poteau. Rindt n'avait pas mis la sangle de son harnais qui aurait dû tenir son entrejambe, car il craignait de rester coincé comme tant d'autres dans sa voiture en cas d'accident. Résultat, le choc le fit glisser vers le cockpit qui se désintégrait. Quand le nuage de poussière se dissipa, les spectateurs découvrirent que l'avant de la voiture avait disparu et que Rindt gisait dans les vestiges du cockpit, les jambes à l'air et un pied arraché. La boucle de son harnais avait tranché sa veine jugulaire. Cause probable de l'accident : la rupture d'un axe de frein.

Ecclestone se précipita sur le lieu de l'accident, de plus en plus inquiet à mesure qu'il approchait de la Lotus. Mais il n'y avait plus rien à faire. Jackie Stewart perdait un ami de plus dans un des trop nombreux drames qui émaillèrent sa carrière. « Je suis allé voir ce qui se passait, m'a raconté Stewart, et j'ai tout de suite compris que c'était sans espoir. Il y avait beaucoup de sang, mais Jochen ne saignait pas. J'en ai déduit que son cœur ne battait plus. Quand j'ai vu Bernie, il retournait vers les stands en portant le casque de Jochen sous son bras. Il ne disait rien, il avait l'air sous le choc. »

Stewart n'avait pas encore réalisé un temps qui lui permette de se qualifier. Lorsqu'il se rassit dans son cockpit, il baissa la visière de son casque et fondit en larmes.

Ecclestone se rendit à l'hôpital de Milan où il se rongea les sangs avec Chapman et la femme de Rindt, sans savoir s'il était fou de rage ou de chagrin. Jochen Rindt devint le premier champion posthume de l'histoire de la F1. Comme Piers Courage et Stuart Lewis-Evans, il avait vingt-huit ans.

Chapman quitta le pays peu après, conscient que les autorités allaient chercher un responsable, et c'est Ecclestone qui écopa des formalités. Il demanda à Herbie Blash, l'ingénieur qui avait conçu les voitures de Rindt chez Brabham, de rassembler les effets personnels de son ami et de les déposer chez les Rindt, en Suisse, où Nina l'attendrait. Jackie Stewart remit le trophée de champion du monde à Nina au cours d'une cérémonie organisée à Paris. Il était furieux de voir autant de jeunes hommes broyés, brûlés et handicapés, et il se jura d'améliorer un sport qui jouait si facilement avec la vie de ses héros.

De fait, quatre ans plus tôt, lui aussi avait failli y rester : en Belgique, sur une piste trempée, il était parti en aquaplaning à 275 km/h et avait embouti un poteau de télégraphe, puis le côté d'une fermette, avant de glisser dans un fossé. Graham Hill, qui le suivait, dérapa au même endroit et alla buter contre une botte de paille. C'est là qu'il repéra son coéquipier, coincé dans sa BRM.

Il n'y avait ni commissaire ni équipe de sécurité en vue, et Hill dut emprunter une clé à cliquet à un spectateur garé non loin pour soulever le volant qui bloquait les jambes de Stewart. Avec l'aide d'un pilote américain, Bob Bondurant, Hill dégagea Stewart et le traîna jusqu'à une grange, où les deux hommes lui ôtèrent la combinaison imbibée d'essence qui menaçait de lui brûler la peau. Hill partit en courant chercher une cabine téléphonique quand, curieusement, un groupe de bonnes sœurs apparut ; visiblement troublées de voir Stewart en tenue d'Adam, elles décidèrent de couvrir sa nudité au moyen de son vêtement qui empestait l'essence. Finalement, un bus reconverti en ambulance arriva et conduisit Stewart à un centre médical, où le pilote dut poireauter un long moment sur son brancard. « Je ne l'oublierai jamais. On m'avait laissé tout seul et le sol était couvert de mégots de cigarettes. Je me demandais ce que je faisais là. » Une autre ambulance vint alors l'emmener à l'hôpital de Verviers, situé à une douzaine de kilomètres – et se perdit rapidement en chemin.

Plusieurs décennies plus tard, Stewart se remémore avec consternation le sacrifice inutile de tous ces jeunes hommes sur l'autel d'un spectacle qui se donnait le nom de sport. Il habite un appartement tout près de Genève, à quelques minutes de la maison de Nina Rindt, qui est restée une grande amie après toutes ces années. « Nous étions très proches de Jochen et de Nina, et nous avons eu beaucoup de mal à digérer ce qui est arrivé. Un jour, Helen et moi avons compté que nous avions perdu cinquante-sept amis en un peu plus d'une décennie. Imaginez un peu. C'était une vraie guerre. Ça ne pouvait pas continuer comme ça. Il fallait faire quelque chose. »

À la tête de la Grand Prix Drivers' Association, un syndicat de pilotes fondé en 1961 et présidé par Stirling Moss, Stewart milita pour rendre obligatoires les combinaisons ignifugées, les casques intégraux et les ceintures de sécurité, et pour une meilleure sécurisation des circuits, mais il se heurta à la réticence des organisateurs et, étrangement, des pilotes. La presse, qui voulait voir des gladiateurs musclés braver la mort avec le sourire, l'accusa de vouloir transformer la Formule 1 en une discipline tiède pour mauviettes. Quant à Max Mosley, il s'entendit répliquer par un officiel : « Personne ne vous oblige. Si ça ne vous plaît pas, ne courez pas. »

Il se retira donc pendant qu'il le pouvait encore. Sa carrière de pilote avait été courte mais plutôt fructueuse, avec douze victoires pour une quarantaine de courses. Il avait promis à sa femme de rester en vie et il était prêt à tourner la page. C'est que, comme dans le cas de Ken Tyrrell, il y avait une grange dans l'histoire : avec trois associés, Mosley créa March (M pour Mosley, R pour Alan Rees, C pour Graham Coaker et H pour Robin Herd) qui allait construire des voitures de courses de diverses catégories. Chaque associé mit 2 500 livres au pot – Mosley, qui avait laissé tomber le barreau, devant emprunter la somme à sa mère. La première March, une Formule 3, sortit en 1969 de l'atelier implanté dans le jardin de Graham Coaker. Quelque temps après, Mosley dénicha une usine dans la région d'Oxford, où March fabriqua la F1 au volant de laquelle Jackie Stewart remporta le Grand Prix d'Espagne 1970, offrant sa première victoire à la jeune entreprise de Mosley.

Virginia Williams était convaincue que l'accident de Courage pousserait Frank à quitter la Formule 1, mais quatre semaines plus tard il donnait la chasse à Brian Redman lors du Grand Prix de Grande-Bretagne, qui plus est à bord d'une De Tomaso. Frank Williams était de retour, et il courait après ses rêves de succès. En l'espace de deux ans, avec le soutien de Politoys, un fabricant de jouets, il montait sa propre usine, à Reading, et il était prêt à sortir la première Williams. Il avait vendu sa montre, sa chaîne stéréo et sa voiture, tandis que Virginia vendait sa petite maison londonienne pour lui avancer les 4 000 livres qui lui permettraient de se lancer. Comme Mosley, il tirait le diable par la queue.

March fournissait plusieurs écuries du championnat junior et employait une petite centaine de personnes, dont huit étaient affectées au département F1. « La première année, le budget de March s'élevait à 113 000 livres, en comptant le salaire des pilotes. Les premières Williams venaient de chez nous. Nous avions une règle stricte : aucune pièce ne sortait de l'usine tant qu'elle n'avait pas été payée. Les pilotes sont pareils que les drogués : si vous leur faites crédit, vous ne reverrez jamais votre argent. Frank nous annonçait qu'une camionnette était en route pour venir chercher un nouveau triangle de suspension et que le conducteur avait un chèque sur lui. Mais il nous demandait d'attendre quelques jours avant de l'encaisser, ça ne ratait jamais. Donc j'agrafais les chèques de Frank dans le registre des paiements et j'attendais quelques jours. »

Bernie Ecclestone admirait les têtes brûlées, les joueurs prêts à tout risquer. « Autrefois, les gens comme Frank Williams dépensaient plus que ce qu'ils avaient parce qu'ils avaient des couilles. Frank venait toujours me trouver quand il avait besoin d'argent. Il me demandait une petite avance, 12 000 livres, dans ces eaux-là, et la fois suivante il me laissait un chèque. On discutait un moment, et juste avant de partir il me demandait : "Oh, et à tout hasard, tu pourrais pas me prêter 12 millions ?" Il me faisait rire. Cela étant, il a toujours payé ses dettes, au dollar près. »

12 millions, c'est certainement exagéré, mais il n'en reste pas moins vrai que Williams faisait très souvent appel à ses créanciers, qui devaient parfois attendre longtemps avant de récupérer leur argent.

Tout l'inverse de Ron Dennis qui, lui, était structuré, prudent et méticuleux. Dès le début de sa carrière de mécanicien de F1, il chercha sans cesse à s'améliorer, et tout était bon pour se détacher du lot. Après avoir refusé de suivre Rindt lorsqu'il quitta Brabham pour Lotus, Dennis devint chef mécanicien pour Jack Brabham, le seul homme à s'être inscrit au championnat du monde avec une voiture qu'il avait construite lui-même. Dennis était proche de Brabham depuis ses jeunes années où il traînait à l'usine, et quand l'Australien décida de tirer sa révérence en 1970, il refusa de travailler avec un autre pilote. Dennis avait été promu *team manager* et assurait toutes les fonctions essentielles à l'écurie, depuis l'organisation des voyages jusqu'à la collecte des fonds permettant de payer les salaires et les frais.

« Je me disais que, puisque c'était moi qui faisais tourner l'écurie, je pouvais tout aussi bien faire tourner ma propre équipe. » Pas plus compliqué que ça. Un jour, Graham Hill, qui avait signé avec Brabham pour la saison 1971, demanda à Dennis sur quoi il travaillait. Ce dernier lui répondit qu'il construisait des F2 Brabham dans l'optique de lancer sa propre écurie. Hill lui proposa alors de lui donner un coup de main en pilotant une de ses voitures, à condition qu'ils fassent 50-50 lorsque l'affaire commencerait à devenir bénéficiaire. Leur première victoire arriva dès la deuxième course, et la machine était lancée. À un moment, Dennis eut jusqu'à quatre équipes dans différentes catégories, avec des mécaniciens envoyés tous azimuts sur des circuits et Hill comme figure de proue.

Tout allait donc comme sur des roulettes, et puis arriva la crise pétrolière de 1973. L'OPAEP (Organisation des pays arabes exportateurs de pétrole) prononça un embargo contre les pays qui, selon elle, avaient soutenu Israël durant la guerre du Kippour. Le Royaume-Uni fut un des premiers à en pâtir quand le prix du baril quadrupla du jour au lendemain. Une catastrophe en puissance pour le sport automobile, et tout particulièrement pour Dennis dont le sponsor principal était Motul, une société française fabriquant les premières huiles synthétiques pour moteur. Motul retira ses billes et Dennis devint presque instantanément insolvable. Il lui fallait un sauveur, et celui-ci se présenta une fois de plus sous les traits affables de Graham Hill, qui lançait sa propre écurie de Formule 1. Hill, qui avait besoin d'une usine, avait entendu dire que Dennis pourrait être disposé à vendre la sienne. Le marché fut conclu et Dennis s'en sortit la tête haute, remboursa ses dettes et garda de quoi survivre aux périodes de vaches maigres.

L'ancien mécano s'efforçait de trouver sa place dans un sport qui se professionnalisait et passait à la vitesse supérieure, avec des exigences dévorantes. Elles finirent même par dépasser l'endurance de Jackie Stewart, qui décida de raccrocher à la fin de la saison 1973. Il avait deux championnats du monde à son actif, et son ultime grand prix, à Watkins Glen aux États-Unis, devait être son centième et lui apporter son troisième titre.

Stewart était le pilote le plus célèbre au monde et le premier à gagner plus d'un million de dollars par an, principalement grâce à des contrats de sponsoring personnels avec de grandes marques telles que Rolex et Ford. Mais les voyages incessants, le poids des attentes et la peur continuelle d'être le prochain à rester sur le carreau finirent par laisser des traces, aussi bien physiques que psychologiques. Il souffrait d'ulcères à l'estomac et savait que sa femme Helen était tendue. Il ne pouvait même pas lui annoncer qu'il arrêtait car elle aurait compté les courses jusqu'à la dernière – un peu comme l'auraient fait Nina Rindt, Sally Courage ou tant d'autres compagnes endeuillées.

En outre, Stewart avait trouvé son successeur en la personne du jeune François Cevert, un pilote français à la chevelure noire et à la beauté saisissante de jeune premier. Cevert n'était pas seulement un coéquipier et ami, il était le protégé que Stewart imaginait prendre la relève lorsqu'il partirait à la retraite. Pendant les essais qualificatifs du Grand Prix d'Amérique, Cevert fila tout droit dans les S, accrocha une bordure et fonça dans les barrières du côté droit qui le propulsèrent du côté gauche de la piste. Il mourut sur le coup. L'accident fut décrit comme un des « plus brutaux » de l'histoire de la F1. En arrivant sur place, Stewart comprit qu'il y avait un problème. Et puis Chris Amon vint lui faire signe de s'arrêter, alors Stewart sortit de sa voiture et courut vers l'épave. Voici comment il décrivit la scène au magazine *Motorsport* : « Jody [Sheckter] en revenait, et il m'a dit “N'y vas pas, tu n'as pas besoin de voir ça”. Mais, évidemment, il fallait que j'y aille, François était mon coéquipier. C'était atroce. Son corps était horriblement mutilé. J'étais en état de choc. Ken a retiré l'écurie du Grand Prix et j'ai mis un terme à ma carrière de pilote. »

Pour chaque triomphe, une tragédie. Stewart avait pris le départ de quatre-vingt-dix-neuf grands prix et ne pensait pas en conduire un centième, jusqu'au jour où Bernie Ecclestone lui offrit 6 millions de livres pour rejoindre Brabham. « Je ne sais pas s'il profitait de moi, mais j'ai accepté tout de suite. Et je ne l'ai jamais regretté, de même que je n'ai jamais regretté de ne pas aller chez Ferrari. »

Enzo Ferrari, justement, était bien loin de la Grande-Bretagne, de son fourmillement d'activité et de ses jeunes patrons d'écuries qui se faisaient une place dans le monde complexe de la Formule 1. Il appartenait à une autre génération, qui ne se faisait pas à ce rythme effréné. Ferrari n'avait plus remporté de titre mondial depuis 1964 et John Surtees, tandis que Chapman avait Clark et Hill, et que Jack Brabham et Jackie Stewart étaient devenus des stars. Depuis que Fiat avait pris des parts au capital, la Scuderia était absorbée dans la structure du géant de l'automobile, et Maranello grouillait désormais d'hommes venus du siège turinois qui ignoraient pratiquement tout des subtilités de la F1. Enzo semblait avoir perdu le contrôle de l'empire fabuleux qu'il avait mis des décennies à bâtir. Il avait besoin d'aide, il lui fallait des idées neuves et de l'énergie.

L'Ancien avait ses habitudes : tous les après-midi, il travaillait dans le bureau de sa fermette – qui se trouve aujourd'hui au milieu de la piste d'essai de Ferrari près de Maranello – en écoutant son émission de radio préférée sur un gros poste en bakélite. Un jour, un auditeur appela pour se plaindre de la Formule 1, la taxant de sport polluant pour riches et privilégiés. Un autre auditeur, un étudiant, furieux d'entendre ce discours, téléphona à son tour pour exprimer son désaccord. Il s'appelait Luca Cordero di Montezemolo et son intervention allait avoir des répercussions historiques. « J'étais en colère, donc j'ai appelé l'émission et je n'ai pas mâché mes mots, j'ai dit que l'autre n'y connaissait rien, qu'il y avait des centaines de pilotes et de mécaniciens qui étaient des gens bien, d'honnêtes travailleurs, et que la Formule 1 permettait de tester des pièces et des idées qui seraient ensuite appliquées aux voitures de tourisme. » Entendant cela, Ferrari appela la radio et dit au standard qu'il aimerait lui parler.

Enzo était si impressionné que, quelques jours plus tard, il expédia une copie de ses mémoires à ce jeune homme qui n'avait pas sa langue dans sa poche, avec le message suivant : « À Luca di Montezemolo, qui a le courage de ses paroles et de ses actes. » Il joignit à son envoi une invitation à venir lui rendre visite à Maranello.

Luca Cordero di Montezemolo appartient à la noblesse italienne. Son père, Massimo Cordero dei Marchesi di Montezemolo, était un aristocrate piémontais établi dans les collines au sud de Bologne, non loin de ce qui allait devenir un des principaux bastions industriels du pays. La famille entretient des liens anciens avec la haute société et dirige encore aujourd'hui le vignoble Cordero di Montezemolo, qui produit de fameux barolos depuis le XIVe siècle.

Luca grandit donc dans un univers de pouvoir et d'influence. Une rumeur avance même qu'il serait le fils illégitime de Gianni Agnelli, l'industriel le plus puissant de l'après-guerre. La famille Agnelli, dynastie parfois comparée aux Kennedy, était la plus riche d'Italie, fondatrice de la Fabbrica Italiana Automobili Torino, alias Fiat, qui non seulement allait devenir la plus grande entreprise du pays, mais aussi le symbole de sa puissance industrielle. Et ce clan accueillit Montezemolo à bras ouverts.

En Italie, la course automobile est une passion nationale, au même titre que le football, et le pays baignait dans le mythe d'Enzo Ferrari et de sa Scuderia. Enfant, Montezemolo avait vu les bolides au cheval cabré traverser Bologne en trombe à l'occasion du Mille Miglia. Rien de surprenant, donc, à ce qu'il se soit essayé à la course durant ses études de droit. Il jeta toutefois son dévolu sur le rallye et commença tout en bas de l'échelle, avec une minuscule Fiat Nuova 500. « J'étais une espèce de prodige », raconte-t-il avec fierté. Il avait pour copilote Cristiano Rattazzi, fils de Susanna Agnelli, la redoutable sœur de Gianni. Une association qui ne fit que le rapprocher encore de l'empire Agnelli.

Montezemolo faisait partie des rares employés autorisés à appeler Agnelli par son prénom, et ils étaient nombreux à se demander pourquoi le PDG du géant italien s'était à ce point entiché d'un jeunot tout juste sorti de l'école. Il arrivait même qu'ils passent des soirées tous les deux, et Montezemolo jouait souvent les coursiers pour le compte du grand patron. Les journaux italiens étaient constamment en quête de ragots sur les Agnelli, qui étaient ce que le pays avait de plus proche d'une famille royale. Il y avait des paparazzi en planque dans toutes les boîtes et tous les restaurants branchés de Rome, et Montezemolo allait souvent en éclaireur pour réserver des tables et veillait à ce qu'Agnelli puisse emprunter l'entrée de service afin d'éviter les photographes indiscrets.

Lorsqu'il commença à travailler pour Ferrari, ce fut au service commercial. Il apprit les méthodes de l'Ancien, et cela lui ouvrit les yeux. « Nous avions quarante ou cinquante voitures invendues à l'usine quand deux collectionneurs américains sont arrivés à Maranello. Nous avons déjeuné et je me suis occupé de faire l'interprète. Enzo a écouté les Américains qui cherchaient à acheter des Ferrari, et il leur a dit "Oui, oui, oui. Je vais voir ce que je peux faire, mais vous devez bien comprendre que cela va prendre un peu de temps. Nous n'avons pas de voiture pour le moment, il va falloir attendre." Je l'ai regardé, et j'ai regardé les voitures qui attendaient dehors, et j'ai eu envie de dire que nous avions toutes les voitures qu'il fallait et que nous pouvions leur en vendre tout de suite. Mais c'était le marketing à la Enzo. Il savait qu'il fallait cultiver l'envie. J'ai bien retenu la leçon. »

Lorsqu'il fut missionné au Grand Prix de Grande-Bretagne 1973, Montezemolo n'avait que vingt-cinq ans et il était maigre comme un clou avec une grosse tignasse brune. Voir une équipe autrefois révérée s'embourber dans le chaos et l'humiliation lui fit l'effet d'une douche froide. Ce qu'il découvrit, c'est une comédie qui dégénéra en tragédie : la 312B3 était nulle – certains la considèrent même comme la pire voiture de l'histoire de la marque – et Enzo était tellement en colère après les essais, dont Jacky Ickx sortait en dix-neuvième position tandis qu'Arturo Merzario n'avait pas réussi à se qualifier, qu'il décida de déclarer forfait et de ramener tout le monde à la maison. Montezemolo s'interposa et réussit à le faire changer d'avis, mais il dut user de tous ses talents de bonimenteur pour calmer l'Ancien et lui faire entendre qu'il était important que Ferrari participe à cette course qui comptait pour le championnat. Ickx prit donc le départ et accrocha la huitième place grâce à un carambolage providentiel au premier tour, causé par la McLaren de Jody Scheckter. Mais cela ne suffit pas à apaiser Ferrari, et les voitures furent rangées dans le camion et ramenées piteusement en Italie. L'écurie ne courut pas les deux grands prix suivants, en Hollande et en Allemagne.

Le moment était venu pour Montezemolo d'imprimer sa marque sur la Formule 1. Dans une démonstration de confiance inouïe, il fut nommé *direttore sportivo* de la plus ancienne équipe du championnat. Fraîchement émoulu de l'université de Columbia, aux États-Unis, Montezemolo n'avait jamais conduit de F1 ni dirigé d'équipe, et voilà qu'il récupérait les rênes de l'écurie la plus noble qui soit. Non seulement il allait devoir persuader la Scuderia qu'un petit gars en chemise cintrée et pantalon à pattes d'éph avait les épaules pour assumer ce poste, mais il lui faudrait aussi prendre ses marques dans le paddock, où il ne serait pas accueilli par une haie d'honneur mais par une certaine défiance, due à ses airs d'embobineur qui le faisaient paraître plus à son aise dans les salons que dans le cambouis.

« J'étais le premier directeur sportif à ne pas être aussi propriétaire d'écurie – contrairement à Enzo ou à Ken Tyrrell – et j'ai dû imposer de l'organisation, un esprit d'équipe, et même rétablir la communication, parce que Ferrari était connu pour ses engueulades avec les pilotes. »

Montezemolo s'attela à secouer Maranello, et pour ce faire il rappela Mauro Forghieri, l'homme qui avait conçu la voiture sur laquelle John Surtees avait remporté le championnat 1964, avec pour consigne de démanteler la 312B3 et de tout reprendre à zéro. L'étape suivante consisterait à trouver un pilote capable de dompter la voiture de Forghieri. James Hunt fut brièvement envisagé, mais il y avait face à lui dans la balance un jeune Autrichien sérieux, Niki Lauda, qui avait tout plaqué pour la Formule 1 et emprunté 30 000 livres pour entrer dans l'écurie March de Mosley. Mais March ne se montra pas à la hauteur, et Lauda fut contraint d'emprunter encore davantage pour entrer chez BRM. Là, il fit équipe avec Clay Regazzoni, qui retourna chez Ferrari en 1974 après une saison décevante chez BRM. Quand Ferrari appela Lauda pour lui proposer une place – sur recommandation de Regazzoni qui était heureux de le retrouver –, l'Autrichien avait 120 000 livres de dettes sur le dos. Mais, avec son visage en lame de couteau et ses dents légèrement en avant qui lui valaient le surnom de « *The Rat* », il était déterminé et n'avait peur de rien. Il n'hésitait pas à aller toquer à la porte d'Enzo Ferrari pour vider son sac, contrairement aux autres employés que le *Commendatore* terrifiait.

La transformation fut aussi rapide que spectaculaire. Montezemolo découvrit qu'il pouvait compter sur le perfectionnisme et l'implication de Lauda. L'Autrichien travaillait main dans la main avec Forghieri, et il passa des heures sur la piste d'essai de Fiorano durant l'hiver 1973, à portée de voix et de vue du fondateur qui observait cette agitation depuis sa fermette. L'Ancien avait beau être conscient des changements qui s'opéraient autour de lui, il s'était retiré de l'écurie qu'il avait créée. D'après Montezemolo, l'amour apparent d'Enzo pour les divisions, les conflits et les drames, amour qui le poussait à aiguillonner et agacer constamment ses pilotes, était inséparable d'une tendance à écouter les courtisans qui lui disaient ce qu'il voulait entendre et non ce qu'il devait savoir, et à céder aux exigences d'une presse italienne toujours en demande.

Il y avait en outre une pointe de jalousie, car Montezemolo attirait les regards dans le monde de la F1. Au téléphone, il arrivait que le patron commente la tenue soignée de son directeur sportif au lieu de demander si les voitures avaient bien roulé. La proximité de Montezemolo avec Agnelli était une arme puissante, qui lui conférait une autorité transcendant son âge et lui permit de faire le ménage dans l'écurie, en s'appuyant sur la fougueuse complicité de Lauda.

L'année 1974 s'achevait. Le titre fila entre les doigts de Regazzoni à la dernière course de la saison, au profit d'Emerson Fittipaldi sur McLaren, mais la Scuderia triompherait l'année suivante, lorsque Lauda rapporterait le premier titre individuel à Ferrari depuis John Surtees onze ans plus tôt. L'émotion fut intense, mais Enzo Ferrari n'était pas là pour fêter la victoire. Il était resté en Italie et, la couverture télévisuelle étant encore limitée, ce fut à Montezemolo de lui annoncer la bonne nouvelle. Il ne savait pas trop quelle réaction attendre de ce vieil homme austère. « Les téléphones portables n'existaient pas, j'ai donc dû chercher une cabine pour dire à Ferrari qu'il avait un nouveau champion. Il m'a répondu "Merci", rien de plus, mais je suis sûr qu'il avait la larme à l'œil. »

6
L'ARGENT COMPTE LE SCORE

À présent âgé de quarante ans, Bernie Ecclestone portait le deuil de Rindt. Il avait perdu deux amis dans des accidents terribles et il redoutait de remettre les pieds sur un circuit, mais le frisson de la course lui manquait.

Il avait étudié la méthode Chapman et s'était rendu compte qu'une foule d'opportunités demeuraient inexplorées et que les moyens de s'enrichir ne se limitaient pas à la collecte de la prime en liquide à l'issue de chaque course. Par son partenariat avec Gold Leaf, Chapman avait montré que certaines entreprises recherchaient la visibilité que leur assuraient les retransmissions télévisées, suivies par des milliers de familles aux quatre coins du monde.

Le jeune homme qui avait vendu des petits pains et des stylos, avant de passer aux motos et aux voitures d'occasion, s'était lassé de l'agitation et du bruit omniprésents dans les garages, et la F1 lui faisait enfin entrevoir des perspectives plus vastes et plus glamour. Il décida donc de devenir propriétaire d'écurie, à l'image de Colin, Enzo et Ken. Fin 1971, le cofondateur de Brabham, Ron Tauranac, qui avait succédé à Jack Brabham quand ce dernier était parti à la retraite, se disait prêt à vendre l'écurie si on lui en proposait un bon prix. D'après Susan Watkins citant Ecclestone dans son autobiographie, Tauranac estimait la valeur de la société à 130 000 livres et voulait monter une fiducie familiale pour ses filles. Ecclestone l'approcha et il crut d'abord qu'ils s'entendaient sur le prix, mais au moment de signer il s'aperçut qu'Ecclestone ne lui offrait que 100 000 livres. Tauranac, acculé, fut obligé d'accepter l'offre. Cet épisode lui resta en travers de la gorge, mais il admit s'être frotté à un négociateur impitoyable.

Ecclestone faisait volontiers sienne la citation de Ted Turner, le magnat des médias américains, affirmant que « la vie est un jeu et c'est l'argent qui compte le score ». Le rachat de Brabham était une victoire de plus, qui laissait augurer du score qu'Ecclestone marquerait avec la F1.

En arrivant sur son nouveau lieu de travail, il découvrit un garage automobile typique des années 1970 : de l'huile, de la crasse, des chiffons et une atmosphère de désordre général. Tout ce qu'il détestait. Ecclestone fit donc poser de nouvelles cloisons et portes pour diviser le garage ouvert, puis il se débarrassa de tout ce qu'il jugeait bon pour la poubelle, aussi bien les affiches que les déchets de bois ou de métal. Enfin, il fit ripoliner les murs et les plans de travail – même les voitures, qui arboraient jusque-là le traditionnel *British racing green*, eurent droit à un coup de peinture blanche.

Les employés sentaient bien qu'Ecclestone avait une vision pour Brabham, et ils étaient prêts à tolérer ses accès de colère. Tom Bower, le biographe de Bernie, raconte qu'un mécanicien avait un jour abîmé un banc d'essai ; pour le punir, Ecclestone défonça à coups de pied les phares de sa voiture. Herbie Blash, qui devint son *team manager*, se souvient que le patron éteignait les lumières dans les bureaux vides et arrachait les fils du téléphone lorsqu'on ne répondait pas à ses appels. Il passait parfois le balai lui-même au besoin, et il n'était pas rare qu'il menace de fermer l'usine lorsqu'elle était sale ou que les choses n'étaient pas à leur place. Le détail avant tout. Mais c'était une méthode qui fonctionnait, car le détail était souvent ce qui échappait aux autres et leur coûtait cher.

Ecclestone était maintenant propriétaire d'écurie, ce qui faisait de lui l'égal de Colin Chapman et d'Enzo Ferrari, les deux hommes qu'il admirait le plus. Il devenait aussi membre à part entière de la F1CA, l'association des constructeurs de F1, formée par Chapman en 1963. C'était un syndicat mal organisé et assez inefficace pour promouvoir la cause des *garagistes**, dont les problèmes financiers suscitaient les moqueries de Ferrari et des autorités régulatrices du sport, ainsi que des promoteurs qui, malgré un public toujours plus nombreux, n'avaient pas augmenté la dotation des courses. C'était toujours Ferrari qui empochait la plus grosse part de la prime versée aux écuries figurant au départ de chaque course, et les autres devaient se contenter des miettes – quand il leur restait quelque chose. C'était la pagaille, en grande partie parce que les propriétaires d'écurie ne s'intéressaient à rien d'autre qu'à la course. Résultat, toutes les équipes sauf Ferrari menaçaient de se laisser engloutir dans un bourbier financier.

Pendant les premières réunions de la F1CA auxquelles il participa, Ecclestone étudia les visages rassemblés autour de la table – la longue figure pleine de dents de Ken Tyrrell ; Colin Chapman, impeccable et débordant d'une énergie inquiète ; John Surtees, combatif et déterminé ; et un jeune ex-avocat nommé Max Mosley. Ecclestone se montra conciliant, chaleureux, et proposa même de servir le thé. Il écouta, attendit et s'émerveilla de l'incapacité des autres à négocier en groupe. Traditionnellement, les patrons d'écurie traitaient individuellement avec les circuits et perdaient sur tous les fronts, l'argent leur échappait alors qu'ils auraient dû se remplir les poches. Ecclestone intervint dans les discussions pour proposer qu'ils négocient avec les circuits un accord collectif qui comprendrait aussi le transport, de manière à regrouper tous les coûts. Ce serait plus rapide, plus clair et moins cher. Il y eut des hochements de tête approbateurs, les patrons convinrent du bon sens de cette proposition et y virent une chance d'améliorer leurs finances précaires. Mais qui allait mener ces négociations ? Comme personne ne se proposait, Ecclestone déclara qu'il s'en chargerait… en échange d'une part des gains. Il n'en avait peut-être pas conscience lui-même, mais son arrivée dans la F1 tombait à point nommé.

Et il en allait de même pour Luca di Montezemolo : lorsqu'il avait pris les rênes du cheval cabré, la Scuderia était à genoux et l'Ancien n'y croyait plus, usé par toutes ces années à tenir la barre et à voir de jeunes hommes mourir à bord de ses voitures. Enzo avait beau être unique en son genre, toutes ces années d'échecs avaient laissé leur marque. Montezemolo et Lauda lui avaient rapporté un nouveau titre mondial, mais leur médiatisation était la cause d'une jalousie insidieuse : personne ne devait surpasser *Il Commendatore*, pas même Lauda quand il inscrivit son nom dans l'histoire du sport automobile en 1976, au cours d'une saison si riche en événements qu'elle fut commémorée par Ron Howard dans son film *Rush*.

Le grand adversaire de Lauda serait James Hunt, un pilote bien plus réputé pour son tempérament malicieux que pour sa conduite. C'était la rivalité idéale : Lauda le perfectionniste, le champion coincé, face à Hunt le playboy. Mais au-delà de ses frasques, Hunt était un homme sensible et d'une grande intelligence. Très affecté par la mort de Jochen Rindt, il partit se reposer dans le South Kensington, chez Alexander Hesketh, l'homme qui l'avait fait entrer en Formule 1 en l'intégrant à ce qu'il appelait son « équipe de fêtards ». C'est John Hogan, le « M. Marlboro » de la F1, qui s'occupait du sponsoring de McLaren par le cigarettier, qui retrouva sa trace. Emerson Fittipaldi, le champion du monde 1974, était parti et McLaren comptait le remplacer par Jacky Ickx, mais Hogan poussa en faveur du playboy. Ce fut un « petit transfert », à en croire Hogan, car Hunt n'avait nulle part ailleurs où aller. Lotus lui avait fait une offre, mais il l'avait refusée, convaincu depuis l'accident de son ami Rindt que les voitures de Chapman étaient des engins de mort.

Cette saison 1976 devait culminer sur le célèbre Nürburgring, dans sa configuration *Nordschleife* (« boucle nord »), surnommée l'« enfer vert » par Jackie Stewart : une piste étroite de vingt kilomètres qui serpentait dans le massif de l'Eifel, bordée de chaque côté par une épaisse forêt. Il n'y avait pas de bas-côté, pas de bacs à gravier, aucune marge de sécurité pour le pilote qui raterait un des soixante-treize virages. C'était un circuit qui frisait la folie, ce que Lauda ne manqua pas de faire remarquer lorsqu'il appela à son boycott. Son intervention n'avait rien à voir avec de la lâcheté, puisqu'il était le plus rapide dans les courbes du *Nordschleife*. Pourtant, ironie du sort, c'est lui qui en serait la victime. Sa Ferrari lui échappa pendant le deuxième tour et fila dans une paroi rocheuse avant de s'embraser. Piégé dans le cockpit et privé de son casque par le choc, Lauda inhalait de la fumée et des flammes. Plusieurs de ses concurrents – Guy Edwards, Brett Lunger, Harald Ertl et Arturo Merzario – tentèrent l'impossible pour l'extraire de l'incendie qui encerclait la voiture, alimenté par le carburant s'échappant des réservoirs fendus. Lauda put finalement être emmené à l'hôpital, dans un état tellement critique qu'un prêtre vint lui donner l'extrême-onction.

Ferrari exigea un rapport complet. Après avoir entendu le récit de son directeur sportif, Enzo lui demanda : « Et par qui va-t-on le remplacer ? » Une question qui peut paraître cruelle alors que Lauda, son champion du monde, s'accrochait à la vie sur son lit d'hôpital, mais au fond de lui l'Ancien était certainement bouleversé. Un accident de plus, un pilote de plus à inscrire sur la liste des victimes, liste à cause de laquelle le journal du Vatican, *L'Osservatore Romano*, s'en était pris à *Il Commendatore*, décrit dans ses colonnes sous les traits du dieu Saturne dévorant ses propres enfants.

Le rétablissement de Lauda et sa détermination à reprendre le volant pour décrocher un titre mondial qui se trouvait à portée de sa main est l'un des exploits sportifs les plus extraordinaires qui soient, toutes disciplines confondues. Quarante-deux jours après son accident, il s'alignait au départ du Grand Prix d'Italie en n'ayant raté que deux courses. Sa présence fit sensation et les journaux italiens consacrèrent leur une à ce jeune homme au visage brûlé dont la peau, pas encore bien cicatrisée, se décolla avec sa cagoule ignifugée lorsqu'il retira son casque. Ses oreilles et ses paupières étaient brûlées et il souffrait le martyre. Cela ne l'empêcha pas de finir en quatrième position à Monza, où Ferrari, l'écurie préférée de l'Italie, courait à domicile. C'était un miracle, et le public et le pays tout entier étaient en liesse, à un seul homme près : Enzo Ferrari. L'Ancien enrageait de voir la quantité d'articles louant le courage de Lauda alors que, de son point de vue, c'était la voiture qui faisait l'histoire, pas le pilote. Alors il convoqua Montezemolo dans son bureau. « Enzo voulait que chacun donne constamment le meilleur de soi, et pas uniquement les pilotes, ses collaborateurs aussi, et il mettait tout le monde en concurrence. Parfois, il dépassait les bornes. Pour le retour de Niki après son accident, un des principaux journaux italiens avait encouragé ses fans à venir le soutenir à Monza, mais Enzo m'a dit : "Soit il nous montre qu'il est capable de conduire une Ferrari, soit il repart à vélo." Il était jaloux de son pilote parce que tout le monde parlait de Lauda et personne de Ferrari. »

Cette susceptibilité était typique du *Commendatore*, qui exigeait la révérence de tous et de chacun. Mais si Enzo était certainement dépassé avec sa vision autocentrée de la Formule 1, John Hogan, lui, comprenait parfaitement ce qui se passait. Il qualifia 1976 d'« année 0 de la F1 ». Et en effet, c'est l'affrontement entre Hunt et Lauda – l'accident, le dernier grand prix de la saison sous une pluie battante au pied du mont Fuji, l'abandon de Lauda qui refusa de risquer sa peau et laissa le titre à Hunt – qui transforma la Formule 1 en grand spectacle populaire.

Lorsqu'elles eurent vent des rebondissements de cette saison, les chaînes de télévision se rameutèrent, alléchées. Une seule d'entre elles ne se joignit pas à la ruée, la BBC, qui avait des réserves concernant le sponsoring de l'écurie de Surtees par Durex, le fabricant de préservatifs. Cette digne vieille dame voulait éviter que son public fasse une syncope chaque fois que la voiture de Surtees apparaîtrait à l'image, mais la plus ancienne chaîne du pays finit par céder quand ce championnat haletant approcha de son terme.

Un élément notable à propos de cette tumultueuse saison 1976 : malgré le terrible accident de Lauda, c'était la première année depuis 1972 qu'il n'y eut aucun décès à déplorer durant les week-ends de grands prix.

À partir du Nürburgring, Ecclestone vit le cirque médiatique prendre de l'ampleur à chaque course, et quand ce fut l'heure du Grand Prix du Japon, les chaînes étaient prêtes à tout pour gagner le droit de diffuser la course. En tant que représentant du F1CA, Ecclestone réclama qu'elles s'engagent à diffuser toutes les courses de la saison 1977. Ainsi, il s'assurait que la télévision répandrait l'évangile de la Formule 1, et en plus elle payait pour le faire. Ses méthodes prenaient forme. Il avait une vision, il comprenait que les fortes personnalités créaient la dramaturgie, et c'est pour cette raison qu'il repéra Hunt, avec sa beauté et son style de vie débridé. L'année suivante, il lui offrit un million de dollars en échange de tous ses gains de la saison. Suivant les conseils de son entourage, Hunt refusa, mais la proposition d'Ecclestone montre bien jusqu'où il était prêt à aller.

Même Chapman, l'homme par qui le sponsoring avait passé la surmultipliée, respectait les talents d'organisateur d'Ecclestone. Hogan se souvient d'une course lors de laquelle le commissaire chargé de donner le départ avait disparu au dernier moment, provoquant un désordre complet. Chapman s'était alors tourné vers Ecclestone, qui avait rétorqué : « Dans ce sport, le temps, c'est de l'argent. Dites-leur de se bouger ! »

Car Ecclestone, lui, se bougeait : il s'attelait à réorganiser à marche forcée la structure même du sport, ainsi que la relation triangulaire entre les circuits, les écuries et l'autorité régulatrice, la FISA (Fédération internationale du sport automobile). Il pouvait y avoir du relâchement dans les paiements, mais il était aussi le garant des écuries et, en cas de problème, c'était lui qui trinquerait. Toutefois, les années passant et sa fortune croissant, les patrons d'écurie, naguère ravis de le laisser se charger des finances, commencèrent à le soupçonner de piquer dans la caisse. Comme l'observa l'un d'entre eux : « C'est une chose de dire que vous allez prendre 10 %, mais pour savoir à quoi correspondent ces 10 %, il faut savoir à combien se montent les 100 %. Or nous n'avons jamais su à combien se montaient les 100 %. »

Avec les promoteurs des circuits, les exigences d'Ecclestone grimpèrent de 10 000 dollars par course à plus de 100 000 dollars, tant et si bien que, à la fin de son règne, l'honneur d'accueillir un grand prix pouvait se facturer jusqu'à 40 millions. En outre, Ecclestone liait les circuits par des contrats à long terme, en contrepartie de quoi il leur garantissait la présence d'au moins dix-huit voitures, les écuries encourant une pénalité financière si elles ne participaient pas à la course. Et ensuite ce fut au tour de la télévision : Ecclestone reprit les contrats de diffusion, jusque-là dans les mains des circuits, et les transféra à la F1CA, rebaptisée FOCA pour Formula One Constructors' Association (sur une suggestion d'Enzo Ferrari, expliquant que, en Italien, *fica* avait une connotation sexuelle malvenue).

Ecclestone peaufinait les technique de négociation qu'il avait apprises en vendant des voitures d'occasion – l'humour, la diversion et l'insulte. Encore aujourd'hui, les patrons d'écurie racontent avec quel émerveillement ils voyaient Ecclestone monter des coups qui tournaient immanquablement à son avantage. Quand on lui disait non, il racontait une blague ou une anecdote pour détourner l'attention de l'assemblée, puis il se concentrait sur une personne en particulier, la menait en bateau pour faire oublier qu'il avait une idée derrière la tête, et enfin il exécutait un virage à 180 degrés et remettait sa proposition sur la table. « Je l'ai vu à l'œuvre un paquet de fois, et le plus souvent les autres ne comprenaient pas ce qu'il était en train de leur faire », confirme un spectateur.

Mais Ecclestone ne se cantonnait pas aux aspects financiers : il s'attelait aussi à l'organisation des week-ends de grand prix.

Malgré leur côté tape-à-l'œil, les courses étaient souvent gérées par-dessus la jambe et, durant les premières années, il était impossible de savoir avec certitude qui serait présent et combien de voitures prendraient le départ. Or cela déplaisait à Ecclestone, parce qu'il aimait l'ordre. Il décida d'imposer des créneaux d'entraînement et de qualification et introduisit un système de passes valables sur tous les circuits et non plus sur un seul. Enfin, il fit le ménage dans le paddock et expulsa tous les parasites gênant les mécaniciens qui tâchaient de mener à bien un travail exigeant et fatigant.

Et tandis qu'Ecclestone se dressait en grand patron, Max Mosley devenait son *consigliere* – l'aide de camp, le bon flic, le raisonnable. Ecclestone était un roublard et un combattant, mais il avait besoin d'un Mosley – instruit, raffiné et polyglotte – pour manœuvrer dans des couloirs où il était moins à l'aise. La FISA était un club pour aristocrates continentaux, un rassemblement de vestons croisés nourrissant une détestation grandissante envers les *garagistes**, ces personnages d'outre-Manche mal dégrossis et menés par un petit empereur effronté, dont les combines faisaient enrager les huiles du syndicat. On raconte que, à un moment, les officiels de la fédération avaient offert des compensations en liquide aux écuries prêtes à se détacher de la F1CA et du joug d'Ecclestone.

Dans l'usine Brabham aussi, Ecclestone se montrait sans pitié. Il avait viré les designers et promu Gordon Murray, un Sud-Africain venu en Angleterre pour tenter de percer dans la Formule 1. Avec sa silhouette dégingandée et son amour pour les juke-box, ce guitariste à cheveux longs n'avait que vingt-cinq ans lorsque, en 1972, Ecclestone lui confia l'écurie, devinant en lui un visionnaire et un innovateur. Cinq ans plus tard, Ecclestone déménagea Brabham de Weybridge à Chessington, dans une usine plus vaste et mieux équipée où les interrupteurs étaient dotés de minuteurs visant à épargner au patron la corvée de devoir éteindre les lumières lui-même.

Quoique généralement économe, Ecclestone n'hésita pas à risquer gros sur un pilote qui apporterait sponsors et visibilité à son écurie. Ce pilote, ce fut Niki Lauda. Ecclestone savait qu'il était mécontent de Ferrari depuis sa victoire au championnat 1977 et le départ de Montezemolo. L'Ancien était persuadé que Lauda ne s'était pas totalement remis de son accident et fut troublé par sa décision de se retirer de la dernière course, le Grand Prix du Japon : quand Lauda s'était arrêté aux stands, sous une pluie battante, Mauro Forghieri s'était penché sur le cockpit pour lui demander ce qui n'allait pas. Lauda lui avait répondu que c'était une folie de courir et qu'il abandonnait, et Forghieri lui avait proposé de lui trouver une excuse en évoquant un problème de moteur. Mais Lauda était resté droit dans ses bottes et avait refusé, préférant dire la vérité.

Enzo avait recruté Carlos Reutemann et alignait Gilles Villeneuve sur une troisième voiture pour la saison 1977. L'Autrichien en fut contrarié et se sentit dévalorisé, ce que n'aurait jamais fait Montezemolo. Ecclestone, toujours bien informé, profita de la frustration de Lauda et ils s'accordèrent sur un contrat à un million de dollars pour la saison 1978. Une somme qui supposait aussi de conclure un partenariat avec Parmalat, une compagnie alimentaire italienne. Lauda remporta le titre pour Ferrari lors du Grand Prix des États-Unis, après quoi il quitta Maranello, deux courses avant la fin de la saison.

Ecclestone avait à présent besoin d'une voiture digne d'un champion du monde, et pour cela il laissa Murray faire à sa guise. Le concepteur peinait avec le gros moteur 12 cylindres Alfa Romeo qui alourdissait atrocement les Brabham. Mais il sut faire preuve d'ingéniosité et eut l'idée d'un des designs les plus célèbres de l'histoire de la Formule 1 : la BT46B « fan car », ou « voiture ventilateur ». Et de fait, si la Lotus 79 de Colin Chapman paraissait imbattable, c'est parce qu'il avait conquis le Graal de l'aérodynamique, l'effet de sol : en gros, des tunnels sous la voiture qui contribuaient à la stabiliser et à la maintenir collée à la piste. Dans la nouvelle et mémorable livrée noir et or des cigarettes John Player, les JPS Specials de Mario Andretti et Ronnie Peterson semblaient impossibles à rattraper, et il allait falloir un important retournement de situation pour mettre un terme à l'état de grâce dont elles jouirent tout au long de la saison 1978.

L'événement en question se produisit lors du Grand Prix de Suède, quand Brabham dévoila sa *fan car*. Ecclestone expliqua que l'énorme ventilateur à l'arrière servait à refroidir le moteur. Il argua que, dans les voitures de tourisme aussi, le refroidissement se faisait par ventilateur. Mais, à l'allumage du moteur, les observateurs virent la voiture s'abaisser et se coller à la chaussée parce que le ventilateur créait un vide sous le plancher – simple effet secondaire du refroidissement à en croire Ecclestone, qui eut le culot de répéter partout cette version sans sourciller. Un tonnerre de protestations s'éleva de tous les autres garages, notamment parce que le puissant ventilateur aspirait les débris sur la piste et les projetait dans la visière des pilotes suivant la *fan car*.

Cependant, les commissaires approuvèrent la voiture et Ecclestone dut recourir à une petite ruse pour passer les qualifications sans dévoiler toute l'étendue de la déportance produite par le ventilateur sur les voitures de Lauda et de John Watson. Il ordonna que les réservoirs soient remplis à ras bord afin que ce poids supplémentaire ralentisse les voitures, et il exigea en outre que Lauda laisse échapper la pole position et cède la place d'honneur à la Lotus d'Andretti. En course, les *fan cars* se révélèrent stupéfiantes, capables d'accélérer là où les autres devaient lever le pied. La beauté du système était que, contrairement aux Lotus qui avaient besoin de vitesse pour générer de la déportance, les Brabham étaient instantanément aspirées vers l'asphalte par leur ventilateur. Watson partit dans le décor, mais Lauda gagna avec trente-quatre secondes d'avance sur l'Arrows de Riccardo Patrese.

La voiture était une merveille d'innovation, mais aussi un obstacle aux ambitions d'Ecclestone. Ses rivaux, furieux d'avoir été dupés, ne comptaient pas le laisser s'en tirer à si bon compte et prendre aussi facilement la tête du classement. Même si une enquête ultérieure confirma que la *fan car* n'enfreignait nullement le règlement, Ecclestone retira la BT46B pour le restant de la saison.

Il paraissait avoir réponse à tout et se montrait généralement habile quand il s'agissait d'engager des pilotes et de trouver les sponsors pour les payer. D'après le patron d'une écurie concurrente, « il ne dépensait jamais son propre argent, sauf s'il y était forcé. » Lauda était conscient de sa valeur aux yeux d'Ecclestone, en tant que pilote et appât à sponsors, et n'allait pas hésiter à se remettre sur le marché si ses exigences n'étaient pas satisfaites. Ecclestone s'apprêtait à renouveler son lucratif partenariat avec Parmalat pour la saison 1979, le sponsor demandant à ce qu'il soit accompagné de Lauda le jour de la signature. L'Autrichien accepta et attendit qu'Ecclestone annonce qu'il allait rempiler pour la saison 1979. Alors il le contredit, semant la confusion chez tous les participants à la réunion. Ecclestone et le pilote s'isolèrent dans une pièce voisine, où Lauda expliqua qu'il ne courrait pas pour moins de 2 millions de dollars, soit deux fois son salaire annuel précédent. D'abord vert de rage, Ecclestone accepta de payer, et finirait par admettre son admiration pour cet ami qui s'était révélé plus malin que lui.

Mais la dynamique ne serait plus la même l'année suivante, et la saison 1979 fut désastreuse pour Lauda, qui dut enchaîner les abandons – onze en treize grands prix. Quand arriva le Grand Prix du Canada, il en avait sa claque. Le temps était aussi mauvais que son moral. Il participa à l'entraînement, mais, pour le citer, il en avait « marre de tourner en rond ». Il annonça à Ecclestone qu'il prenait sa retraite avec effet immédiat. D'abord le patron ne l'entendit pas de cette oreille, mais, quand il vit Lauda s'en aller alors qu'il restait encore deux courses, il lui répondit : « Va-t'en si tu veux, mais tu laisses ta combinaison. » Ce jour-là, Ricardo Zunino, un jeune pilote argentin, se trouvait dans les gradins. Il avait passé plusieurs essais pour Brabham et, sans avoir le temps de dire ouf, il prit le départ du Grand Prix du Canada... dans la combinaison de Lauda.

7
LE DRÔLE DE COUPLE

Tout le monde se tut quand Sir Frank Williams, le chevalier de la F1, fit son entrée dans son fauteuil roulant. Nous étions au sommet de la BT Tower et les lumières de Londres scintillaient au pied du célèbre gratte-ciel. BT – British Telecom – allait devenir l'un des nouveaux sponsors de l'écurie Williams et Sir Frank, dont les apparitions publiques étaient rares, était venu célébrer l'accord. Il était cloué à son fauteuil depuis plusieurs décennies par sa tétraplégie et n'avait plus la force de sa jeunesse téméraire. En ce temps-là, tout le monde connaissait l'énergie et la malice dont il faisait preuve quand il courait de banque en banque pour tenter d'obtenir des prêts, quémandait des pièces pour ses voitures et tendait ensuite une main pleine d'espoir pour recueillir les quelques livres qui lui permettraient de joindre les deux bouts.

Cadres et employés étaient pendus aux lèvres d'un des hommes les plus révérés de la Formule 1. Vêtu du pull bleu à col en V et de la chemise blanche qui étaient devenus l'uniforme de ses années en fauteuil, Sir Frank prit la parole de sa voix basse et légèrement essoufflée, autre conséquence de l'accident survenu presque trente ans plus tôt. Si son corps était affaibli, il conservait tout son esprit et son humour. Il leva lentement les yeux et sourit. « Je vous avoue que je suis heureux que BT me donne de l'argent. Ça me change. Je n'ai pas oublié l'époque où ils coupaient sans cesse ma ligne. »

L'histoire du chevalier dirigeant son écurie depuis une cabine téléphonique est une pierre angulaire de la légende de Sir Frank Williams, mais elle recouvre aussi la réalité souvent cruelle de sa quête de succès. Dans son autobiographie *A Different Kind of Life*, Virginia Williams, son épouse, se souvient de l'inquiétude qui la tenailla un jour de 1974, alors qu'elle était à quatre mois et demi de grossesse. Son mari était constamment sur les circuits et, lorsqu'elle tituba jusqu'au téléphone pour appeler une ambulance, elle s'aperçut que la ligne était coupée. Virginia perdit le bébé.

Avec sa pompe et ses paillettes, la Formule 1 moderne paraît bien loin de ces moments de galère et de douleur, pourtant ils étaient le quotidien de Frank Williams au temps où il s'évertuait à se hisser au niveau des patrons d'écuries mieux financées et mieux organisées que la sienne.

Williams semblait improviser au fur et à mesure qu'il cherchait des fonds pour alimenter la bête affamée qu'est une écurie de Formule 1. Il s'endetta auprès de Bernie Ecclestone et de toutes les banques tolérant son obsession pour le sport mécanique. Dans le milieu, on disait pour rire que, chaque fois qu'il sortait d'une banque, c'était en hurlant qu'il irait placer son découvert ailleurs. Il y avait déjà plusieurs décennies qu'il signait des chèques en bois et vivait dangereusement, tout en s'efforçant de gagner le respect du paddock tandis que les huissiers le suivaient à la trace comme de vieux amis. Il n'avait ni la fortune d'Ecclestone, ni la solidité d'Enzo Ferrari et, au tournant des années 1970, ses confrères étaient certains qu'il finirait par se noyer sous les dettes.

Grâce au soutien de Politoys, il tenta bien de lancer une voiture en 1972, mais le projet capota dès la première course, quand Henri Pescarolo la détruisit. Une fois encore, Williams se trouva contraint de se fournir auprès de March et donc de Mosley. Mais la bataille était perdue d'avance et, en 1975, il se résigna à tirer un trait sur son indépendance en vendant 60 % des parts de sa société à Walter Wolf, un homme d'affaires canadien, principalement dans le but d'échapper à la montagne de dettes qu'il aurait été tenu de rembourser personnellement en cas de faillite. Les deux associés avaient convenu que Williams resterait *team manager*, mais leur relation se détériora rapidement et Williams, écarté, devint homme à tout faire de luxe, servant de garçon de course à Wolf au lieu de diriger l'écurie. Williams voulait récupérer son indépendance et n'avoir plus de comptes à rendre, même si cela supposait d'abandonner la sécurité financière de l'arrangement avec Wolf. Il claqua donc la porte en embarquant avec lui Patrick Head, un ingénieur talentueux qui avait servi dans la Royal Navy avant de se former à l'ingénierie mécanique au prestigieux University College de Londres.

En 1977, ils se dégotèrent un vieil entrepôt de tapis dans l'Oxfordshire, assez abordable pour y implanter leur nouvelle aventure mais suffisamment proche de la « Silicon Valley » du sport automobile pour que Williams Grand Prix Engineering ait accès à des ingénieurs et des techniciens expérimentés. En outre, la jeune écurie bénéficiait d'un découvert autorisé de 30 000 livres qui faisait frémir tous ceux qui connaissaient l'incapacité de Williams à gérer un budget, car aucun revers ne semblait en mesure de lui faire abandonner ses costumes et chemises sur mesure et ses pulls en cachemire. Quelles que soient les difficultés, Williams se comportait en cadre supérieur et donnait des interviews dans des palaces londoniens où il arrivait tiré à quatre épingles, comme s'il était né dans la soie. Il affichait un optimisme indécrottable, toujours à annoncer qu'il serait millionnaire « l'année prochaine à la même heure ». Sauf que, dans le cas de Williams, l'année suivante apporterait bel et bien la victoire.

Le vent tourna en sa faveur quand il dénicha un filon de sponsoring inattendu, lié à un nom qui ferait parler de lui bien des années plus tard : ben Laden. Après avoir conclu un partenariat avec Saudi Airlines, Williams s'était rendu compte que le Moyen-Orient représentait une manne financière largement inexploitée. Il s'envola avec Patrick Head pour l'Arabie Saoudite et, peu après, ajouta à la liste de ses sponsors la chaîne d'hôtels Albilad, propriété de Mohammed ben Laden, le père d'Oussama. Mais Williams ne comptait pas s'arrêter là, et son épouse Virginia (que tout le milieu de la Formule 1 surnommait Ginny) raconte que son mari apprit un jour qu'un prince arabe était descendu à l'hôtel Dorchester de Londres. Ni une ni deux, Williams fit peindre le logo de la firme du prince sur le nez d'une de ses F1 et fonça à Londres pour présenter la voiture. Le prince en fut enchanté et insista pour qu'elle soit sortie de sa remorque en plein Park Lane, malgré les klaxons rageurs des taxis bloqués dans l'embouteillage.

Les affaires commençaient à décoller et Frank, toujours pressé, sautait d'un sponsor à l'autre. Sa famille raconte qu'il courait constamment contre la montre, y compris quand il allait au travail, et qu'il chronométrait ses temps quotidiens pour tenter de les battre chaque jour. Avec le recul, cela paraît évident : Frank Williams était un accident en puissance.

Pourtant, malgré cette vie à tombeau ouvert, la victoire prit tout son temps pour arriver. Et lorsqu'elle se présenta, ce fut au Grand Prix de Grande-Bretagne, dans le cadre idéal de Silverstone, berceau du sport automobile britannique auquel elle donna pour l'occasion les couleurs du Golfe. Alan Jones, un robuste Australien, avait emporté la toute première pole position de l'écurie avec sa FW07 à moteur Ford, mais la course fut une bagarre acharnée dont son coéquipier Clay Regazzoni sortit vainqueur. Malin, Williams fit hisser un drapeau saoudien à côté de l'Union Jack pour faire plaisir à son sponsor Albilad qui avait financé cette victoire. Puis il fit discrètement parvenir un message au podium pour enjoindre Regazzoni à ne pas toucher au champagne, par respect pour la religion de son sponsor. Ce jour-là, le gagnant dut se contenter de jus d'orange.

Frank Williams, qui jusque-là passait son temps à gratter des pièces et des pneus et à demander des avances à droite à gauche, devenait soudainement un acteur légitime de la Formule 1. La saison suivante, il décrocha son premier titre de champion du monde grâce à Alan Jones, et dès lors on cessa de se moquer de ses galères et de ses voitures qui peinaient à se qualifier. Williams confia à Doug Nye, le grand historien du sport automobile, pour son livre *Racers* : « C'était un monde nouveau pour moi. J'avais du mal à me représenter tout ce que ça signifiait. J'avais passé des années à serrer les dents en espérant me qualifier, et d'un coup on devenait réellement compétitifs. »

Ce triomphe aurait mérité une fête dans les règles de l'art et une nouvelle maison, une nouvelle voiture ou, au grand minimum, une nouvelle robe pour Virginia, sa femme qui en voyait des vertes et des pas mûres. Mais Williams n'entendait pas les choses de cette façon : finis les petits plaisirs et les dépenses superflues, il avait désormais une écurie à mener au sommet. Ginny fut donc obligée de se contenter d'un buffet à volonté – menu à 1,50 $ – après le Grand Prix d'Amérique à Watkins Glen, que Jones remporta et qui lui donna le titre de champion du monde 1980.

Williams cochait toutes les cases du comportement obsessionnel qui caractérisait ses confrères. Il détestait les vacances et, de manière générale, les loisirs qui l'éloignaient de son usine, et il rongeait son frein dès qu'il n'était pas auprès de son écurie et ses voitures chéries. Claire Williams se remémore une enfance dénuée de toute extravagance, de voyages à l'autre bout du monde, de belles voitures et de grandes maisons. Son père était le plus souvent absent, et sa mère tenait la maison et s'occupait des enfants – Claire et ses deux frères, Jaime et Jonathan.

« Ça a pourri la vie de ma mère pendant des années. Papa s'accordait un salaire tout juste suffisant pour rembourser le prêt de la maison, et maman avait seulement de quoi payer l'entretien, l'école et le strict nécessaire. On n'a jamais eu de bateau, par exemple. Et ça nous mettait en colère parce qu'on voyait que les enfants des autres familles de la F1 avaient des yachts et des jets privés, et nous, avec maman et les garçons, on avait une semaine de vacances par an, à Marbella, et on y allait en classe éco. »

De même, il était rare que les Williams se rendent sur les circuits en famille. Frank avait clairement fait savoir à sa femme et ses enfants qu'il ne voulait pas les voir traîner dans les pattes de l'équipe pendant les week-ends de grands prix, arguant que la plupart des gens n'invitent pas leur famille sur leur lieu de travail. Il partait rejoindre l'écurie en jet privé et laissait à Ginny le soin de rameuter la marmaille et de le suivre dans la voiture familiale.

« Papa n'aimait pas qu'on vienne sur les courses, mais maman réussissait à le convaincre, se rappelle Claire Williams. Comme on n'avait pas le droit de prendre son avion, elle était obligée de nous emmener par le ferry. Quand j'étais toute petite, au début des années 1980, Nigel Mansell était chargé de nous accompagner à la fête foraine. On avait de drôles de petits camping-cars et j'étais tout le temps fourrée dedans, à préparer des sandwiches ou du thé. »

L'obsession de Williams passait avant tout le reste. Il était incapable de suivre une conversation légère, mais il s'animait dès qu'elle dérivait sur les pièces de moteur ou les qualités des pilotes. À en croire Claire, son père n'avait jamais beaucoup de temps à consacrer aux sponsors, uniquement à leur argent. « Il détestait les réunions avec les sponsors, tout ce qu'il voulait, c'était retrouver ses voitures et ses pilotes sur la piste. »

Dans son autobiographie, Ginny Williams raconte une anecdote révélatrice : Mansour Ojjeh, membre de la bande des Saoudiens, avait décidé de sponsoriser Williams avec son groupe TAG et sollicité un rendez-vous au bureau parisien de l'écurie avant de signer le chèque. Williams s'y rendit accompagné par Charles Crichton-Stuart, un ami pourvu d'un épais carnet d'adresses et doué pour mettre le pied dans toutes les bonnes portes, qui occupait le poste de directeur commercial chez Williams. Son mariage avec l'actrice Shirley-Anne Field faisait de lui un habitué des rubriques potins. Crichton-Stuart précéda donc Williams dans le bureau d'Ojjeh et la conversation s'engagea autour des vacances que l'un et l'autre avaient passées sur des plages ensoleillées, de leurs amis et des loisirs en règle générale. Pendant ce temps, Williams regardait par la fenêtre. Voici la version que rapporte sa femme : « Il y a eu un blanc dans la conversation et tout à coup Frank a lancé à Mansour, sans transition : “Le budget va augmenter l’année prochaine. Ce sera 1,3 million ou rien.” Cela a été son unique contribution à la conversation. »

Sur la piste, la rivalité n’était plus entre Ferrari et Lotus, mais entre Brabham et Williams. Après le titre d’Andretti pour Lotus en 1978, ce fut le tour de Jody Scheckter pour Ferrari, mais ensuite le triomphe de Jones pour Williams en 1980 fut suivi par celui de Nelson Piquet au volant d’une Brabham. Keke Rosberg remit le titre dans l’escarcelle de Williams en 1982, avant que Piquet le lui reprenne. Mais ce nouveau cartel serait bientôt renversé par un jeune visionnaire, qui transforma un vénérable nom du passé en écurie du futur.

De cinq ans le cadet de Frank Williams, Ron Dennis tentait de rattraper cet homme qui deviendrait un ami et un allié. Ils étaient unis par une rivalité d’une espèce rare qui les voyait souvent mettre leur amitié de côté pour voler à l’autre ses vedettes et ses sponsors. Malgré leurs liens personnels et professionnels, ils ne se faisaient aucun cadeau. Ils récompensaient la loyauté, mais pouvaient bannir les déserteurs avec la plus grande brutalité. Ils sacrifiaient tout à leur obsession et mettaient la même véhémence dans leurs amitiés et leurs inimitiés.

Dans n’importe quel autre milieu, le drôle de couple formé par Frank Williams et Ron Dennis, ce pacte amical teinté d’une volonté fébrile et implacable de réussir, aurait détonné.

Ron Dennis avait grandi dans un foyer ordinaire de la classe moyenne. Ses parents, originaires de Hull, dans le nord-est de l’Angleterre, étaient venus s’installer plus au sud, à Woking, une cité-dortoir du Surrey sans aucun signe distinctif hormis sa situation entre deux hauts lieux de la course automobile : le circuit de Brooklands, la toute première piste de course au monde à avoir été construite dans ce seul but, et le siège de Brabham à Byfleet.

Le père de Dennis, représentant de commerce, roulait dans une Ford Perfect à laquelle il tenait comme à la prunelle de ses yeux et qu'il astiquait méticuleusement tous les week-ends. Sa mère, pour sa part, incarnait à la perfection les valeurs d'autrefois, tenait son foyer de manière irréprochable et achevait toutes ses journées par un coup d'aspirateur afin que sa famille se réveille dans une maison immaculée. Ron adorait tout ce qui touchait à la mécanique, et son destin fut scellé le jour où, alors qu'il était encore écolier, son frère aîné l'emmena à Brands Hatch pour assister à une course junior. Fasciné, il commença à traîner dans les ateliers de Brabham, préparant le thé et passant le balai jusqu'à ce qu'on l'autorise à approcher les précieuses F1 et à apprendre les rudiments du métier. Deux mécaniciens, Tim Wall et Roger Billington, remarquèrent la flamme qui animait ce petit gars et commencèrent à lui prodiguer leurs conseils. Le premier : être minutieux. Comme Dennis le confirma un jour : « Il ne faut jamais commencer un travail avant de l'avoir rigoureusement préparé, comme un chirurgien qui dispose ses instruments avant une opération. »

Il eut l'occasion de faire ses preuves lorsqu'il fut embauché comme mécanicien chez Cooper, où il travailla dix-huit heures par jour si besoin pour que tout soit impeccable. À vingt et un ans, il possédait une Jaguar Type E, la voiture de sport la plus sexy de son époque, mais il était trop fatigué en rentrant de l'atelier pour en profiter. Un jour, il s'endormit à un feu rouge, se réveilla en sursaut, démarra en trombe et se planta. Il fut hospitalisé et, pendant que ses blessures cicatrisaient, il eut tout le loisir de réfléchir.

La crise pétrolière de 1973 manqua de lui faire tout perdre, mais il se releva en acceptant d'encadrer deux pilotes équatoriens soutenus par de solides sponsors. Ainsi naquit l'écurie Project Four, qui empocha des victoires en Formule 2 et 3 et signa un partenariat avec Marlboro. Dans le même temps, l'écurie McLaren F1, elle aussi sponsorisée par Marlboro, traversait une mauvaise passe. Entre Project Four et McLaren, il ne manquait qu'un intermédiaire, et ce fut John Hogan.

Né en Australie, Hogan avait fait ses études en Angleterre, où il avait rencontré Malcolm Taylor, qui devint l'acteur Malcolm McDowell. Ensemble, ils allèrent voir Jack Brabham gagner sur l'ancien circuit d'Aintree. Et c'est ainsi que débuta l'histoire d'amour de Hogan avec la Formule 1. Sans lui, il n'y aurait peut-être pas eu de James Hunt, car c'est lui qui le finança à ses débuts, avant de le placer chez McLaren en 1976. Après cela, il aida Rondel, l'écurie montée par Dennis et Neil Trundle, à décrocher un partenariat avec Motul qui la maintint en vie jusqu'en 1973.

Hogan flaira plus vite que la plupart le potentiel de Dennis. Lors d'un déjeuner près de ses bureaux dans le quartier londonien de Victoria, où il travaille désormais pour le groupe CSM Sport & Entertainment, toujours en marge de la Formule 1, Hogan m'a expliqué que Dennis dégageait quelque chose de rare. « Je sentais qu'il était différent. Ron comprenait le sponsoring, il comprenait comment on fait tourner une écurie. Il était brillant sur le plan technique, mais il pressentait aussi de quoi serait fait l'avenir. »

Hogan poussa McLaren à fusionner avec Project Four en 1981. C'était une union inattendue, comme si une pharmacie de quartier s'associait avec Sanofi. Dennis se mit alors à l'ouvrage, persuada Niki Lauda de sortir de sa retraite pour la saison 1982, engagea John Barnard, un designer qui avait fait ses armes chez Lola et Williams et travaillait aux États-Unis, et attira Ojjeh, qui lâcha Williams et finit même par devenir l'associé de Dennis.

Il est généralement admis que Bernie Ecclestone, avec son sens du spectacle et du détail, est l'homme qui donna sa forme actuelle à la Formule 1, mais il serait mérité de dire également que c'est Ron Dennis qui inventa l'écurie de F1 moderne. Même le tempérament maniaque d'Ecclestone ne pouvait rivaliser avec l'énergie et l'inventivité de Dennis. Ce dernier convient que l'obsession de sa mère pour la propreté a dû déteindre sur lui, mais, dans sa quête de perfection, il est allé bien plus loin. Et aujourd'hui, on trouve dans tout garage de Formule 1 quelque chose qui découle directement des avancées qu'il réalisa avec McLaren.

Pour commencer, il s'attacha à connaître le fonctionnement de ses voitures dans le moindre détail. « Dans toutes les écuries que j'ai créées, je m'appuyais sur le fait que je savais faire tout ce que je demandais aux autres. J'ai toujours participé au travail et incité les autres à avoir des idées. Je leur répétais que l'impossible est seulement un peu plus long à accomplir. »

Pendant que Dennis commençait sa révolution, les pontes de la Formule 1 sombraient une fois de plus dans le désordre. Les mécaniciens étaient nombreux à remarquer que, lorsque Ferrari arrivait sur un grand prix, des outils et du matériel dégringolaient des portes de la remorque parce qu'ils étaient mal rangés et que l'approche à la Laurel et Hardy en vigueur à la Scuderia était à mille lieues de la méthode du garage McLaren.

Dennis cherchait en permanence à améliorer son écurie et affirme que le jour où l'on écrira une histoire de la Formule 1, les lecteurs découvriront l'empreinte qu'il a laissée sur le sport. « On s'est moqué de nous au début, quand on a peint les ateliers et posé du carrelage, et ensuite quand on a eu l'idée d'utiliser l'intérieur du garage comme outil promotionnel. C'est nous qui avons inventé les appareils de levage hydrauliques, à une époque où les mécaniciens devaient se placer aux quatre coins de la voiture pour la soulever, ce qui leur détraquait le dos. Deux courses plus tard, il y en avait partout. Si vous vous penchez sur la liste des innovations en F1, vous verrez qu'elles viennent toutes de chez McLaren. Et si vous appliquez ce schéma à notre manière de faire fonctionner les voitures, là vous avez toute notre histoire. »

Les choses prirent un tour déterminant le jour où Barnard, le concepteur des voitures, découvrit un nouveau matériau : la fibre de carbone, un composite léger mais solide dont les performances dépassaient de loin tout ce qui était utilisé dans la Formule 1 à l'époque, et incomparablement plus sûr que les tubes d'acier et les carrosseries en fibre de verre ou en aluminium. Gordon Murray avait bien fait quelques tests, mais il avait abandonné la fibre de carbone car il était extrêmement difficile de trouver quelqu'un pour fabriquer un châssis monocoque dans ce matériau alors que la technologie n'existait pas en Grande-Bretagne, ni plus largement en Europe. Mais Dennis était convaincu qu'elle représentait l'avenir, et il écuma la planète jusqu'à trouver une compagnie américaine spécialisée dans l'aérospatiale, et qui travaillait principalement pour le gouvernement sur des projets secrets.

« Nous voulions quelque chose qui soit assez rigide pour que le châssis ne se déforme pas et ne plie pas, contrairement aux structures en aluminium lorsqu'elles étaient soumises aux efforts aérodynamiques. J'ai dit à John que, s'il le dessinait, je trouverais quelqu'un pour le fabriquer. Nous avions entendu parler d'une boîte, Hercules Aerospace. Donc on a emballé notre maquette de soufflerie et on est partis pour Salt Lake City. En arrivant à l'entrée des locaux d'Hercules, on n'a trouvé que du désert. On a encore roulé un ou deux kilomètres, et on a fini par découvrir un bâtiment. Tout était en sous-sol parce qu'ils fabriquaient des missiles à combustible solide et, de cette façon, en cas d'explosion, ils ne perdaient pas toute l'usine. On est entrés et là ils nous ont dit qu'ils aimeraient bien nous aider, mais qu'ils étaient liés au gouvernement par des clauses de confidentialité. »

Dennis n'allait pas se laisser décourager aussi facilement, et il convainquit les dirigeants d'Hercules que, même s'ils ne pouvaient pas parler de ce qu'ils faisaient pour le gouvernement, ils pouvaient tout de même fabriquer une Formule 1 dans ce nouveau matériau, et que ce serait une belle vitrine. Ses talents de persuasion firent leur effet et, à la fin de la saison 1981, McLaren avait rendu obsolètes les méthodes de construction traditionnelles et toutes les écuries faisaient de leur mieux pour comprendre la fibre de carbone.

« En trois ans, nous étions autosuffisants et en avance sur tout le monde. Les autres avaient un an de retard sur nous au début de chaque saison, ce qui nous a permis de rester en tête un bon moment », résume Dennis.

La fibre de carbone allait tout changer, et les méthodes d'encadrement de Dennis aussi. Niki Lauda fut son premier champion du monde, en 1984, remportant par la même occasion son troisième titre personnel. Il avait pour coéquipier un jeune Français, Alain Prost, discret, rigoureux et réfléchi. Voire méticuleux, tout comme Dennis. Au cours de cette saison 1984, alors que Lauda roulait derrière Prost, il prit soudain conscience de sa rapidité et de sa précision. Lauda avait trente-cinq ans, il avait couru pour Ferrari, Brabham et McLaren, et il était en train de suivre un pilote ambitieux, de six ans son cadet. L'année suivante, en 1985, il abandonna onze fois en quatorze courses et se cassa le poignet. Alors, pour la seconde fois, Niki Lauda prit sa retraite. Il n'avait plus d'oreilles ni de sourcils, et le visage marqué par des cicatrices horribles depuis son accident sur le Nürburgring. Mais il était vivant.

8
UN VENT NOUVEAU

Tout au long des années 1980, les changements à l'œuvre dans la F1 furent aussi rapides que pouvaient l'être, sur les circuits, des voitures en perpétuelle évolution et dont la vitesse devenait redoutable. Frank Williams et Ron Dennis incarnaient la nouvelle race des propriétaires d'écurie, qui se caractérisait par son sens de l'innovation et son insatiable soif de victoire, tandis que les pionniers Colin Chapman et Enzo Ferrari seraient bientôt relégués au statut de reliques et quitteraient un sport qu'ils avaient autrefois dominé.

Considéré comme un des authentiques génies de la Formule 1, au même titre qu'Enzo Ferrari, Chapman était un colosse. Son inventivité était sans égale, sa force de caractère exceptionnelle, et sa vision de la F1 se révélait souvent d'une rare lucidité. Il a parfois été accusé de produire des pièges mortels et non des voitures, et pourtant Lotus fut la première équipe à enregistrer cinquante victoires constructeur en F1, et ses pilotes Rindt, Mario Andretti, Jim Clark, Emerson Fittipaldi et Graham Hill furent tous champions du monde dans des voitures certes rapides et fragiles, mais dont la conception n'était pas dénuée de génie.

Au terme de la saison 1978, couronnée par le titre de Mario Andretti, les amis de Chapman sentirent que sa passion s'étiolait et qu'il était lassé de l'aspect politique de la Formule 1. Sa maison du Norfolk devenait un mélange d'usine à idées et de bunker.

La compétition se faisant toujours plus féroce, il n'avait eu aucune victoire à célébrer en trois ans, et même le titre d'Andretti fut éclipsé par la mort de son coéquipier Ronnie Peterson lors du Grand Prix d'Italie.

Après les années de gloire et de domination, l'histoire s'achevait tristement, en eau de boudin. John DeLorean, un ancien cadre de General Motors, fortuné et goûtant la compagnie des mannequins, apparut certainement en sauveur du secteur aux yeux du très contesté gouvernement travailliste britannique lorsque, en 1976, il lui présenta son projet de construction d'une voiture de sport révolutionnaire en acier inoxydable. Mais lorsque la chaîne de production fut enfin prête, en 1978, l'Hiver du mécontentement s'abattait sur le pays : des dizaines de milliers d'ouvriers entraient en grève, l'inflation crevait le plafond et les industries traditionnelles s'écroulaient. Le gouvernement tenta bien de voler au secours du secteur automobile, mais c'était peine perdue. Plusieurs grands noms disparurent – Triumph, Hillman, Standard, Austin Morris, Singer, Sunbeam – et les autres s'accrochèrent comme ils purent pour ne pas mettre la clé sous la porte. DeLorean leva des millions auprès de divers investisseurs – dont des personnalités publiques telles que le présentateur américain Johnny Carson et le chanteur Sammy Davis Jr – et les autorités d'Irlande du Nord, alléchées par la perspective de deux mille nouveaux emplois dans une région où le chômage atteignait les 20 %, mirent 100 millions de livres dans l'affaire. Chapman et le groupe Lotus, désormais implantés dans le Norfolk, devaient être les principaux consultants de DeLorean sur ce projet.

Ce dernier et sa voiture, la DMC-12, suscitèrent un battage médiatique considérable, qui alla de l'usine de Belfast à la côte ouest des États-Unis, où la deux-places à portes papillon fut lancée en fanfare. Mais la voiture fit un flop et les promesses virèrent bientôt au scandale, quand la police s'intéressa à une dizaine de millions de livres qui s'étaient tout bonnement évaporées. Au moment où les enquêteurs touchaient au but, Chapman avait été emporté par une crise cardiaque, le 16 décembre 1982, à l'âge de cinquante-quatre ans. Certaines voix affirment que ce sont le travail, les voyages et la pression qui l'ont tué, mais le doute persistera toujours quant au rôle joué par le stress de l'affaire DeLorean.

Il ne faut peut-être pas regretter que Chapman ait échappé à un procès qui aurait pu se révéler humiliant pour lui, pour Lotus et pour la Formule 1. Ainsi, sa légende a pu perdurer, et la DeLorean elle aussi est restée dans les mémoires. Avec sa livrée argent mat et son museau effilé, elle n'a jamais créé l'enthousiasme et des centaines d'exemplaires sont restés invendus, mais elle est devenue un objet de culte grâce à Hollywood, lorsque Marty McFly l'emprunta pour retourner vers le futur en 1985.

Les Lotus ne remportèrent qu'une seule victoire l'année de la mort de Chapman (Elio de Angelis au Grand Prix d'Autriche), pendant que la nouvelle génération prenait le relais, menée par Frank Williams qui était désormais propriétaire d'une écurie championne du monde et continuait à vivre au pas de charge, chronométrant ses trajets quotidiens et faisant tous les efforts pour conserver sa place au sommet. Il en paierait bientôt le prix.

En mars 1986, sur le circuit Paul Ricard du Castellet, près de Marseille, Williams préparait sa voiture en compagnie de ses pilotes d'essai pour la saison à venir, mais il tenait à être rentré en Angleterre le lendemain pour courir un marathon. Il embarqua donc son *team manager*, Peter Windsor, et prit la route, conduisant comme toujours à tombeau ouvert. Mais cette fois-là, il perdit le contrôle de sa voiture, qui partit en tonneaux et finit dans un fossé. Williams fut gravement touché aux vertèbres, et toutes ses années de lutte acharnée pour bâtir une écurie qui resterait dans l'histoire se retrouvèrent suspendues à l'état de sa colonne vertébrale. Car personne n'imaginait Williams sans Williams.

Tout de suite, et de partout, les offres d'aide affluèrent : Bernie Ecclestone proposa d'envoyer son jet privé ; Mansour Ojjeh lui aussi se déclara prêt à médicaliser un appareil pour rapatrier Williams depuis Marseille où il était soigné. La nouvelle de l'accident atteignit même Downing Street, où le Premier ministre Margaret Thatcher fit dire à l'hôpital qu'elle attendait que ce héros national soit traité avec la plus grande attention.

L'attente fut une torture pour Ginny Williams, qui ne savait pas si elle allait rejoindre les rangs des veuves de la F1. La situation paraissait sans espoir : généralement, la survie des blessés dans l'état de Williams se compte en jours, et non en mois ou en années, et les soins étaient insuffisants. Les médecins avaient jeté l'éponge et voulaient débrancher l'assistance respiratoire, mais Ginny Williams refusa et fit appel au professeur Sid Watkins, le grand toubib de la F1 et un des neurochirurgiens les plus respectés au monde. Watkins missionna un anesthésiste, le Dr Paul Yate, qui déclara que Williams devait être ramené à Londres. Une ambulance aérienne fut donc dépêchée et Ecclestone envoya son avion à Ginny Williams, pendant que l'ambassade britannique arrangeait une escorte de police pour le trajet de l'hôpital à l'aéroport. Frank Williams rentrait chez lui.

Le premier Grand Prix de la saison 1986 se courut dix-sept jours après son accident, au Brésil. L'écurie dut se regrouper autour de Patrick Head, directeur technique et associé de Williams, et trouver les ressources pour se mobiliser tandis que son fondateur et inspirateur affrontait la mort. Personne ne savait encore qu'il risquait de rester paralysé, uniquement qu'il était entre les mains expertes du professeur Watkins, que tout le monde appelait « Prof ».

Ma première rencontre avec le Prof eut lieu lors d'une soirée ensoleillée, sur le perron d'un des *motorhomes* du paddock. Je m'en allais après avoir bu un ou deux verres de vin, il prenait l'air en tirant sur son cigare et en sirotant un whisky. Il m'a fait penser au M. Pickwick de Charles Dickens, mais un Pickwick engoncé dans une combinaison moulante et ignifugée. En l'occurrence une combinaison bleue, avec le mot « Doctor » sur le torse, précision superflue car chacun connaissait cette silhouette qui s'interposait sur la piste entre la vie et la mort. Il était en outre coiffé d'une casquette frappée du logo de la FIA qui avait connu des jours meilleurs. Je me suis présenté et nous avons échangé quelques mots, puis il m'a demandé : « Est-ce que vous avez déjà fumé, mon garçon ? » La réponse était non. « C'est bien. Restez au whisky », a-t-il conclu.

En 1961 déjà, Watkins était le médecin du circuit américain de Watkins Glen, en parallèle de son poste de neurochirurgien dans un hôpital de Syracuse. Conscient des risques qu'il courait si quelque chose tournait mal – ce qui était fréquent à cette époque –, il décida de s'adjoindre les services d'un anesthésiste et d'un chirurgien orthopédiste. Les conditions de travail étaient sommaires et la tente médicale en bord de piste envahie par les mouches, avant que Watkins ait les moyens de désinfecter généreusement les environs de son hôpital de fortune. Il se souvient que le jour où Graham Hill s'était cassé les deux jambes à Watkins Glen, en 1969, il avait été envoyé à l'hôpital de Montour Falls, distant de cinq kilomètres. Les ambulanciers l'avaient trouvé fermé et avaient donc dû faire presque une heure de route jusqu'à l'hôpital suivant.

Bernie Ecclestone avait potassé son dossier et connaissait tout du Prof quand il téléphona à l'hôpital de Londres pour solliciter un rendez-vous. Il savait que le professeur Watkins avait été formé à Oxford, tout près du circuit de Silverstone, et qu'il y avait acquis une solide expérience dans le traitement des victimes d'accidents graves, et tout particulièrement des traumatismes crâniens. En outre, Watkins était un grand amateur de course automobile, qui avait « bricolé des voitures » dans le garage paternel quand il était enfant. Il fallait au moins ça, car Ecclestone voulait faire du Prof le premier directeur médical de la Formule 1. Watkins prit ses fonctions lors du Grand Prix de Suède 1978, où il assista aux débuts de la célèbre « fan car ». Sur place, le Prof découvrit que la caravane ne disposait que d'une simple tente pour faire face à un éventuel afflux de blessés et apprit qu'il n'y aurait pas d'hélicoptère pour les essais du vendredi, au motif que ceux-ci ne présentaient pas de danger. Le Prof regarda la course depuis le pied de la tour de contrôle. Il se souvient dans son autobiographie que James Hunt lui adressait un salut de la main chaque fois qu'il arrivait aux stands, en signe de respect.

Si la Formule 1 disposait d'installations médicales, même sommaires, c'était uniquement grâce à la ténacité de Jackie Stewart et à la générosité de Louis Stanley, le directeur de l'écurie BRM. Stewart, qui roulait à bord d'une BRM quand il avait eu son accident à Spa, s'était juré de rendre la Formule 1 plus sûre et son idée avait trouvé un écho chez Stanley, figure incontournable du paddock. Ensemble, ils conçurent un centre médical mobile qui devait suivre la caravane sur tous les grands prix européens. Curieusement, certains circuits s'opposèrent à sa présence, mais Ecclestone ne l'entendit pas de cette oreille et décida que le Prof aurait tout ce qu'il demanderait. Résultat, les installations médicales de la Formule 1 devinrent bientôt parmi les mieux équipées du monde. On dit souvent que, tant qu'à avoir une crise cardiaque, il vaut mieux l'avoir pendant un grand prix car c'est là que l'on recevra les meilleurs soins. Et tout cela, c'était l'œuvre du Prof Watkins et de Bernie Ecclestone.

Alors que la convalescence de Williams aurait dû être un travail de longue haleine, il continuait à courir, si ce n'est physiquement, du moins mentalement, et sa volonté de surmonter ses blessures et de se remettre au travail était irrésistible. Frank avait frôlé la mort, mais trois mois à peine après son accident, au mépris des médecins et de la science, Ginny et trois assistants le hissaient dans un fauteuil roulant, une bonbonne d'oxygène à portée de main, et le ramenaient à son usine chérie et aux équipes qui construisaient ses fabuleuses voitures. En juillet, il était présent aux qualifications du Grand Prix de Grande-Bretagne à Brands Hatch, transporté dans un hélicoptère affrété par Bernie Ecclestone. Là, les autres patrons d'écurie l'accueillirent avec une banderole « Bienvenue Frank » et il reçut une *standing ovation*. Le dimanche, Williams étant trop fatigué pour assister à la course, l'hélicoptère alla chercher Ginny, qui put voir Nigel Mansell franchir la ligne d'arrivée en vainqueur. Cédant à l'insistance de Patrick Head, elle monta sur le podium en refoulant ses larmes et reçut le trophée constructeurs. Cette saison-là, l'écurie Williams remporterait son troisième titre mondial. L'histoire de son fondateur est devenue un mythe moderne, couronné par un titre de chevalier qui lui fut décerné en 1999.

Williams et McLaren incarnaient l'avenir, et pendant ce temps Enzo Ferrari restait sur le bord de la route. Sans champion depuis Jody Scheckter en 1979, il avait placé tous ses espoirs en Gilles Villeneuve, un Canadien plein de joie et de panache, qui faisait équipe avec Scheckter pour la saison. Villeneuve occupait une place spéciale dans le cœur de l'Ancien, qui aimait son engagement absolu au volant et adorait son goût pour la vie. La majorité des pilotes ont un réflexe de survie qui les avertit lorsqu'ils outrepassent leurs limites, mais pas Villeneuve. Il était survolté, extravagant, et presque effrayant dans son rejet de la peur. Avec Scheckter, exigeant et minutieux, ils formaient l'association parfaite, le yin et le yang de la course automobile. « Gilles écoutait Jody, et ils parlaient de tout, m'a raconté Brenda Vernor. Jody répétait souvent à Gilles qu'il ne serait jamais champion tant qu'il conduirait de cette façon. Parce qu'un titre ne se gagne pas uniquement avec des premières places, mais aussi aux points. Mais Gilles était ce qu'il était, et Jody avait raison. » Gilles Villeneuve se tua au cours des qualifications du Grand Prix de Belgique en 1982.

Les voitures de tourisme du *Commendatore* demeuraient parmi les plus grands objets de désir au monde. En 1968, Faye Dunaway s'installa au volant d'une 275GTB Spider en livrée écarlate dans *L'Affaire Thomas Crown* – un des films préférés de Bernie Ecclestone. Vêtue de blanc des pieds à la tête, elle se hisse sur le dossier de la banquette pour espionner Steve McQueen, lequel dispute un match de polo. Cette voiture, basse et racée, est le parangon du chic Ferrari. Seuls dix exemplaires seront fabriqués. Elle ensorcela si bien McQueen et Jean-Paul Belmondo qu'ils en achetèrent une chacun, joignant ainsi leur aura à celle de la marque italienne.

Bernie Ecclestone, qui n'a jamais craint personne et que peu de choses impressionnaient, se trouvait néanmoins sous le charme et muet d'admiration quand il était en compagnie d'Enzo, même lorsqu'il tentait de faire passer des accords défavorables à Ferrari. Encore aujourd'hui, il évoque avec respect cet homme qui, par son sens du glamour et sa passion, a posé les bases de la Formule 1 moderne. Il admirait l'élégante façade qu'Enzo présentait au monde, une admiration qui se manifesta le jour où il signa un premier partenariat commercial avec Dietrich Mateschitz, le milliardaire derrière Red Bull. Ecclestone tendit à Mateschitz un stylo à plume qui lui avait été offert par *Il Commendatore* et qui était rempli de l'encre violette qu'utilisait Enzo. Sauf que le réservoir du stylo n'était pas plein. « Bernie avait fait tout un cinéma en déballant son stylo et en le tendant à Dietrich pour qu'il paraphe le contrat. Dietrich s'est mis au travail, et le stylo est tombé en rade. Il a tout juste eu le temps d'écrire son nom », se souvient Christian Horner, le directeur de l'écurie Red Bull.

Le mythe Enzo Ferrari, c'étaient aussi les verres fumés, qu'il portait même en intérieur, et les costumes sur mesure avec pantalon taille haute, chemise blanche et cravate. Sur ses dernières photos, son sourire est absent, tout soupçon de satisfaction envolé. Son air renfrogné faisait partie de sa panoplie, et ses colères étaient bibliques. « Tout d'un coup, il devenait cramoisi, il explosait et il se mettait à hurler, raconte Brenda Vernor. C'était très bruyant et un peu effrayant au début. Et puis je m'y suis habituée, je savais que ça ne durait jamais. Donc je laissais passer l'orage, je lui disais : "Bon, est-ce qu'on peut reprendre maintenant ?" et on se remettait au travail. » Brenda est convaincue que les lunettes noires d'Enzo lui servaient de bouclier, lui permettaient de ne pas affronter ses interlocuteurs les yeux dans les yeux. « À mon avis, il n'aimait pas regarder les gens. Je pense que ça le mettait mal à l'aise et je ne l'ai jamais vu sans ses lunettes de soleil. »

Et puis il y avait aussi le versant plus doux qu'Enzo Ferrari ne voulait pas montrer. Même s'il exigeait énormément de ses employés – rester tard le soir pour préparer les voitures à la dernière minute, par exemple –, il avait une grande estime pour eux et veillait à n'embaucher que des personnes originaires de Maranello et des environs. Tout comme au temps de son père à Modène, le travail était artisanal, exécuté par des ferronniers et des mécaniciens adroits et, dans le cas des voitures de tourisme, des spécialistes capables de manier des matériaux chers et fragiles. Depuis son vaste bureau vitré au rez-de-chaussée, Enzo observait son usine en directeur d'école sévère mais bienveillant, prompt à gronder et lent à féliciter, mais toujours attentif au bien-être des personnes sous ses ordres, qu'il regardait s'activer en s'émerveillant de voir, derrière les grilles, les curieux venus comme en pèlerinage.

Il construisit à Maranello une école qui existe toujours, finança des hôpitaux et sut où et quand témoigner son attention. « C'était un homme très bon, ajoute Brenda. Un jour, il a aidé un jeune garçon qui souffrait d'un cancer du cerveau. Il m'a demandé d'appeler un spécialiste à Bologne et j'ai pris rendez-vous pour le garçon alors que sa famille n'y était jamais parvenue. Le médecin l'a opéré et le garçon est toujours ici, à Maranello. Personne n'en a jamais rien su. Les gens d'ici étaient très importants pour lui. Il n'engageait que des gens de la région. Si quelqu'un avait besoin de quelque chose, il était là. Il répondait à tout son courrier, surtout aux enfants, et il leur envoyait parfois des cadeaux. Je crois que, au fond de lui, il était très sensible. Il venait d'un milieu très modeste et il était devenu extrêmement riche, mais il restait le petit garçon qu'il avait été à Modène. »

Si l'on en croit Brenda, Enzo refoulait ses émotions de manière à maîtriser une fragilité intérieure qui l'empêchait même de remercier lorsqu'une tâche avait été accomplie. « Il était très étrange. Il ne disait jamais merci ni pardon. » Le lendemain d'une dispute, Brenda trouva un cadeau – une montre – sur son bureau, avec un mot : « *Cordiali saluti, Ferrari.* » Cordialement, Ferrari.

Sa routine ne variait jamais d'un iota : il relevait son courrier après le petit déjeuner et arrivait à son bureau à 11 heures, où Brenda l'attendait. Ensuite, il travaillait jusqu'au soir, en semaine comme le week-end. « Il ne prenait jamais de vacances et ne comprenait pas pourquoi les autres voulaient en prendre. Il était tous les jours à l'usine. Il m'a déjà refusé des week-ends prolongés parce qu'il n'allait jamais nulle part et ne concevait pas qu'on ait envie de prendre des congés. »

Il ne voyageait pas et ne voyait pas l'intérêt de se rendre dans les lieux exotiques où ses voitures allaient courir. Rien n'existait en dehors de sa routine : aller au bureau, déjeuner au Ristorante Cavallino en face de son bureau, et travailler dans sa fermette au milieu de la piste d'essai de Fiorano.

Les seuls écarts qu'il s'autorisait étaient avec les femmes. En plus de sa longue liaison avec Lina Lardi, la mère de son fils Piero, il apparaît que, jusque tard dans sa vie, Enzo a toujours eu de l'énergie à consacrer au sexe opposé. Longtemps restées cachées, près de cent cinquante lettres ont révélé sa passion pour Fiamma Breschi, une ancienne Miss Italie qui était la maîtresse du pilote Luigi Musso, mort lors du Grand Prix de France en 1958. Ferrari envoya une lettre de condoléances à Breschi, après quoi leur correspondance se poursuivit, dans l'encre violette habituelle, Ferrari s'enflammant chaque jour un peu plus. L'histoire veut qu'il l'ait aimée jusqu'à son dernier souffle.

Ayant très vite compris que Ferrari appréciait la compagnie des femmes, Brenda Vernor s'arrangea pour éviter tout ce qui dépassait le cadre de la simple plaisanterie, comme le soir où l'Ancien la raccompagna chez elle, avant de découvrir qu'elle habitait au dernier étage. Sa claustrophobie l'empêcha de la suivre dans l'ascenseur et la soirée s'acheva là. « Quand je sortais de son bureau, je sentais son regard sur moi, m'a-t-elle confié. Un jour, je portais une jupe fourreau blanche qui a craqué de haut en bas lorsque je me suis assise. J'ai commencé à reculer en poussant la chaise avec mes pieds pour tenter de sortir dignement. Il m'a regardée sans comprendre ce qui m'arrivait, et j'ai dû lui dire que j'avais un problème, que ma jupe s'était déchirée. Et là il a répondu : “Parfait. Voyons un peu vos fesses.” »

L'épouse de Ferrari, Laura, mourut en 1978, à l'âge de soixante-dix-sept ans, victime du même type de dystrophie musculaire qui avait emporté leur fils Dino vingt-deux ans plus tôt. Le mariage n'avait pas été heureux, Ferrari étant écartelé entre Laura et sa deuxième famille, composée de Lina et Piero. Alors qu'il portait encore le deuil de sa femme, il ne tarda pas à prendre les dispositions nécessaires pour que Lina et Piero viennent vivre chez lui, et il chargea ses avocats de déposer une demande d'adoption pour son fils naturel.

Le pape Jean-Paul II se rendit à Maranello en 1988, mais *Il Commendatore* ne put le recevoir, trop affaibli pour voir le souverain pontife exécuter un tour de circuit sur le siège passager d'une Ferrari Mondial. Les deux hommes durent se contenter d'une conversation téléphonique. Maranello était le monument érigé à l'un des hommes les plus célèbres d'Italie et à une vie ponctuée par autant d'épreuves que de triomphes.

Enzo Ferrari mourut le dimanche 14 août 1988, à 6 heures du matin, dans sa maison du quartier de Largo Garibaldi, à Modène, sa ville de naissance. Il avait quatre-vingt-dix ans. Le lendemain était un jour férié en Italie, et aussi l'anniversaire de Brenda Vernor. La circulation automobile était presque nulle et il n'y avait pratiquement personne dans les rues, qui étaient donc dégagées quand le petit cortège funéraire se mit en branle vers le caveau familial dans le cimetière de San Cataldo. Les funérailles furent réservées aux intimes. Brenda Vernor était alors en vacances aux États-Unis. « Tout est allé très vite. L'Ancien ne voulait pas être enterré en grande pompe, avec des gens qui pleurent dans les rues.

Comme pour tout, il voulait que ce soit fait rapidement et dans la dignité. »

Un déluge de plus de trois mille lettres, cartes postales et télégrammes de sympathie s'abattit sur Maranello, et Piero Lardi Ferrari répondit personnellement à chacun et chacune. Aujourd'hui encore, des fleurs et des cartes arrivent chaque 18 février, date anniversaire de la naissance du *Commendatore*. Durant cette saison 1988, les McLaren de Ron Dennis raflèrent tous les grands prix, sauf un. Presque un mois après la mort d'Enzo, et à Monza qui plus est, Gerhard Berger remporta le Grand Prix d'Italie à bord d'une Ferrari rouge.

9
NE PAS PERDRE LA FACE

Le pilote le plus célèbre du monde et le patron le plus coriace de la Formule 1 regardaient fixement le tapis du salon. Dans ses longs poils marron était nichée une pièce, une pièce de monnaie tout à fait banale, si ce n'est que son côté pile – ou face – représentait un million de dollars.

Quand Ron Dennis avait commencé, en 1987, à discuter avec Ayrton Senna les termes d'un contrat de trois ans, il s'était heurté à la détermination du Brésilien. Senna était le plus grand nom de la Formule 1 et il exigeait un salaire en conséquence, obligeant McLaren à trouver de quoi satisfaire sa star. Dennis était le patron le plus récompensé de son époque, les voitures qui sortaient de ses usines étaient exceptionnelles, sponsorisées par Marlboro et propulsées par des moteurs Honda, mais les pourparlers se prolongèrent plusieurs jours, chacun refusant de céder aux arguments de l'autre. C'étaient deux cerfs en rut qui s'affrontent sans pouvoir faire marche arrière, trop conscients que le premier à reculer perdra la face.

Après mûre réflexion, Dennis eut une idée : ils allaient tout simplement tirer à pile ou face. Comme il le dit lui-même : « Je parie que personne n'a jamais joué un million de cette façon. »

Il se rendit donc chez Senna, à une demi-heure de route du siège de McLaren à Woking, pour lui exposer sa proposition. L'anglais de Senna étant encore hésitant, Dennis lui fit un dessin

– la pièce en l'air, la chute, le côté pile et le côté face. D'abord Senna fut circonspect, sceptique, mais il avait foi en Dieu et ne doutait pas que le Seigneur veillerait sur lui. Dennis, à l'inverse, était un fataliste, convaincu qu'il n'existait aucun moyen de prévoir le résultat de son lancer. L'essentiel était qu'aucun des deux hommes n'aurait à concéder une quelconque défaite et qu'ils conserveraient tous deux leur honneur et leur dignité. La pièce fut lancée, elle retomba sur le tapis marron et rebondit sous un rideau. Ensemble, Dennis et Senna soulevèrent le rideau et scrutèrent la carpette. Senna avait perdu. Ils se séparèrent donc aussi peu satisfaits l'un que l'autre par ce résultat, Senna pour d'évidentes raisons pécuniaires et Dennis parce qu'il avait enfreint l'obligation d'équité qui l'animait depuis le début de son ascension vers les cimes de la Formule 1.

Il était parfaitement conscient de la sensibilité de Senna et de la fragilité de son égo. Elle était loin, l'époque insouciante où les pilotes couraient pour le plaisir et pour la gloire. Enzo Ferrari les avait traités comme des pièces mécaniques et Frank Williams les considérait comme des employés, au même titre que les mécaniciens et les concierges. En 1994, lorsque David Coulthard vint remplacer Ayrton Senna chez Williams, l'écurie la plus en vue de son temps, son salaire s'élevait seulement à 5000 £ par course. « Ce n'était pas une question d'argent. Je voulais courir en Formule 1, et j'imagine que Frank et Patrick l'ont senti », m'a confié Coulthard avec regret. Sourd aux protestations des fans britanniques, Williams n'hésita même pas à se séparer de Damon Hill et de Nigel Mansell juste après leur sacre mondial, plutôt que de se plier à leurs exigences.

La Formule 1 ne manque pas de grands pilotes et de grands champions, mais très rares sont ceux qui se détachent du lot et frappent l'imagination du grand public. Dans cette catégorie, citons Stirling Moss, James Hunt et Jackie Stewart. Dennis peut s'enorgueillir d'avoir employé pléthore de champions – Mika Häkkinen, Niki Lauda et Alain Prost, notamment –, mais seuls deux noms viendraient à l'esprit d'un non spécialiste aujourd'hui : Ayrton Senna et Lewis Hamilton. La symétrie est parfaite : Senna est le héros de Hamilton, qui est allé jusqu'à peindre son casque du même jaune que celui du Brésilien. Ils proviennent de régions opposées du globe et de milieux très différents – pour Senna la bourgeoisie de São Paulo, pour Hamilton les logements sociaux du Hertfordshire –, et pourtant ils paraissent sortis du même moule.

D'un talent époustouflant, mais lunatiques, obstinés, égoïstes et profondément croyants, ils ont aussi, à en croire Dennis, une immense revanche à prendre. « Ils étaient persuadés que le monde entier leur en voulait », m'a-t-il expliqué. Et l'un comme l'autre n'hésite pas à chiffrer sa valeur.

Lorsqu'il fut question de renouveler le contrat de Senna, le Brésilien réclama un million de dollars par course. Cette fois, il n'y aurait pas de lancer de pièce, c'était une demande frontale. Dennis n'avait ni les moyens, ni l'envie de marchander, si bien qu'il passa la patate chaude à John Hogan, alias Hogie, l'homme de Marlboro qui trouvait une solution à tous les problèmes. Hogie parvint effectivement à un accord, mais une surprise l'attendait à l'orée du Grand Prix de San Marino, la quatrième course de la saison : Senna n'était pas là, car la somme n'avait pas encore été virée sur son compte. Hogie se remémore cet épisode dans une interview donnée au magazine *Motorsport* en 2014 : « J'avais sous-estimé l'intransigeance de Senna. Il m'a dit : "Dès que l'argent est sur mon compte, j'arrive." Il avait exigé que son vol se pose à Rio en attendant le virement, et ensuite seulement l'avion a pu redécoller, avec ses trois cent soixante passagers. »

Dennis a toujours soutenu que Senna aurait couru pour 100 dollars par an si cela avait été le salaire en vigueur – si ce n'est qu'il en aurait demandé 101, pour bien montrer qu'il était le meilleur. Mais Dennis se trompe : Senna aurait piloté pour rien du tout. Un soir de 1992, Claire Williams, seize ans à l'époque, dînait avec Patrick Head dans un restaurant de Budapest – où Nigel Mansell décrocherait le titre mondial cinq courses avant la fin de la saison.

Senna, qui avait des vues sur cette magnifique voiture Williams, fit discrètement parvenir un mot à Head. « Il disait qu'il accepterait de courir gratuitement pour Williams en 1993. Il était sur les dents. Je me rappelle avoir vu le message sur la serviette de Patrick. Avec le recul, je regrette de ne pas l'avoir gardé parce que c'est un vrai morceau d'histoire. »

Senna venait de le démontrer : le plus important, dans l'esprit d'un pilote, c'est d'avoir une voiture qui gagne – et la même chose était valable pour Hamilton.

En 2012, Lewis Hamilton était prêt à raccrocher. Seul noir dans un sport qui avait toujours été le pré carré des blancs des classes moyennes et supérieures, sa jeunesse et son talent brut ne faisaient pas le poids face aux déterminismes régissant la F1. Lorsqu'il alla trouver Ecclestone pour s'épancher, quatre saisons s'étaient écoulées depuis son titre mondial. Jenson Button lui avait volé la vedette et le championnat en 2009, après quoi Sebastian Vettel s'était montré inarrêtable et avait remporté quatre titres consécutifs dans une voiture sponsorisée par « un fabricant de sodas », selon la formule de Hamilton, à savoir Red Bull.

Son langage corporel n'était plus celui du jeune gars combatif qui avait été à deux doigts de rafler le titre dès sa première saison en F1, en 2007. Hamilton incarnait tout ce qui manquait au sport et à Ecclestone : il était jeune, fascinant, audacieux, controversé... et noir.

McLaren le bichonna, Ron Dennis en fit son projet personnel, dans une sorte de relecture moderne de *Pygmalion*. Il avait signé Hamilton quand celui-ci n'avait que treize ans, trois ans après leur rencontre lors d'une remise de prix, où un gamin culotté s'était présenté devant l'imposant patron de la plus grande écurie de Formule 1 britannique et lui avait déclaré que, un jour, il piloterait pour lui, tout comme son héros Ayrton Senna. Dennis investit 4 millions de livres pour former ce jeune prodige parfois capricieux jusqu'à ce qu'il soit prêt à devenir champion du monde. Il fallut moins d'une décennie à Hamilton pour passer de phénomène du karting à superstar de la Formule 1. Mais c'était un pacte faustien : en contrepartie du soutien qu'il lui apportait, Dennis attendait de Hamilton qu'il marche à la baguette, son père et manager Anthony admettant volontiers que la carrière de son fils profiterait de son assagissement. En conséquence de quoi Hamilton n'eut pratiquement pas d'adolescence, ratant souvent les cours pour passer autant de temps que possible sur la piste.

Il trouva une petite amie qui était prête à endurer ces sacrifices, Nicole Scherzinger, une pop star hollywoodienne évoluant dans un monde bien éloigné de la banlieue natale de Hamilton, de ses immeubles tristes et de son centre commercial sinistre. Elle lui présenta des rappeurs et des acteurs, et bientôt le pilote fut de toutes les avant-premières et de toutes les soirées mondaines, et les récits de ses fêtes endiablées commencèrent à fleurir dans la presse, tandis que le couple traversait des hauts et des bas avec une régularité époustouflante.

Dennis ne mâcha pas ses mots dans son discours devant l'American Academy of Achievement : « Ce n'est pas simple, parce que les pilotes de grand prix débutent extrêmement jeunes et que leur scolarité en souffre. Lorsqu'ils sont mûrs pour être champions, ils ne sont pas aussi avisés qu'ils auraient pu l'être dans d'autres circonstances, ils n'ont pas les pieds sur terre. » De qui pouvait-il bien parler en ces termes ? Qui pouvait bien être ce champion du monde impatient de déployer ses ailes et d'arpenter les tapis rouges, de choisir son lieu de résidence et la compagnie avec qui il passerait son temps libre ?

Les différends devinrent criants quand Hamilton renvoya son père juste avant le début de la saison 2010, à un moment où il aurait eu grandement besoin d'une présence bienveillante. Il y eut du dépit dans l'air quand, un vendredi soir après les essais libres pour la deuxième course de l'année, en Australie, la police vint le verbaliser pour avoir fait fumer les roues de sa Mercedes devant des fans à l'extérieur du circuit d'Albert Park. Sa voiture termina à la fourrière et il dut payer une amende de 300 £ – et ses excuses furent abjectes.

Parallèlement, Jenson Button, qui avait rejoint l'écurie cette même année, devint tout de suite le chouchou des fans, du staff, des mécanos et techniciens, et de la direction. Sa victoire au Grand Prix de Melbourne ne fit rien pour mettre Hamilton dans de meilleures dispositions.

Il faut dire que Button n'avait pas seulement cinq ans de plus, il était aussi bien plus posé et avait laissé derrière lui sa période sale gosse, durant laquelle il avait exhibé *Little Missy*, son bateau d'une valeur de 1,2 million de livres, près du port de Monaco à l'occasion du grand prix, et s'était enferré dans une négociation gênante avec Williams et BAR Honda qui le décrivirent comme un enfant gâté. McLaren était l'écurie de Hamilton, mais Button semblait en prendre petit à petit le contrôle. La camaraderie affichée dans les vidéos promotionnelles tournées à l'occasion de leur première saison en 2010 – quand la presse britannique les qualifiait de « Dream Team » – ne dura pas, et la saison suivante devait être l'*annus horribilis* de Hamilton. Tandis qu'il s'effondrait psychologiquement, Button faisait des étincelles. Le gouffre qu'il avait creusé entre son père et lui était « aussi large que le Grand Canyon » et les beaux jours passés avec Scherzinger, quand il lui faisait visiter sa ville natale en Mercedes et l'emmenait au cinéma puis manger un poulet piri-piri dans son restaurant préféré, étaient de l'histoire ancienne.

Hamilton fut pointé du doigt quand il partit vivre en Suisse en prétextant fuir le tourbillon de la célébrité. La raison était toute autre, ainsi que me l'a confirmé Anthony Hamilton quand je l'ai croisé par hasard à Saint-Pétersbourg pour les Laureus Awards : l'idée venait de lui, et il s'agissait de fuir le fisc. D'après le journaliste Mark Hughes, le premier contrat de Hamilton avec McLaren ne prévoyait qu'un salaire de 380 000 £, plus les primes, mais le montant grimpa rapidement, au rythme des victoires décrochées par le pilote. Curieusement, personne ne broncha quand David

Coulthard et Jenson Button s'installèrent à Monaco, ou même quand Jackie Stewart fila en Suisse pour échapper à une fiscalité punitive.

Hamilton toucha le fond au Grand Prix de Monaco 2011, lors duquel les commissaires de course parurent le pénaliser chaque fois qu'il allumait son moteur. Il passa complètement à côté de sa course et récolta une pénalité de vingt secondes pour avoir causé deux accidents. Par la suite, un journaliste lui demanda pour quelle raison les commissaires semblaient avoir une dent contre lui. « Peut-être parce que je suis noir », répondit Hamilton avec un sourire peiné. Une remarque au fond innocente, qu'il mit en perspective en ajoutant qu'il s'agissait d'une citation d'Ali G, un de ses comiques préférés. Hélas, personne en Finlande, aux États-Unis, en Chine ou au Brésil ne connaissait Ali G, et la petite phrase de Hamilton fit le tour du globe. Hamilton s'enfuit du *motorhome* McLaren au bord des larmes, mais il n'avait nulle part où se réfugier et c'est Anthony qui dut convaincre son fils de rester. Hamilton, inconsolable, présenta des excuses écrites aux commissaires de course. Sebastian Vettel était le champion en titre et, en comptant Monaco, il avait gagné cinq des six premiers grands prix de la saison. Red Bull faisait carton plein, et Hamilton était impuissant.

Pour Dennis, tenter de maîtriser les ardeurs de son jeune prodige était un travail à temps plein. Malgré tout le talent de Hamilton, son mode de vie commençait à peser sur ses performances. Lui qui avait pris l'habitude d'être traité comme le numéro 1 de l'écurie et admiré de tous, il était troublé de voir Button aussi décontracté et entouré par ses parents et amis. De fait, les amis de Hamilton se comptaient sur les doigts d'une main, son père était absent et Scherzinger rarement là. Chaque fois qu'il passait la porte du vaste centre d'accueil de McLaren, c'était pour filer droit dans sa loge, alors que Button était souvent attablé avec son père John, son manager et ami Richard Goddard et sa fiancée Jessica Michibata, une mannequin japonaise qui faisait tourner les têtes et aimantait les photographes à tous les grands prix. John Button, le père de Jenson, surnommé

Grand Schtroumpf à cause de sa chevelure blanche, était un habitué du paddock où tout le monde l'aimait, et Jenson et Jessica formaient le couple idéal.

Après la débâcle monégasque, ce fut le Canada, où Hamilton entra en trombe dans le bureau de Christian Horner, le maître d'œuvre de la suprématie de Red Bull. « Il voulait quitter McLaren pour venir chez Red Bull, m'a raconté Horner. J'ai été pris de court, et j'ai été bien obligé de lui répondre que nous n'avions rien pour lui. » Horner avait signé Vettel, qui rejoignait Mark Webber, et, surtout, il ne voulait pas d'un pilote certes talentueux, mais dont le caractère risquait de créer des frictions.

Le succès ne se démentirait pas avec Vettel en 2012. Les McLaren, propulsées par des moteurs Mercedes, ne dépasseraient pas la troisième place et Hamilton continuerait à être mal dans sa peau et dans son équipe. Martin Whitmarsh, directeur de l'écurie depuis 2009, était un homme calme et solide. Il avait fait tout son possible pour stabiliser Hamilton, et il dut faire appel à tout son sang-froid pour ne pas exploser quand son pilote tweeta les données télémétriques entourant la pole position de Button pour le Grand Prix de Belgique 2012. Même si ces données se révélèrent fausses, on ne publie jamais les secrets de l'équipe. Pour tout autre employé, cela aurait valu un renvoi immédiat, mais Hamilton, trop précieux pour McLaren, y échappa. Cela ne changeait toutefois rien, car il estimait avoir fait son temps chez McLaren.

Ecclestone fut forcé de l'exfiltrer pour le garder dans le circuit. Il savait que Dennis s'opposerait farouchement à son départ, mais aussi que Mercedes ne refuserait pas un pilote qui lui offrirait une visibilité internationale. Il approcha donc Niki Lauda, son vieil ami devenu président de la division F1 de Mercedes, en lui suggérant de remplacer Michael Schumacher, qui ratait son retour en Formule 1. Tout le monde y trouverait son compte.

Manifestement, Martin Whitmarsh ne s'aperçut pas des manigances de Lauda et d'Ecclestone, ni de la visite que Ross Brawn, alors directeur de l'écurie Mercedes, rendit à Hamilton afin de lui exposer ses grands projets autour d'une tasse de thé dans la cuisine. C'est le 23 septembre 2012, date du Grand Prix de Singapour, qui fut le jour fatidique pour McLaren, Hamilton et Whitmarsh. Dennis descendit de l'avion impatient de savoir si sa star avait signé son nouveau contrat, d'un montant de 22 millions de dollars. Whitmarsh lui répondit que c'était une simple question de formalité, tout en l'avertissant que son pilote avait l'air déprimé et à côté de ses pompes. Et en effet, Hamilton avait la tête ailleurs : sur la piste. Il empocha la pole position et fit la course en tête jusqu'au tour 23, quand une pièce de sa boîte de vitesse, fabriquée par Mercedes, le lâcha. Décidément, l'univers était contre lui.

Ce soir-là, Niki Lauda vint le voir à son hôtel et lui exposa l'avenir tel qu'il l'imaginait. Il lui offrit en outre dix millions de plus que McLaren. Hamilton était tenté, pas seulement par l'argent mais par cette opportunité de repartir de zéro, de se démarquer – et d'avoir une nouvelle voiture dans laquelle il gagnerait peut-être. Furieux, Dennis passa un coup de fil au Dr Dieter Zetsche, le président moustachu de Daimler-Benz qui signerait le chèque, pour se plaindre de ce que son fournisseur de moteurs lui volait son meilleur pilote. Il le prévint que Hamilton n'était pas un cadeau et qu'il ne fallait pas s'attendre à une partie de plaisir. À en croire Ecclestone, Zetsche non plus n'était pas serein, étant donné le montant de la transaction.

« J'ai appelé Zetsche et je lui ai dit de faire attention, sinon il allait perdre Lewis, raconte Bernie. Je lui ai dit : “Vous avez besoin de lui, j'ai besoin de lui et la Formule 1 a besoin de lui.” Et j'ai ajouté que s'il fallait monter à 35 millions, j'en paierais la moitié. Mais Mercedes ne voulait pas lâcher une somme pareille, c'était 30 millions maximum. J'ai convaincu Lewis d'accepter 32 millions, et ensuite j'ai annoncé à Zetsche qu'il avait son pilote. Et je n'ai même pas eu à payer la moitié, ce qui m'a bien arrangé. »

Hamilton était sur le départ, et il avait devant lui une carrière qu'il n'imaginait pas, même dans ses rêves les plus fous d'égaler Ayrton Senna.

Cependant, ses doutes perdurèrent. En 2014, pour sa deuxième saison chez Mercedes, le titre ne fut pas décidé avant Abou Dhabi. Hamilton était au coude-à-coude avec Nico Rosberg, son coéquipier et aussi son ami depuis l'époque où ils pilotaient en catégories junior. Rosberg était le *golden boy* de la Formule 1 : beau, blond, fils du champion du monde 1982 Keke Rosberg, il vivait à Monaco et parlait cinq langues.

Depuis le début de la saison, Rosberg était un caillou dans la chaussure de Hamilton, et même s'il menait de 17 points à l'amorce du dernier grand prix, tout était encore possible du fait d'un curieux système de double score bidouillé par Ecclestone pour pimenter le dernier acte de la saison. Les doutes qui minaient Hamilton parurent se confirmer quand Rosberg accrocha la pole position à la veille de la course.

Ce soir-là, Hamilton ne réussit pas à fermer l'œil. Ses pensées tournaient en rond dans sa tête. Il sortit marcher au bord des eaux calmes du Golfe et téléphona à son père pour vider son sac, avant de regagner la solitude de sa chambre. Anthony ne s'y trompa pas et, comme autrefois, il fit passer son fils avant tout. Il battit le rappel des troupes et fit préparer l'avion. En arrivant au circuit, Hamilton découvrit sa famille et sa compagne. Il gagna le grand prix et son deuxième titre mondial dans la foulée.

Mais ce fut la dernière fois qu'il fit appel à Anthony et, en 2015, il quitta Scherzinger. Deux ans plus tard, dans une interview, elle lui reprocha de s'être montré égoïste et trop renfermé sur lui-même pour que leur couple puisse fonctionner. Rien d'extraordinaire ici.

De même que Senna, Hamilton avait besoin d'être l'objet de toutes les attentions, et sa relation avec Rosberg, son partenaire de ping-pong et l'ami qu'il avait rejoint à Monaco, se désintégra sous les coups de leur rivalité. Ils ne se parlaient presque plus et tentaient sans cesse de se déstabiliser mutuellement. Quant aux matchs de ping-pong, on n'en entendit plus parler (Hamilton estimant toutefois qu'il était, dans ce sport aussi, bien supérieur à son coéquipier).

De même que Senna, dont l'agressivité et la froideur forcèrent Alain Prost à quitter McLaren en 1989 quand leurs rapports devinrent intenables, Hamilton pousserait son coéquipier vers la sortie, mais c'est l'Allemand qui aurait le dernier mot.

Pour la saison 2016, Rosberg – un pilote doué et extrêmement rapide, mais pas autant que Hamilton – investit une énergie phénoménale dans la course au titre. Il se mit à la méditation pour améliorer son mental, s'imposa un régime impitoyable et beaucoup d'exercice, et se sépara de sa femme Vivian et de sa fille Alaia pour se focaliser sur son objectif : atteindre le niveau de son père. Cette année encore, le championnat devait se décider à Abou Dhabi. Les deux adversaires refusèrent de se serrer la main avant la course, et Hamilton, avec un manque d'élégance certain, nia le talent de son coéquipier et martela qu'il était le meilleur.

Hamilton et son mauvais caractère remportèrent le grand prix, mais Rosberg décrocha son premier titre de champion, qui fut aussi le dernier tant la pression qu'il s'était infligée le laissa exsangue. Sa main tremblait quand nous nous étions parlé la veille du grand prix, et il était tout à fait conscient qu'il n'aurait plus d'autre occasion de devenir champion du monde. « Je donne tout ce que j'ai », m'avait-il déclaré. Nous nous sommes revus quelques heures après la course, et je l'ai trouvé à la fois livide et comme débarrassé d'un poids. Moins d'une semaine après Abou Dhabi, il quitta la Formule 1 en avouant ouvertement que la compétition contre Hamilton l'avait vidé. Hamilton avait perdu la bataille du titre à Abou Dhabi, mais il avait gagné la guerre. Tout comme Senna.

Je me suis entretenu avec lui sur le toit du centre d'accueil Mercedes, sur le front de mer de Monte-Carlo, juste avant le Grand Prix de Monaco 2018. Devant nous s'étalaient le port grouillant d'activité, le dôme du célèbre casino et le super-yacht à 200 millions de dollars de Lawrence Stroll, le milliardaire canadien qui avait investi 50 millions de livres dans la carrière de son fils Lance chez Williams. Hamilton, désormais quatre titres mondiaux à son actif, était arrivé dans le paddock sur la moto MV Agusta à 55 000 £ dont il avait cosigné le design, et avait rempli ses devoirs médiatiques avant de me rejoindre. Il était en uniforme – T-shirt et short de l'écurie, chaussettes blanches et tennis, et une casquette rose frappée de l'étoile Mercedes en blanc. Hamilton est le seul pilote à avoir son propre code couleur. Il n'avait en outre pas lésiné sur le bling-bling, avec un épais collier en or et diamants et une grosse pierre à chaque oreille ; il devait bien en avoir pour un million.

Impossible dans ces conditions de ne pas sourire lorsque ce garçon – qui, selon le *Sunday Times*, pesait 185 millions d'euros en 2018 – explique tout à fait sincèrement que la Formule 1 exclut les enfants issus de milieux comme le sien, parce qu'ils n'auront jamais de quoi financer le coût d'une saison de karting, sans même parler des millions d'euros nécessaires pour faire franchir à un jeune les étapes menant à la catégorie reine. Hamilton avait dormi sur un canapé dans l'appartement de son père, d'où il voyait les dealers vendre de la drogue de l'autre côté de la rue, et il avait fréquenté un collège où il avait été martyrisé et avait frôlé l'expulsion quand il avait tenté de se défendre. Dans les premiers temps, c'était son père qui tenait le rôle de mécanicien pour son kart, dont les moteurs étaient fournis par John Button, et il prit la pleine mesure du fossé qui le séparait des autres lorsqu'il fit son entrée dans le monde de la course sur monoplace, où il affronta des adolescents dont les parents avaient les moyens d'assurer leur future carrière. Il n'oublierait jamais le jour où il se rendit à une course dans l'hélicoptère de Keke Rosberg, à l'époque où il courait contre Nico en junior. Keke était un champion millionnaire installé à Monaco, tandis qu'Anthony était un ancien cheminot qui vivait à Stevenage. Et Lewis était noir, le seul noir dans ce sport. Depuis le premier jour, il n'était pas comme les autres.

Hamilton eut de la chance d'être soutenu par Ron Dennis et par Mercedes, qui le préparèrent à la célébrité dont il jouit aujourd'hui. Il a été longtemps critiqué pour son mode de vie, un émoi qui paraît pourtant surprenant, puisque les qualités tant vantées chez Senna devinrent des défauts quand ce fut le tour d'Hamilton. Trente ans plus tôt, un pilote McLaren buvait, fumait, se droguait et s'envoyait en l'air avec des hôtesses de l'air dès qu'il en avait l'occasion. Sa devise, « *Sex is the breakfast of champions* » (le sexe, c'est le petit déjeuner des champions), était brodée sur sa combinaison, et un film lui a été consacré. La vie que menait James Hunt ferait hurler d'indignation les réseaux sociaux si Hamilton se piquait de l'imiter. Hamilton, dont les seuls crimes semblent être d'aimer la musique, de porter des vêtements qui lui interdiraient l'entrée du Royal Automobile Club ou de Wimbledon, et d'être couvert de tatouages. Car, autrement, il est poli et bien élevé, il a une alimentation végétarienne et saine, il aime les chiens, et sa franchise lui cause parfois des ennuis.

En 2015, le monde de la Formule 1 découvrit avec stupéfaction les excuses de Hamilton, postées sur son compte Instagram, pour avoir embouti au petit matin avec sa Pagani Zonda à 1,5 million de livres, à Monaco, trois voitures tranquillement stationnées, deux jours seulement avant de se présenter à São Paulo pour le Grand Prix du Brésil. Le service de presse de Mercedes interdit toute question portant sur cet incident et les journalistes s'y plièrent, mais lorsque Hamilton arriva devant moi dans le centre d'accueil Mercedes avec sa casquette enfoncée sur les yeux, je ne pus résister à l'envie de lui demander ce qui s'était passé. « Ben, j'avais fait la fête », m'a-t-il répondu – et cela se voyait. Il venait de remporter son troisième titre mondial lors de la course précédente, aux États-Unis, et avait manifestement cédé à un récent amour pour la téquila. C'est la seule fois que j'ai vu chez lui une conduite comparable à celle de Hunt, et c'était quelque peu désarmant. Depuis, il a arrêté l'alcool et la viande. Il est toujours aussi égocentrique mais, débarrassé de Rosberg et ne s'estimant pas menacé par Valtteri Bottas, le placide Finlandais qui l'a remplacé en 2017, il peut se concentrer sur son pilotage.

Et il est toujours au sommet. Hamilton ne semble pas appartenir à un monde de pneus, de programmes informatiques et de pistons, c'est une créature faite pour les clips que les adolescents regardent sur leur iPhone, ou les tapis rouges sur lesquels il croise Kim Kardashian et Kanye West. Lors de notre rencontre à Monaco, il planchait sur une ligne de vêtements en collaboration avec Tommy Hilfiger. Comme me l'a dit Anthony Hamilton : « Les autres pilotes devraient lui dire merci, parce que c'est grâce à lui que la Formule 1 continue à intéresser les gens. »

Après avoir pris congé, Hamilton est descendu jusqu'au grillage entourant le paddock pour parler aux dizaines de fans qui lui tendaient programmes et carnets d'autographes. Il les a tous signés, puis il est parti sur sa moto, sous les cliquetis furieux des appareils photo. Bernie Ecclestone ne se trompait pas en disant que la star est le pilote et non la voiture, et Lewis Hamilton – de même que Senna – est la plus grande star de son époque.

10
RANCŒURS ET RESSENTIMENTS

L'occasion était si belle que « Ginger Spice » ne put résister lorsqu'on lui présenta David Coulthard. Geri Halliwell se produisait avec les Spice Girls pour le lancement de la McLaren cuvée 1997 quand elle remarqua un grand Écossais qu'elle ne connaissait pas. « Je conduis une des voitures », lui répondit Coulthard lorsqu'elle alla le voir. « Oh, alors c'est vous qui allez nous ramener, ce soir ? » répliqua Geri.

La combinaison argentée de Coulthard signalait qu'il n'était pas un simple chauffeur de taxi et Geri le savait bien, mais ce soir-là les vedettes étaient cinq filles : les Spice Girls, le plus grand groupe de pop au monde, célèbre de Tokyo jusqu'au Texas et trustant le Top 50 dans des dizaines de pays. Mais, moyennant un chèque à cinq zéros, McLaren – ou plutôt les sponsors – pouvait s'offrir leur présence pour quelques heures. L'écurie avait perdu Marlboro, devenu sponsor titre de Ferrari après vingt-deux années d'association, et avait besoin d'un nouveau nom et d'une nouvelle livrée à présenter : fini le classique rouge et blanc, désormais les McLaren de Coulthard et Mika Häkkinen allaient revêtir l'argent et le noir des cigarettes West.

La fête de lancement fut impressionnante, des centaines d'invités se pressant dans l'immense People's Palace à l'architecture victorienne sous les caméras de MTV. Tout cela coûta une fortune, mais en ce temps-là on ne lésinait pas sur la dépense. L'industrie du tabac arrosait copieusement les écuries et l'argent coulait à flots dans le paddock. « On était des cowboys, on courait après le fric. J'avais l'impression d'être un chasseur de primes qui abattait ses proies », se souvient Eddie Jordan.

Sa proie, Jordan l'avait trouvée en 1996, et il s'agissait de Benson & Hedges. Il avait fait la connaissance de Nigel Northridge, jeune loup qui gravissait les échelons de la maison-mère, Gallaher. Irlandais lui aussi, Northridge appréciait le culot de son compatriote et l'enthousiasme rafraîchissant de sa bande de sales gosses prêts à tout pour se hisser au niveau des gros. B&H avait des fonds et des idées marketing, et Northridge l'imagination qu'il fallait pour transformer une F1 en panneau publicitaire. La Jordan Racing fut repeinte en jaune pétant, une teinte appelée *Desert Storm*, et Northridge injecta du dynamisme à l'écurie.

Jordan jouait sur la séduction, et pour ce faire il eut recours aux arguments les plus élémentaires : les pin-up. Sautant sur l'occasion d'intégrer le milieu de la F1, une jeune mannequin, Katie Price, changea son nom en Jordan et prit la pose sur les voitures jaunes à chaque course. Elle avait parfaitement compris les règles du jeu, et lorsque les avocats de Jordan voulurent protéger la marque, ils découvrirent que quelqu'un les avait devancés. « Ce n'était pas rien d'être une *Jordan girl*, et Katie incarnait Jordan, explique Mark Gallagher, le directeur commercial. Le jour où Warburg Pincus, qui avait pris des parts dans l'écurie, a voulu déposer la marque pour sortir tout un paquet de produits dérivés, il n'a pas pu parce qu'elle l'avait pris de vitesse en déposant son nom. Elle était très maline. »

La Formule 1 n'était plus un sport réservé aux geeks et aux spécialistes, elle était désormais une branche du show-business à part entière.

Ironie du sort, il fallut un drame pour la propulser sous le feu des projecteurs. Comme Stirling Moss avant lui, Ayrton Senna avait quitté les pages sport et était devenu un véritable super-héros. Il remporta son premier titre en 1988 avec panache : après avoir calé au départ du Grand Prix du Japon, l'avant-dernier de la saison, il remonta ses adversaires un à un depuis la quatorzième position jusqu'à dépasser son coéquipier Alain Prost et s'assurer la victoire ainsi que le titre mondial. C'est aussi lui qui rafla une extraordinaire pole position à Monaco avec 1,4 seconde d'avance sur Prost en prétendant être « sorti de son corps », et qui remporta le Grand Prix d'Europe 1993 à Donington dans des conditions exécrables, une de ses plus belles victoires, sinon la plus belle.

En somme, Senna était le plus grand nom de la F1 lorsqu'il se tua devant les caméras du monde entier au cours du Grand Prix de Saint-Marin en 1994. Sur la piste d'Imola, sa Williams manqua le virage du Tamburello, fonça tout droit et s'écrasa dans un mur. On vit l'équipe médicale dirigée par le professeur Sid Watkins tenter de réanimer le corps inerte du triple champion du monde. Les commentateurs ne parvenaient pas à masquer l'horreur de ce qui venait de se produire, et il devenait de plus en plus évident que l'accident avait été fatal. Bernie Ecclestone confia qu'il avait eu l'impression d'assister à la crucifixion du Christ en direct. Ce jour-là, un petit garçon de neuf ans disputait une course de kart, coiffé d'un casque du même jaune que celui de Senna. Lorsque Anthony Hamilton annonça à son fils que Senna venait de mourir, le jeune Lewis courut se cacher derrière une voiture pour pleurer.

La Formule 1 essuya un torrent d'accusations de la part de fans lui reprochant d'envoyer ses pilotes au carton, des critiques d'autant plus justifiées que Roland Ratzenberger avait lui aussi trouvé la mort durant les qualifications de ce même grand prix. Il n'y avait plus eu aucune victime à déplorer sur les grands prix depuis douze ans, et tout à coup on pleurait deux pilotes en un seul week-end. Alors qu'Ecclestone se préparait à encaisser le puissant retour de flamme qui risquait d'engloutir un sport auquel il avait consacré des années d'effort, les audiences de la saison 1994 bondirent de 30 %, les spectateurs guettant le prochain accident avec une curiosité morbide. Le suspense de cette saison fut alimenté par la bataille opposant Michael Schumacher à Damon Hill. Schumacher le méchant de cinéma contre Hill le chouchou des ménagères, et leur affrontement s'acheva dans le déshonneur quand l'Allemand envoya sa Benetton dans la Williams de Hill pour tenter de la faire partir dans le décor. Il s'en tira pourtant sans pénalité, et avec le titre en poche. Et la poule aux œufs d'or d'Ecclestone continua à pondre.

Comme en 1976, c'est le drame qui attisait l'intérêt pour la Formule 1. Ecclestone devint bientôt célèbre pour ses saillies télévisées, et notamment pour une déclaration au sujet du faible nombre de nouveaux pilotes arrivant dans la catégorie reine – à savoir que le renforcement des mesures de sécurité empêchait l'« abattage ». Cela peut sembler d'une insensibilité crasse, mais ce serait ignorer l'histoire d'Ecclestone et les deuils qu'il a endurés. Avec son franc-parler habituel, il exposait un fait brut : les pilotes restaient plus longtemps dans le championnat parce que la Formule 1 n'avait jamais été aussi sûre.

La presse avait trouvé un nouvel os à ronger. Le léger parfum de soufre entourant Ecclestone et les soupçons de liens avec le milieu criminel qui pesaient sur lui – même s'il n'avait jamais été reconnu coupable de quoi que ce soit – ne faisaient qu'ajouter à son mystère. De son côté, Ecclestone semblait goûter cette notoriété et jouait volontiers de son image de mauvais garçon. Une rumeur affirmait qu'il était le « Mr Big » à la tête du « Great Train Robbery » de 1963, un des crimes les plus sensationnels de l'histoire du Royaume-Uni : quinze hommes détroussèrent le train postal Glasgow-Londres et s'évaporèrent dans la nature en emportant 2,6 millions de livres. Le conducteur de la voiture dans laquelle ils prirent la fuite était un pilote amateur du nom de Roy James qui, après des débuts prometteurs en junior, avait décidé de faire un usage plus lucratif de son talent en se mettant au service d'un gang dirigé par Bruce Reynolds, l'un des cerveaux du braquage. James écopa de douze ans de prison et, à sa sortie, on le vit traîner autour des paddocks de Formule 1, ce qui ne manqua pas de faire jaser. Mais le plus célèbre des voleurs était Ronnie Biggs, qui s'évada de la prison de Wandsworth au bout d'un an de réclusion. Il se fit refaire le visage et fila au Brésil, où il passa trente-six ans en cavale.

Et, à son insu, il devint une célébrité du paddock. Mosley raconte : « Chaque fois qu'on était au Brésil, Bernie disait aux promoteurs de passer une annonce dans les haut-parleurs : "M. Biggs est demandé à l'accueil pour venir chercher son passe." Ça l'amusait, ça embêtait tout le monde. Et ça a duré des années, jusqu'au jour où un journaliste a trouvé le courage de lui demander si c'était bien lui, le grand patron du braquage. Bernie l'a regardé dans les yeux et lui a répondu : "Moi ? Braquer un train pour 2,6 millions ? Beaucoup d'emmerdes pour pas grand-chose." Il adorait se donner cette aura scandaleuse. »

Ses plaisanteries seraient examinées de plus près lorsque son nom apparaîtrait soudainement dans la liste des plus grandes fortunes du *Sunday Times* : pour la seule année 1983, il avait touché 45 millions de livres alors que les directeurs généraux des grandes entreprises pouvaient s'estimer heureux de gagner un million par an.

Tout le monde commença alors à s'intéresser au petit « Mr Big », qui dirigeait son gang derrière les grilles du paddock et s'enrichissait aussi vite que filaient les F1.

Ecclestone avait vendu Brabham en 1987 pour 5 millions de dollars – une marge confortable puisqu'il avait acheté l'écurie 100 000 livres – et endossé ses premières grosses responsabilités dans l'administration de la Formule 1. Très vite, il débloqua les contrats de diffusion télévisée jusque-là détenus par l'European Broadcasting Union et put ainsi négocier pays par pays, signant des contrats juteux qui alimentaient sa société, Formula One Promotions and Administration (FOPA). D'après les estimations de Tom Bower dans sa biographie d'Ecclestone, sur les trois années précédant 1995, le compte personnel de Bernie fut abondé de 341 millions de dollars. Il se récompensait pour avoir fait de la Formule 1 un sport rivalisant avec le football, qui talonnait en audiences la Coupe du monde et les Jeux Olympiques et attirait les plus grands sponsors.

Bernie Ecclestone se mit à l'ouvrage et organisa le fonctionnement de la F1 de manière à capter tout l'argent du sponsoring et de la publicité sur les circuits, ainsi que les frais payés par les promoteurs à chaque grand prix, les droits de diffusion et un pourcentage du Paddock Club, dans lequel les hommes d'affaires pouvaient impressionner leurs amis et associés avec un dîner à 1000 € par tête, tout en profitant d'un accès exclusif aux écuries et aux meilleures places.

Monsieur Loyal faisait tourner son cirque, mais le public ne savait rien de la grogne qui montait en coulisse : les promoteurs se plaignaient des sommes colossales qui leur étaient réclamées pour accueillir des grands prix, alors qu'ils n'avaient pour seule source de revenus que la vente des billets ; un jour de mauvais temps, et ils pouvaient se retrouver dans le rouge. Et de leur côté, les écuries se mettaient sur le sentier de la guerre pour réclamer une plus grosse part du gâteau.

Dennis, qui avait le plus fort tempérament, décida de tenir tête à Ecclestone quand vint le moment de signer un nouvel Accord Concorde – le contrat commercial tirant son nom de la place parisienne de la Concorde, où se trouvait le siège de la FIA, et qui unit les écuries aux sociétés d'Ecclestone et à la FIA.

L'accord, dont aucune disposition ne filtrait hors du cercle formé par Ecclestone, Mosley et les écuries, fut présenté dans l'immense bureau d'Ecclestone à Princes Gate, mais Dennis, en homme d'affaires avisé, déclara que personne n'allait signer cet accord qui avantageait de manière évidente Ecclestone. « Moi je parie que si », répondit celui-ci en plantant ses yeux dans ceux de Dennis, pourtant bien plus grand et plus large d'épaules que lui. « Et moi je te dis, Bernie, que personne ne va signer cet accord », répliqua Dennis. « Mais si. On parie. » Le pari fut enregistré, l'enjeu grimpa rapidement jusqu'à atteindre les 5 000 £, et Ecclestone conclut: « Quelqu'un va signer. Regarde. » Sur quoi il attrapa un stylo et griffonna sa signature au bas du document. Puis il décocha un grand sourire à Dennis. « Qu'est-ce que je t'avais dit. » Dennis s'était laissé avoir, mais il trouva un moyen de se venger. « Je savais que Ron paierait, mais je ne m'attendais pas à ce qu'il m'envoie les 5 000 £ en pièces de 50 *pence* », raconte Ecclestone en riant.

Dennis allait devoir garder sa rancœur pour le forum des propriétaires d'écurie, organisé dans le terminal 4 de l'aéroport d'Heathrow, où les patrons décideraient de leur avenir en concertation avec Ecclestone et Mosley. Lors des éditions précédentes, les réunions étaient déjà chargées de ressentiment, mais les tensions avec Mosley et Ecclestone apparaissaient désormais au grand jour, et les discussions oscillèrent entre chaos et fiasco. Personne ne dressait de compte rendu et personne ne semblait bien savoir sur quoi portait la discussion. Pour Ecclestone, c'était l'idéal: il pouvait distraire et déstabiliser ses adversaires, semer les graines de la confusion et enfin frapper où ça fait mal – en somme, diviser pour régner. Il comprenait où étaient ses forces et ses faiblesses: l'arrogance de Ron Dennis; la reconnaissance de Frank Williams pour services rendus; le besoin de liquidités d'Eddie Jordan; l'amitié de Flavio Briatore; et l'insistance de Montezemolo pour que Ferrari pèse dans toutes les décisions.

Cette méthode, Ecclestone et Mosley la perfectionnaient depuis l'époque où ils préparaient leur ascension. Mosley avait quitté March pour la FOCA en 1977, parce qu'il y voyait l'arme suprême pour prendre le dessus sur Jean-Marie Balestre, l'autoritaire et vaniteux président de la FISA qui gouvernait la Formule 1 en empereur décadent.

Ecclestone, lui, avait très tôt repéré Mosley, car il avait besoin d'un cerveau à ses côtés, d'un avocat à l'esprit analytique et au tempérament obstiné qui l'appuierait dans le feu de l'action. Ils attaquèrent Balestre avec un mélange d'insolence, de cruauté et d'humour. Ils utilisèrent le « rhyming slang » anglais, qui consiste à substituer les mots et à les faire rimer, pour semer le trouble dans l'esprit du suffisant Français et lui subtiliser une liste de ses soutiens, aboutissant à une conversation qui ressemblait à ceci : « Passe-moi le sirop d'érable » pour « fais le tour de la table » et « je me mets en piste » pour « je vole la liste ». Encore aujourd'hui cela paraît improbable, surtout raconté autour d'un déjeuner par Mosley avec son élocution impeccable, mais le stratagème fonctionna. Mosley renversa la table et Ecclestone profita du désordre pour empocher la liste.

Balestre était convaincu qu'il serait reconduit à la présidence de la FISA en 1991 ; il s'était assuré le vote des membres les plus importants en leur déroulant le tapis rouge avant le scrutin qui se déroulerait à Paris. Mais Balestre avait un égo boursouflé qui ne demandait qu'à être percé. Il avait eu des liens ambigus avec les nazis pendant la guerre, et certains l'accusaient d'avoir collaboré même s'il soutenait avoir été agent double. John Hogan raconte que, lors d'une réunion de la FIA où Balestre en faisait des tartines, Mosley s'était penché vers lui et lui avait dit à l'oreille : « J'ai une photo très compromettante de Jean-Marie en train de faire un salut nazi. Est-ce que ce ne serait pas le bon moment pour la sortir ? » Balestre était en poste depuis plus de vingt ans et avait eu sa part de disputes avec les écuries et les pilotes, notamment quand il avait favorisé son compatriote Alain Prost au détriment d'Ayrton Senna au pic de la saison 1989. Senna fut disqualifié après avoir percuté son coéquipier et Prost devint champion du monde, avant de quitter McLaren pour Ferrari.

Le jour du scrutin, Balestre prit Ecclestone à part et, d'un ton contrit, lui assura qu'il était vraiment désolé et qu'il allait être battu à plates coutures. « Balestre avait fait ce qu'ils font tous, m'a raconté Ecclestone. Il leur avait pris des billets en première classe et les avait mis dans des cinq étoiles histoire qu'ils votent pour lui. Je lui ai dit qu'il ne fallait pas y compter et que le mieux à faire était de prendre les devants en annonçant que Max allait lui succéder, puis de s'en aller avec dignité. Il n'a rien voulu entendre. » Balestre montra à Ecclestone la liste de ses soutiens potentiels, mais Bernie les avait contactés la veille – et il les avait fait changer d'avis. Balestre perdit l'élection.

Deux ans plus tard, Mosley présidait toute la FIA, la fédération encadrant les associations de sport auto et moto dans 145 pays. L'emprise des deux hommes était complète et, ensemble, Mosley et Ecclestone firent table rase des anciens, Mosley écrivant les règlements tandis qu'Ecclestone refaisait une beauté aux grands prix et à ses finances personnelles. Telle était la puissante alliance devant laquelle les propriétaires d'écurie devaient présenter leurs doléances et inquiétudes.

La première fois que Paul Stoddart participa au sommet d'Heathrow après avoir acheté l'écurie Minardi, il fut surpris par l'ambiance qui y régnait. En prospère entrepreneur aérien, il s'attendait à retrouver le calme de son conseil d'administration, mais au lieu de ça il découvrit une véritable fosse aux ours. « J'ai surtout été effrayé par la violence avec laquelle ils se parlaient. En partant, je me suis demandé comment ils arrivaient à s'entendre. Pris individuellement, leur réussite était remarquable, mais collectivement ils étaient incapables de laisser leur égo à la porte. Le plus souvent, Bernie savait ce qui ressortirait de ces réunions avant même qu'elles commencent, et il avait déjà conclu tous les accords dont il avait besoin. Pour moi, ces brouilles personnelles entre directeurs d'écurie nuisaient à la F1. Il y avait trop de rancœurs. »

Oliver Weingarten, qui avait délaissé la Premier League de football pour devenir secrétaire général de la Formula One Teams Association (FOTA), n'en croyait pas ses yeux. « Leur égoïsme était ahurissant. Il est arrivé qu'on décide d'un accord en réunion, et puis qu'ils partent dans une autre direction dès qu'ils avaient passé la porte. Tout ça était très mauvais pour le sport, mais ils n'en faisaient qu'à leur tête parce qu'ils avaient trop peur de faire bloc avec les autres. »

Des quelques mois qu'il passa à la direction de BAR, David Richards garde une image gravée dans le crâne : Eddie Jordan, assis sur une table, en train d'insulter ses confrères. « On a eu un débat sur la redistribution des revenus du jeu vidéo, et là Eddie s'est assis sur la table et a engueulé tout le monde. Un autre jour, je me préparais à y aller à la fin de la réunion, mais quand je suis arrivé à la porte, Tom Walkinshaw [qui était alors propriétaire de l'écurie Arrows] m'a posé une main sur le bras et m'a dit "Attends un peu. C'est maintenant qu'on prend les vraies décisions." Et là, en effet, Bernie a dit "Reviens. On a oublié quelque chose", alors on s'est rassis et on a recommencé. L'intelligence de Max, associée à la ruse de Bernie et à la finesse avec laquelle il cernait les gens, ça donnait une équipe formidable, comme on n'en verra plus. »

Et c'est bien ce qu'espère Jackie Stewart. Stewart est un des pilotes les plus courageux, intelligents et récompensés de l'histoire de la F1, avec trois titres de champion du monde. Très complexé par sa dyslexie quand il était jeune, il vit son père, garagiste dans le Dunbartonshire, se mettre en quatre pour satisfaire ses clients afin qu'ils lui laissent encore leur Austin ou leur Jaguar.

Lorsqu'il prit la décision de monter son écurie avec son fils Paul, qui avait de bons résultats en catégories junior, il décréta que ses affaires seraient aussi réglo que l'avaient été celles de son père. Quand je lui ai demandé pourquoi il avait quitté Stewart Grand Prix et l'avait revendu à Ford après seulement trois saisons, Stewart m'a répondu du tac au tac : « Les réunions au terminal 4. »

Puis il a développé : « C'était atroce. Un jour, je suis sorti de la salle de réunion et j'ai dit à Paul : "On n'a rien à faire ici. C'est pas mon truc." Toutes mes autres relations d'affaires étaient claires, nettes et intègres. On se présentait, on expliquait ce qu'on faisait et où on allait. On discutait. Là, il n'y avait rien de tout ça. C'était très malsain. L'ambiance était détestable. Max et Bernie s'arrangeaient pour que les autres se sentent en danger. Ils bâtissaient des empires, et aujourd'hui presque tous ces empires se sont effondrés parce que leurs méthodes étaient mauvaises. Nous n'étions pas les bienvenus. »

Effectivement, la première fois que Stewart Grand Prix vint à Monaco, en 1997, Ecclestone fit installer le *motorhome* de l'écurie au sommet d'une colline escarpée surplombant le port. Quand on lui demanda pourquoi, Ecclestone répondit, faisant allusion aux accointances royales dont se targuait Stewart : « Je me suis dit qu'il préférerait être plus près du palais. »

Plus insultant encore, sur la liste de la FIA pour la saison 1998, le nom de Stewart Grand Prix apparut accolé à un astérisque, indiquant que sa participation n'était pas assurée. Stewart dut fournir des garanties financières, alors qu'il n'avait jamais eu le moindre souci dans ce domaine. Il se souvient avec amertume de la gêne qu'il éprouva quand il dut appeler ses sponsors un par un pour leur certifier que tout allait bien et que son équipe disputerait bien la saison 1998. Mais le mal était fait, et Stewart en voudrait à Mosley pendant des années.

On peut comprendre qu'Ecclestone, qui avait le bras long mais gardait ses relations pour lui, se soit lassé de Stewart, honnête mais aussi très doué pour se mettre en valeur. Les conversations avec Sir Jackie Stewart sont des litanies de noms célèbres – George Harrison et Sean Connery y croisent la princesse Anne et le prince héritier du Bahreïn ou le roi Hussein de Jordanie, pour qui il a une admiration totale. Nous sommes assis dans le bureau de son appartement près de Genève quand le téléphone sonne : c'est le secrétariat du prince Albert de Monaco qui appelle pour régler quelques derniers détails. Je dis ensuite à Stewart que je profite de chaque Grand Prix de Monaco pour me balader sur les falaises entre Beaulieu-sur-Mer et le Cap Ferrat en passant devant la Fleur du Cap, une superbe villa rose poudré, surnommée « Cirrhose-sur-Mer » par l'acteur David Niven à l'époque où il en était le propriétaire et où il y donnait de grandes fêtes pour ses amis de Hollywood. Il y a une petite jetée devant la maison, où des stars telles que Cary Grant, Brigitte Bardot et Sophia Loren descendaient prendre le soleil et se baigner, souvent rejointes par le prince Rainier et la princesse Grace. Et le petit Irlandais et sa jolie jeune épouse faisaient régulièrement partie des invités. « Oh, c'est une maison splendide », répond Stewart, les yeux étincelant du souvenir des magnifiques journées ensoleillées avec Rainier et Grace, avant que l'odeur du jasmin sur le front de mer de Monte-Carlo ne soit remplacée par celle de l'essence et de l'huile.

L'appartement de Stewart se trouve non loin de l'immense propriété de Michael Schumacher, sur le flanc d'une colline et à deux pas d'une clinique. Lady Helen, l'amour de sa vie et la mère de ses fils Paul et Mark, souffre de démence et nécessite des soins constants. Néanmoins toujours souriante, elle se remémore avec nous le bon vieux temps, autour d'un poulet aux asperges que nous faisons glisser avec un vin blanc suisse, dans leur salle à manger donnant sur le lac Léman. À bientôt quatre-vingts ans, Stewart ne tient pas en place et s'appuie sur toute une équipe de collaborateurs en Suisse et en Angleterre pour planifier sa ribambelle d'engagements aux quatre coins du monde.

Si l'on se souvient surtout de lui pour sa conduite, il n'a pas oublié la courte période où il s'est essayé à la direction d'écurie. Il convainquit Ford de lui fournir des moteurs et de le soutenir à hauteur de 100 millions de livres sur cinq ans, en contrepartie de quoi il afficherait le célèbre ovale bleu sur sa voiture. Il éplucha ensuite son carnet d'adresses pour attirer les plus gros sponsors possibles, à commencer par la banque HSBC. Pas la peine de s'embêter avec les agents et les cadres intermédiaires : il contacta directement le président, Sir William Purves, qui se trouvait être un ami. Puis ce fut au tour de l'opérateur téléphonique MCI : comprenant qu'il ne suffisait pas de mettre un autocollant sur un panneau publicitaire filant à 300 km/h, Stewart mit MCI et Ford en relation et, dès la première année, l'opérateur prit en charge 10 % des communications internationales du constructeur. Ensuite, Stewart s'adressa à Texaco pour l'alimentation de l'écurie, et négocia que toutes les nouvelles Ford soient livrées avec un plein de carburant Texaco. « On ne peut pas se contenter de prendre de l'argent sans rien offrir en échange, explique Stewart. C'est un équilibre qui a toujours été totalement faussé. »

Les Stewart père et fils firent construire une usine flambant neuve dans une zone industrielle de Milton Keynes. Tous les couloirs étaient revêtus d'une moquette au motif écossais de Stewart Racing, qui ornait le casque de Stewart du temps où il courait – une extravagance rare, car sinon il menait sa barque avec une rigueur absolue, à l'opposé des margoulins de la F1, constamment en train de faire transiter l'argent d'une main à une autre.

« Nous payions tout le monde à date, à une époque où des écuries comme Arrows accumulaient les impayés. Par conséquent les fournisseurs étaient toujours disposés à travailler avec nous et tout était fait rapidement. Stewart Grand Prix n'a jamais été à découvert. Chez nous, le poste le plus important était celui de directeur financier. »

Aucun coup de téléphone n'était impossible pour Stewart, qui n'hésitait pas à approcher les hommes d'affaires les plus célèbres du monde. Il était en outre un visage bien connu de tous les amateurs de sport automobile aux États-Unis, où il était régulièrement invité sur ABC Wide World of Sports en tant que commentateur et expert. Plusieurs années avant de monter son écurie, Stewart appela Steve Jobs pour l'inviter à un grand prix. Sa réputation était déjà faite.

« J'ai téléphoné à Steve Jobs et c'est une fille qui a répondu. Je lui ai dit que j'appelais de Suisse et que je cherchais à joindre Steve. Elle a tout de suite reconnu ma voix et m'a dit que son père m'adorait. Puis elle me l'a passé. »

Intrigué par l'appel de Stewart, Jobs débarqua à l'aéroport de Milan en tennis, jeans noirs et T-shirt, un sac en toile sur l'épaule, pour assister au Grand Prix d'Italie disputé à Monza. Stewart l'installa à la Villa d'Este, un hôtel sur le lac de Côme dont le standing était tel qu'il fallut trouver un costume et une cravate pour le surdoué de la technologie américaine, sans quoi il n'aurait pas été admis dans la somptueuse salle à manger.

Jobs fut fasciné par le spectacle du circuit, les couleurs et le bruit, et par les rangées d'ordinateurs devant lesquels Benetton tentait effrontément d'espionner les communications de Honda, plus grand fabricant de moteurs de l'époque, mais sans parvenir à découvrir la fréquence utilisée. « Nous quittons le garage et j'en parle à Steve. Il va aux toilettes, suivi par un ingénieur japonais. Là, ils commencent à discuter tous les deux et, un quart d'heure plus tard, Steve revient, il a la fréquence. »

Cette anecdote est une des préférées de Stewart et il la raconte avec un grand sourire, tout en se baissant pour caresser ses petits Norfolk terriers, Pimm's et Whisky, qui nous ont suivis dans le bureau.

Je gâche un peu l'ambiance en l'interrogeant sur sa décision de raccrocher. Stewart Racing eut quelques succès – une deuxième place à Monaco en 1997 avec Ruben Barrichello lors de la cinquième course de l'écurie, et une victoire avec Johnny Herbert au Grand Prix d'Europe 1999. Stewart me répond sans chichis : ces résultats n'étaient pas à la hauteur de son ambition. Il n'arrivait pas à se hisser au niveau qui était le sien lorsqu'il était pilote ou qu'il militait pour l'instauration de mesures de sécurité en course. L'*establishment* de la Formule 1 l'avait pris de haut et, malgré une impressionnante liste de sponsors, les coûts flambaient et le paddock devenait inabordable pour une écurie dont le budget annuel n'excédait pas les 16 millions de livres.

« Je n'imaginais pas comment je pourrais rivaliser avec Ferrari, Williams et McLaren, et nous avions refusé les 40 millions que proposait l'industrie du tabac. Nous n'avions aucune visibilité. Beaucoup d'écuries perdaient de l'argent, et je ne voulais pas que ce soit le cas de la mienne. »

Lorsque son fils Paul tomba malade d'un cancer du côlon à la fin 1999, Stewart comprit qu'il avait bien fait de vendre à Ford. Jac Nasser, le nouveau DG du constructeur, avait de grandes idées et voulait lancer Jaguar, une des plus célèbres marques de voitures au monde, en Formule 1. Stewart n'a jamais confirmé avoir vendu pour 100 millions de livres, mais il ne l'a jamais nié non plus – peut-être était-ce pour lui un moyen de prendre sa revanche sur une expérience qui avait mis ses nerfs à rude épreuve.

Les Jaguar vertes étaient superbes, et leur présentation en 2000 sur un célèbre stade de cricket dit toute leur ambition de mettre le grappin sur la Formule 1. Johnny Herbert garda sa place et fut rejoint par Eddie Irvine, arrivé deuxième au championnat du monde l'année précédente. On raconta qu'il avait négocié un contrat à 18 millions de livres sur trois ans – un chiffre ahurissant pour Luca di Montezemolo, le président de Ferrari qui, en engageant l'Irlandais, n'avait vu en lui qu'un pilote de seconde zone, uniquement bon à seconder Schumacher.

Nasser débaucha un cadre de Ford, Wolfgang Reitzle, à qui il confia la gestion de l'écurie. Mais Reitzle n'avait pas les épaules et démissionna, remplacé par Bobby Rahal, une légende de l'IndyCar qui prit le poste de directeur d'écurie pour la saison 2001. Quelques mois plus tard, c'est Niki Lauda qui fut débauché inutilement pour appuyer Rahal : les dissensions entre les deux hommes furent si grandes que l'Américain partit sans demander son reste. Ensuite, les choses ne firent qu'empirer jusqu'au jour où, fin 2002, Lauda et dix-sept autres employés furent remerciés. Dans l'usine de Milton Keynes, la moquette écossaise aussi avait disparu. John Hogan – qui, après avoir mené Marlboro vers McLaren puis Ferrari, était devenu le directeur commercial de Jaguar – ramena un peu de calme dans l'écurie avant de passer le relais à David Pitchforth, un ingénieur, et Tony Purnell, un entrepreneur spécialisé dans la technologie qui avait vendu sa société à Ford. Le nouveau duo parut un moment capable de tenir la rampe, mais le fonctionnement de la Formule 1 resta largement étranger à Ford et, comme c'est le cas avec toutes les grandes entreprises, la direction se lassa de faire de la figuration sans récolter aucun succès. L'écurie disposait d'un imposant *motorhome* vert, mais c'était à peu près tout.

Ford jeta l'éponge. Il était temps que quelqu'un reprenne en main l'écurie fondée par Jackie.

11
LES MARGOULINS

Eddie Jordan en rigole déjà alors qu'il n'a pas encore dévoilé les détails de la combine qui lui a permis d'entuber les compagnies aériennes du monde entier pendant des années. Nous nous croisons quelques jours avant le Grand Prix d'Azerbaïdjan 2018, parce qu'il passe par Londres avant de rejoindre David Coulthard et l'équipe de Channel 4. C'est Coulthard qui m'a averti de sa présence.

« Je sais qu'il vient, parce qu'on partage une chambre à Bakou », m'a expliqué Coulthard sans grand enthousiasme. Pourquoi donc deux multimillionnaires dormiraient-ils dans la même chambre ? « Parce qu'il est infoutu de s'organiser. Il improvise tout sur place. Je suis sûr qu'il n'a même pas encore pris son billet d'avion. »

Et, de fait, Jordan – que tout le monde dans le milieu appelle EJ – n'est pas certain d'avoir un billet pour Bakou. Enfin, si, mais il ne sait pas s'il va voyager en éco ou en business. Toutefois, cela ne le tracasse pas, car il a un truc : il monte dans l'avion, plein de confiance, c'est une tête connue, il est bien habillé, il salue les hôtesses, sourit et tourne à gauche en direction de la classe affaires... même s'il a un billet éco. Là, il croise les doigts pour que personne ne se rende compte de rien. « J'embarque presque en dernier, les hôtesses contrôlent mon billet et m'envoient vers la droite, mais je pars à gauche, je laisse ma sacoche sur un siège vide et après ça je disparais dans les toilettes ou bien je pars faire un tour. Une fois, vu que personne ne venait, je me suis assis et j'ai mis ma ceinture. Et puis quelqu'un est sorti des toilettes et m'a dit "C'est ma place." J'étais coincé. Mais ça ne m'a pas découragé. C'est l'aventure. Je m'ennuie très vite. Je suis incapable de lire. J'ai dû lire dix bouquins dans toute ma vie – je n'ai même pas lu mon autobiographie. »

Je lui confirme qu'il figure bel et bien dans son autobiographie mais, maintenant que son astuce est grillée, il risque d'avoir plus de mal à s'incruster en classe affaires. Jordan est une des personnalités les plus identifiables de la Formule 1, même s'il a pris sa retraite en 2004. Sa reconversion en commentateur ne lui a posé aucun problème : quand il n'a pas d'opinion sur un sujet, il peut toujours en inventer une.

Il partage désormais sa vie entre Londres, Monaco et l'Afrique du Sud, et détient notamment des parts dans la station de radio Jazz FM et dans le Debrett's, la bible des snobs anglais. Il aime l'idée d'avoir un pied dans la haute société du pays, lui qui a grandi dans un patelin au sud de Dublin. Il a commencé comme employé de banque mais, vite lassé par la paperasse, il a décidé de se mettre à son compte et est aujourd'hui à la tête d'une fortune estimée à 100 millions d'euros en 2018.

« Dans la F1, j'étais obligé de magouiller sans arrêt. On le faisait tous. Et j'ai toujours cru que j'y arriverais. Rien n'est plus important que ça. Cette foi peut finir par devenir une obsession et par soûler les autres, mais il faut s'accrocher et ne pas avoir peur de viser toujours plus haut. »

Et en effet, EJ a passé sa vie à viser toujours plus haut, depuis l'époque où il était chargé des prêts de véhicules aux clients de la Bank of Ireland et où il en profitait pour tenter de leur fourguer la voiture par la même occasion. Si le petit employé a découvert la Formule 1, c'est grâce à une grève qui le mit au chômage technique et lui permit de faire un voyage à Jersey, où il assista à une course de karts. L'année suivante, il était champion d'Irlande et progressait dans le classement des monoplaces. Puis survint un accident atroce sur le circuit de Mallory Park, qui aurait pu mettre un terme précoce à sa carrière. Ce jour-là, il comprit qu'il ne suffit pas de conduire vite, il faut aussi savoir freiner. Il s'en tira avec des fractures ouvertes des deux jambes et la saison 1976, qui avait pourtant très bien commencé, lui passa sous le nez. Mais en plus de ses blessures aux jambes, il souffrit d'un traumatisme qui lui fit perdre tous ses cheveux. Il vit désormais avec une calvitie qui l'oblige à porter des perruques, tellement convaincantes qu'elles bernent presque tous ceux qui l'ont un jour vu à la télé. Bien que cela ne semble pas le gêner, il n'en parle pourtant presque jamais, pas même dans son autobiographie.

EJ se remit de ses blessures et se forgea une solide réputation de pilote. Il alla jusqu'à faire des essais pour McLaren et emménagea à Silverstone avec sa femme Marie. Là, il acheta des meubles aux enchères pour une poignée de livres, et finit par acquérir une écurie qui ferait des dégâts dans les catégories inférieures. Il admet sans honte n'avoir jamais été un grand technicien – un jour, il oublia de serrer les écrous d'une roue et la voiture rentra au stand sur trois pattes –, mais il avait un talent fou pour convaincre les sponsors de le suivre.

Il était aussi très doué pour repérer les talents et fit courir de bons pilotes comme Johnny Herbert et Martin Donnelly en Formule 3000. Dans son costume de manager à mi-temps, il envoya des pilotes courir au Japon, récupérant 10 % de leurs gains. C'est ainsi qu'il constitua une bande d'une vingtaine de gars, dont un autre Irlandais nommé Eddie Irvine, si connu au Japon qu'il était déjà millionnaire avant de rentrer piloter pour Jordan en 1993. Trois ans plus tard, il fut engagé par Ferrari pour rejoindre Schumacher.

À Silverstone, où ils étaient les régionaux de l'étape, les Jordan louaient des chambres pour mettre du beurre dans les épinards. Leurs locataires étaient surtout de jeunes pilotes tels que Martin Brundle, qui n'a pas oublié les petits déjeuners dans la cuisine pendant que Marie s'occupait des repas et du linge de sa nichée de stars en devenir. Tout le monde s'amusait beaucoup et l'écurie Jordan tournait bien, mais ce n'était pas assez.

Pour EJ, c'était une chose de dominer le classement de Formule 3000, mais l'Everest du sport automobile restait la Formule 1. Or elle ne demandait qu'à être conquise par un volubile Irlandais dont les ambitions outrepassaient les connaissances et le budget. Comme on dit, pour se faire une petite fortune dans la Formule 1, il faut d'abord en avoir une grande à soi. Jordan, lui, démarra avec un compte dans le rouge. « Il vaut mieux commencer avec rien, parce que si on commence avec de l'argent, on le perdra. Moi, je suis toujours parti de zéro et j'ai toujours risqué mes fesses. Je ne suis pas particulièrement intelligent, mais je sais me débrouiller pour que deux et deux fassent cinq et que ça me rapporte. »

Pas assez toutefois pour la F1. Mark Gallagher, qui travailla main dans la main avec EJ pendant quinze ans, se souvient : « Personne n'imagine la pression que s'est infligée Eddie quand il a créé son écurie. En 1991, il avait 1,5 million de livres en banque, et il a tout investi dans la conception et la fabrication de la première F1 Jordan. Il est allé lui-même au Japon pour signer avec Fujifilm ; il a forcé la main à 7UP. C'est lui qui a tout fait. »

Les problèmes n'ont pas tardé à arriver en escadron : alors que son pilote Bertrand Gachot était en route pour rencontrer les dirigeants de 7UP, il fut arrêté pour avoir aspergé un chauffeur de taxi avec la bombe de gaz lacrymogène qu'il gardait dans sa voiture en cas d'urgence. Le tribunal londonien estima qu'un différend avec un chauffeur de taxi ne pouvait pas être considéré comme une urgence, et Jordan se retrouva sans pilote pour le Grand Prix de Belgique 1991 qui approchait à grands pas.

Il conclut alors un accord avec Willi Weber, un homme d'affaires allemand manager d'un pilote prometteur qui commençait à se faire un nom chez Sauber Mercedes. Avantage substantiel de cet accord : Weber donnerait 150 000 £ par course à Jordan pour que ce dernier confie sa voiture au jeune Michael Schumacher ; inconvénient : cela supposait de lui faire disputer la première édition du nouveau Grand Prix de Belgique à Spa-Francorchamps – un long circuit à la rapidité terrifiante, dont l'enchaînement mythique du Raidillon de l'Eau Rouge, avec son virage à négocier à l'aveugle, intimide les pilotes dans toutes les catégories, et à plus forte raison en Formule 1. Jordan était inquiet. C'était beaucoup demander à un débutant que de le propulser au départ d'une course avec certains des plus grands noms de leur temps, Ayrton Senna, Alain Prost ou Nigel Mansell – et surtout au volant d'une humble Jordan dont c'était la première saison. EJ demanda donc à Schumacher s'il connaissait le circuit. Schumacher répondit par l'affirmative, et ce n'était pas faux : il en avait fait le tour à vélo.

Si Schumacher se rêvait déjà dans le monde séduisant de la Formule 1, avec ses salaires stratosphériques et ses filles sublimes, le réveil fut difficile quand il arriva en Belgique pour le week-end du Grand Prix. L'« hôtel » était plus proche d'une auberge de jeunesse. C'était de la F1 premier prix, la méthode Jordan. « Nous avons dû partager un dortoir de filles avec Ian Phillips [le bras droit de Jordan], Michael et Willi Weber. Nous avions deux lits superposés avec une paroi en contreplaqué au milieu », raconte Jordan. Et les mauvaises surprises n'allaient pas en rester là pour le jeune pilote. Lorsqu'il se présenta avec Jordan le vendredi matin pour les qualifications, il découvrit que des huissiers avaient posé des scellés sur les garages. Il y eut un moment de panique, après quoi EJ fit la seule chose qui lui vint à l'esprit : il se tourna vers Ecclestone. Les qualifications débutèrent sans les Jordan, mais sitôt les portes du circuit refermées, Ecclestone réquisitionna une moto pour Pasquale Lattuneddu, l'homme qui réglait tous les problèmes dans le paddock, et le mit au boulot.

« Bernie a envoyé Pasquale faire le tour des guichets sur sa moto pour relever les caisses. Il nous a donné l'argent des entrées, et puisque ça ne suffisait pas, il a complété pour que nous puissions payer les huissiers et sortir les voitures », se rappelle encore Jordan.

Et le reste appartient à l'histoire : Schumacher fit forte impression et entama ainsi une carrière qui ferait de lui le pilote le plus titré de son temps mais aussi le plus riche, avec une fortune estimée à plus de 600 millions de livres. Cet épisode laissa cependant un goût amer à EJ, qui comprit alors qu'il était un simple pion dans un jeu dont Ecclestone était le maître.

Et justement, Ecclestone, ayant enfin trouvé l'Allemand dont il avait besoin pour rameuter les fans germaniques, décida que Schumacher méritait mieux que Jordan et ses bouts de ficelle et le poussa dans les bras de Flavio Briatore et de Benetton, une écurie aisée qui lui donnerait une meilleure de chance de goûter à la gloire et au succès.

Jordan s'y opposa fermement et, avant le Grand Prix d'Italie qui succédait à celui de Belgique, Ecclestone convoqua les deux parties à la Villa d'Este pour une nuit d'âpres négociations. Tandis qu'un personnel empressé servait des cocktails à de chics clients troublés par le chahut qui régnait dans les couloirs, Bernie passait d'une chambre à l'autre en tentant de régler les problèmes juridiques que sa démarche avait soulevés – et, pour ne rien arranger, il devait répondre toutes les heures aux coups de fil d'un Schumacher cherchant à savoir de quoi serait fait son avenir. Les pourparlers durèrent jusqu'à l'aube et l'arrivée des femmes de ménage.

« La seule fois où j'ai vu Bernie ivre, ça a été cette nuit-là, à la Villa d'Este, plaisante aujourd'hui Briatore. Il courait partout et parlait avec tout le monde pour faire en sorte que Michael vienne chez nous. Luciano Benetton m'a appelé de New York parce qu'il avait entendu parler de Schumacher dans la presse et voulait savoir ce qu'il en était. Je lui ai dit "Luciano, je vous promets qu'il sera champion du monde. Dans trois semaines, tout le monde aura oublié ce bazar, et lui il finira champion." »

Cela n'arrangeait pas les affaires d'Eddie Jordan, qui avait besoin d'un pilote – et de l'argent que Schumacher lui aurait rapporté. Un compromis se présenta quand Roberto Moreno, qui se voyait remplacé par Schumacher chez Benetton, abandonna sa menace d'action en justice et décida d'aller chez Jordan en apportant avec lui 300 000 livres au titre d'indemnités. C'était toujours mieux que rien, même si EJ avait perdu Schumacher. À Monza, les deux pilotes se contentèrent d'échanger leur voiture – pour Schumacher la Benetton, pour Moreno la Jordan. Mais surtout, Ecclestone eut ce qu'il voulait : un grand prix à guichets fermés.

Comme me l'a raconté Jordan, « J'ai compris plus tard que c'était Bernie qui tirait les ficelles. Il m'a dit : "Écoute, ça fait des années que j'attends un pilote allemand. Grâce à Schumacher, j'ai vendu vingt-quatre mille billets de plus [à Spa]. Sans moi, t'aurais même pas sorti ta voiture du garage. Toute ma vie, j'ai prié pour avoir un pilote allemand, alors qu'est-ce que tu voulais que je fasse ? Que je le laisse rester chez toi alors que t'as pas un rond ? Je t'aide à rester en vie, et lui il part chez Benetton." »

Telle que Jordan la conte aujourd'hui, cette histoire est aussi captivante et hilarante qu'elle a dû être stressante à l'époque, et il rit dans sa barbe chaque fois qu'il se souvient que Briatore a laissé entendre que cet échange était une idée à lui.

L'Italien arrivait en Formule 1 avec une réputation d'homme d'affaires agressif et non pas de pilote de course, contrairement à Jordan, Frank Williams ou Ron Dennis. Originaire du nord de l'Italie, Briatore avait laissé tomber l'école pour devenir moniteur de ski, avant de travailler un temps pour un homme d'affaires italien qui fut tué dans un attentat à la bombe organisé, ou non, par la mafia. Quel que soit le fin mot de l'histoire, cet événement ajoutait un certain piment à l'histoire de Briatore, déjà haute en couleurs et émaillée d'accrochages avec la justice et de prises de bec avec les autorités. Lorsque nous nous retrouvons à Londres, les tribunaux italiens viennent de le condamner en appel à dix-huit mois de prison pour avoir dissimulé 3,6 millions d'euros au fisc. Ils ont aussi ordonné la saisie de *Force Blue*, l'impressionnant yacht qui était une des attractions du port de Monte-Carlo à chaque Grand Prix de Monaco et sur lequel il festoyait avec son ex, Naomi Campbell. Cette condamnation ne le tracasse pas plus que ça, il a une réponse simple à opposer au tribunal : ce n'est pas son bateau. De même qu'EJ et toute la clique qui a si longtemps régné sur la Formule 1, Briatore ne s'en laisse pas conter par l'adversité.

C'est lui qui implanta Benetton sur le territoire américain, ce qui lui rapporta une jolie fortune puisqu'il touchait un pourcentage sur chaque contrat de franchise. Les vêtements Benetton devinrent un nom incontournable outre-Atlantique, et Luciano Benetton, le chef de famille, impressionné par ce flamboyant Italien, le missionna en Angleterre en lui confiant son écurie de Formule 1. Dans son autobiographie *I Just Made the Tea,* Di Spires, qui fut responsable de l'accueil pour Benetton, se remémore le jour où Briatore arriva à Rio de Janeiro pour les qualifications du premier grand prix de la saison 1989 et s'installa dans le *motorhome* avec son journal. Quand les essais commencèrent, Briatore leva le nez et demanda : « Qu'est-ce que c'est que ce bruit ? » Spires lui répondit que c'était le rodage des voitures. À quoi Briatore répliqua : « Ils tournent en rond, c'est stupide », puis il reprit sa lecture. Il n'approuvait pas franchement tout ce qui relevait des essais, mais il avait le flair pour tout ce qui se vendait.

« Mon image, c'était moi », m'explique-t-il alors que nous sommes attablés à Sumosan Twiga, le restaurant où il a organisé la fête de départ en l'honneur de son vieux copain Ecclestone. Ses boucles grises sont toujours aussi longues, il porte des lunettes aux verres bleutés et une veste noire sur laquelle est brodé en lettres d'or « Billionnaire », le nom plutôt bien trouvé de la marque qu'il a créée et qu'il appose aussi bien sur des vêtements que sur des boîtes de nuit. « Je n'avais pas droit au même traitement que Ron Dennis, Frank Williams et les autres. Ils ne me respectaient pas vraiment, et quand nous avons commencé à gagner ils se sont demandé ce qui se passait. Tout le monde a décidé que j'étais un sale type parce que je ne suis pas mécano et que je n'ai pas la passion de la course auto. Mais ça n'a pas empêché Eddie Jordan de copier mon style, et Red Bull aussi quand ils sont venus en F1. »

Briatore contribua à modifier en profondeur le paysage de la Formule 1 : bien loin de l'addiction à la mécanique et à la technologie, il proposa une vision faite de plaisir et de mode, fréquenta des top models comme Heidi Klum et épousa Elisabetta Gregoraci, une mannequin pour Wonderbra de trente ans plus jeune que lui. « J'ai compris qu'il y avait du potentiel et j'ai commencé à faire venir les gens de la mode, *GQ* à la place d'*Autosprint* ou *Autosport*. On a décidé de frapper un grand coup dans les médias en invitant Heidi Klum, Naomi Campbell et Beyoncé. Il faut se mettre à la place des sponsors : est-ce qu'ils préfèrent une photo avec Beyoncé ou avec 350 mécaniciens et ingénieurs ? On a mis du strass dans la F1 parce que c'est ce que voulaient les sponsors. »

Ecclestone et Briatore devinrent contre toute attente les meilleurs amis du monde : d'un côté le vendeur de bagnoles pragmatique et discret reconverti en pilote, de l'autre le vendeur de pulls italien amateur de femmes et de bling bling, qui claquait du fric et entretenait peut-être, ou peut-être pas, des liens avec la mafia. D'après Christian Horner, ce deux-là sont faits du même bois, et Ecclestone appréciait les fanfaronnades de Briatore autant que son sens des affaires. Toujours est-il qu'Ecclestone choya Briatore et lui donna les droits de diffusion pour l'Espagne, dont la valeur explosa avec l'avènement de Fernando Alonso, tandis que Briatore étendait ses activités dans tout le champ de la F1 en achetant et revendant des parts de Ligier et de Minardi. Cerise sur le gâteau, il était le manager de Mark Webber et d'Alonso.

On avait parfois l'impression qu'Ecclestone et lui travaillaient de concert, comme lorsqu'ils s'associèrent pour acheter ensemble le club de football des Queens Park Rangers, une équipe au passé intéressant mais sans guère d'avenir qui se languissait en milieu de tableau de deuxième division. La cession fut chiffrée à 14 millions de livres, mais il se raconte qu'Ecclestone n'aurait payé sa part que 150 000 £, une bricole pour un multimilliardaire comme lui, et que Briatore aurait déboursé 540 000 £.

« Je l'ai fait uniquement parce que Flavio en avait envie », explique Ecclestone qui avait auparavant caressé l'idée de s'offrir Chelsea et Arsenal. Mais Briatore, lui, était dingue de foot. Il était incapable de dire à un mécanicien comment changer un écrou, mais il pouvait passer un savon à un directeur sportif décevant et composer lui-même l'équipe. Il aimait s'entretenir avec les joueurs, contrairement à Ecclestone qui ne leur parla qu'une seule fois. « Je leur ai dit de bien se comporter avec l'arbitre, se souvient Ecclestone. Si l'arbitre estime qu'un joueur est bien élevé, il hésitera davantage à le sanctionner ou à accorder un pénalty. Pour moi, c'était une évidence. »

Le jour où Christian Horner négocia avec Briatore l'obtention de moteurs Renault – qui étaient alors dans l'escarcelle de l'Italien via sa société Supertec –, il s'aperçut que QPR faisait partie du pack. « J'ai dû aller je ne sais combien de fois à Shepherd's Bush pour des rendez-vous en loge. Flavio était très concentré sur le match, et pendant que j'essayais de le convaincre de nous donner les moteurs, il râlait contre le gardien. Il a fini par accepter, et quand je suis revenu chez Red Bull, j'avais une bonne nouvelle à annoncer, à savoir que nous avions des moteurs Renault, mais aussi une mauvaise, à savoir que nous avions dorénavant une tribune dans un stade et que nous allions sponsoriser la boîte de nuit de Briatore en Sardaigne pour l'été à venir. »

En 2011, Ecclestone et Briatore se lassèrent du football et revendirent QPR pour la coquette somme de 35 millions de livres à Tony Fernandes, le propriétaire de l'écurie Caterham. Le monde est petit.

Aujourd'hui, Briatore n'assiste plus que rarement aux grands prix, mais l'action lui manque, comme ce soir où Ecclestone et lui piquèrent Schumacher à Eddie Jordan. EJ lui aussi garde un souvenir tendre de cette période, malgré l'ambiance tendue et la peur constante d'entendre les huissiers toquer à la porte. Fin 1991, il avait réalisé une première saison remarquable, surtout en sachant que l'écurie reposait sur quarante personnes seulement, avec un budget dérisoire comparé à celui de McLaren ou de la Scuderia. Mais 7UP le lâcha et il fut mis en demeure par Ford

Cosworth qui lui fournissait ses moteurs. « En décembre, Eddie était assis dans un café à Silverstone, son écurie était cinquième au championnat et il n'avait même pas de quoi payer sa TVA », raconte Mark Gallagher. Le montant de ses dettes avait atteint les 4 millions de livres et continuait à grimper.

Refusant d'abandonner, EJ bondit sur tous les partenariats potentiels et composa avec Ian Phillips un drôle de duo qui s'évertua à maintenir le navire Jordan à flot. Lors des rendez-vous, les sponsors trouvaient devant eux un moulin à paroles irlandais qui mélangeait les phrases et agitait les bras dans tous les sens, et son associé nonchalant, un Anglais amateur de cricket et gros fumeur, qui traduisait les divagations de l'autre. « On s'entendait vraiment comme deux larrons en foire. On inventait des combines pas possibles et on était certains que ça passerait comme une lettre à la poste. On n'avait même pas besoin de se préparer. »

À ce sujet, Max Mosley a une anecdote amusante concernant le pilote Jarno Trulli : lorsqu'il fut exclu du Grand Prix des États-Unis en 2001, Jordan insista pour déposer une réclamation. La démarche supposant le versement d'un dépôt de garantie, il eut l'idée de payer avec des billets si anciens qu'ils n'avaient plus aucune valeur légale.

Lorsque la manne financière de Benson & Hedges arriva – du véritable argent, cette fois, contrairement à ses dollars frelatés –, EJ commença réellement à s'amuser, et un certain épisode en Malaisie est resté dans toutes les mémoires. J'ai été invité, ainsi que Bob McKenzie du *Daily Express*, à dîner dans l'hôtel de Kuala Lumpur pompeusement nommé Palace of Golden Horses où logeait l'écurie. Seraient aussi présents Katie Price (alias Katie Jordan), le pilote Heinz-Harald Frentzen et son épouse Tanja. Frentzen est issu d'une famille de croque-morts, et l'air quelque peu affligé qu'il arbore en permanence ne fait que masquer sa timidité. Tanja était belle et intelligente, mais de toute évidence peu habituée aux conversations qui se relâchaient lorsque Jordan – l'égérie – se laissait aller après quelques verres. Au bout d'un moment, j'ai remarqué que Jordan – le patron – paraissait obnubilé par la montre que je portais. La veille, à l'occasion d'une balade dans le quartier chinois de Kuala Lumpur, j'avais acheté une fausse Omega, une imitation très réussie, et qui marchait. Comme Jordan n'arrivait pas à la quitter des yeux, je l'ai mené en bateau en lui racontant qu'elle valait plusieurs milliers de livres, puis j'ai fini par lâcher le morceau. « Combien ? » a crié Jordan depuis l'autre côté de la table. « À peu près vingt livres », ai-je répondu. Dix minutes plus tard, il disparaissait. En fait, les deux Jordan ont quitté la table. Elle en direction du bar pour festoyer avec l'équipe, et quant à lui, il est revenu une heure plus tard en brandissant un sac plastique rempli de fausses montres. Il avait sauté dans un taxi direction Chinatown pour acheter tout ce qu'il pouvait. Il aurait pu aisément s'offrir une vraie Omega, mais un margoulin de son espèce ne pouvait laisser passer une affaire pareille. Après cela, pendant des années, EJ m'a systématiquement demandé si ce que j'avais au poignet était en toc ou pas.

Un cap décisif fut franchi en 1998, à l'endroit même où Jordan avait failli sombrer corps et biens sept ans plus tôt, quand les huissiers avaient immobilisé les voitures : sur le circuit de Spa-Francorchamps. L'écurie y décrocha son premier grand prix mais, puisqu'il s'agissait de Jordan, les choses ne pouvaient pas se passer simplement. La météo était ignoble, l'épaisse forêt des Ardennes engloutie par un profond brouillard, et le circuit battu par la pluie. Il y eut une avalanche d'accidents, à commencer par un carambolage de treize voitures à la sortie du premier virage. Damon Hill réussit à s'extirper de la mêlée et remporta une victoire époustouflante. EJ était sur un petit nuage. « Je le vois encore en train de sauter partout », se remémore Max Mosley avec un sourire. L'année suivante, Frentzen frôla le titre mondial en ayant gagné deux grands prix et maintenu la pression sur Schumacher et sur la McLaren de Mika Häkkinen, lequel empocha finalement le titre.

Mais les efforts nécessaires pour continuer l'assaut étaient épuisants pour une écurie aussi petite avec un budget aussi serré.

ichael Schumacher et Mika Häkkinen,
rand Prix d'Espagne, 2000

Stirling Moss, Grand Prix de Monaco, 1958

Graham Hill et Jim Clark, 19

Clay Regazzoni, Niki Lauda et Enzo Ferrari

Ken Tyrrell et Patrick Depailler,
Grand Prix de Monaco

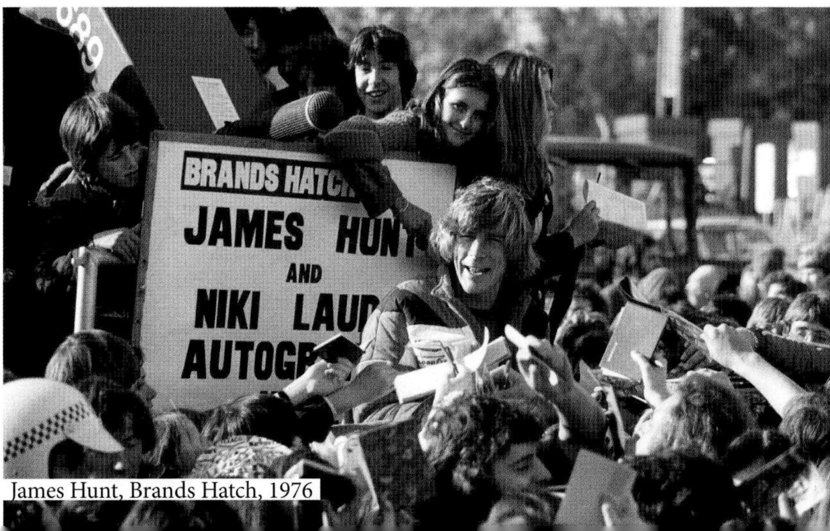

James Hunt, Brands Hatch, 1976

Alain Prost et Niki Lauda,
Grand Prix de Saint-Marin,
Imola, 1985

Alain Prost et Ayrton Senna,
Grand Prix de Belgique,
Spa-Francorchamps, 1988

Ron Dennis et Ayrton Senna,
Grand Prix de Monaco, 1989

Johnny Herbert, Jackie Stewart et Rubens Barrichello,
Grand Prix d'Europe, Nürburgring, 1999

Eddie Jordan et Michael Schumacher,
Grand Prix de Belgique,
Spa-Francorchamps, 1991

Fernando Alonso et Flavio Briatore,
Grand Prix d'Europe, Valence, 2008

Bernie Ecclestone avec Lewis Hamilton, Fernando Alonso, Mark Webber, Jenson Button et Sebastian Vettel, Grand Prix de Corée, Yeongam, 2010

Jules Bianchi,
Grand Prix de Chine, Shanghai, 2013

Bernie Ecclestone, Max Mosley
et Luca di Montezemolo
au Conseil mondial de la FIA, 2009

Sir Frank et Claire Williams,
Grand Prix d'Autriche, Red Bull Ring, 2014

Kimi Räikkönen,
Grand Prix de Singapour, 2016

Geri Halliwell et Christian Horner,
Grand Prix d'Abou Dhabi, Yas Marina, 2014

Michael Schumacher et Lewis Hamilton,
Grand Prix de Malaisie, Sepang, 2012

Quand il comprit qu'il achopperait toujours sur l'argent et que son écurie l'entraînerait dans sa chute en cas de pépin, EJ se mit à chercher des investisseurs. Après avoir décliné une proposition de rachat par Honda, qui supposait son éviction, il se tourna vers les banquiers de Warburg Pincus pour assurer son avenir en même temps que celui de son écurie. En y repensant vingt ans plus tard, Mark Gallagher n'est plus si sûr que cela ait été une si bonne idée.

« Le déclin de Jordan Grand Prix a commencé en novembre 1998, quand Warburg Pincus a racheté la moitié des parts. Je ne reproche rien à Eddie, il avait mis tout ce qu'il avait dans son écurie et pris tous les risques, mais du jour où les banquiers sont arrivés, la direction a dû rendre des comptes à un conseil d'administration qui exigeait des bénéfices et de la croissance, et la dynamique a changé. Je me souviens d'une réunion pendant laquelle Warburg a demandé si nous avions un budget pour la saison suivante. Nous étions en novembre et Ian, Eddie et moi cherchions des sponsors pour payer les pilotes. Warburg voulait une trésorerie disponible de 120 millions de dollars. Nous en avions 40 et Eddie leur disait de ne pas s'inquiéter. Mais évidemment ils s'inquiétaient parce que, de leur point de vue, nous étions insolvables. Ils ignoraient tout du fonctionnement d'une écurie. Dans leur monde, ça ne marche pas comme ça. »

Les Jordan arboraient un frelon dessiné sur le nez. Une astuce de plus : comme la publicité pour les cigarettes devenait mal vue, ce frelon bourdonnant, le « Buzzin' Hornet », servait de code pour la marque Benson & Hedges. Cependant le buzz dont bénéficiait Jordan commençait à décroître. EJ fut contraint de licencier, et la recherche continuelle de financements devint un calvaire à partir du moment où la législation européenne interdit le sponsoring par des fabricants de tabac. Les grands constructeurs – BMW, Toyota et Honda – déboulaient avec des budgets colossaux et des projets faramineux, et il n'y avait pas de place à leurs yeux pour une minuscule écurie indépendante qui avait la tête pleine d'espoir mais les poches vides. Jordan jouait dans la cour des grands, de même que Ron Dennis et Sir Frank Williams. La différence était que, grâce à leur palmarès, les autres trouvaient toujours des fonds et raflaient les meilleurs pilotes.

Jordan arracha toutefois encore une victoire, avec Giancarlo Fisichella lors du chaotique Grand Prix du Brésil en 2003. Puis, en août de cette même année, débuta le dernier acte, tout aussi tête brûlée, qui vit Jordan traîner Vodafone en justice au motif que l'opérateur serait revenu sur sa promesse de financer l'écurie à hauteur de 100 millions de livres. Mark Gallagher a beau être le plus grand soutien d'EJ, il avait des yeux pour voir et ne se priva pas d'avertir le patron. « Tout le monde – Ron, Max, Bernie –, tout le monde lui disait de ne pas y aller. »

Non seulement Jordan perdit, mais le verdict fut une humiliation. Le juge déclara la plainte de Jordan fallacieuse et sans fondement, et démolit la réputation d'EJ et de Ian Phillips. Il ajouta : « Par moments, M. Jordan s'est montré incapable de présenter des explications et a réagi par un silence embarrassé à l'exposé des incohérences flagrantes de ses prétentions. » Son baratin, très convaincant devant des sponsors crédules, n'avait pas résisté à l'examen scrupuleux des avocats. Cette fois-là, la combine des deux larrons ne passa pas comme une lettre à la poste. Les frais de justice furent astronomiques – 5 millions de livres – et l'avenir d'EJ apparut plus incertain que jamais.

Jordan était écartelé, mais il finit par comprendre que la partie était finie en 2004, lorsqu'un accord de sponsoring avec Mercedes via sa marque Smart tomba à l'eau. « Quand on a le nez dans le guidon, on ne se rend plus compte de rien. Bernie m'a dit : "Jordan, je crois qu'il est temps de fermer boutique, je n'ai pas envie de te voir en banqueroute." À ce stade, je connaissais le prénom de tous les huissiers du Northamptonshire. C'en était presque drôle, certains matins l'usine m'appelait pour me dire de ne pas venir. Je suis le type le plus verni du monde. Toutes les victoires ont été des coups de chance, et je ne voulais pas que l'histoire s'achève dans les larmes. »

Jordan était devenu un proche d'Ecclestone, qui aimait son culot et la publicité qu'il faisait au sport, même s'il n'était jamais le dernier à quémander un coup de pouce. Ecclestone avait l'habitude d'aider les écuries à rester à flot et faisait preuve d'une curieuse prodigalité, distribuant des chèques qui leur permettaient de parer au plus pressé en payant par exemple leurs pneus ou leurs moteurs.

Fatalement, c'est lui qui se retrouva au cœur des tractations pour la vente de Jordan Grand Prix. Il fit venir Jordan à Princes Gate où il lui présenta Alex Shnaider, un homme d'affaires canadien d'origine russe qui souhaitait monter une écurie baptisée Midland. Derrière Shnaider, il y avait Colin Kolles, l'ancien dentiste roumain qui tenterait de revenir en Formule 1 lorsque Caterham, en faillite, serait mise sur le marché. Quoi qu'il en soit, EJ en avait terminé avec la F1. Enfin, presque.

Le contrat de vente comportait des clauses en petits caractères que ni Shnaider ni Kolles n'avaient remarquées : ils acquéraient l'usine, située juste en face du circuit de Silverstone et où les voitures étaient en cours de préparation pour la saison 2005, mais le contrat ne couvrait pas la soufflerie, ni les camions, ni le terrain entourant l'usine, ni même l'allée qui y menait.

« Ils croyaient faire une bonne affaire. J'ai loué un camion et une grue et j'ai bloqué l'allée avec des blocs de béton. Qu'est-ce qu'ils allaient faire ? Rater la course suivante ? Même le tsar de Russie ne serait pas passé. Ils étaient obligés de payer », exultait EJ. C'était un des plus beaux coups de sa carrière, de quoi lui remonter le moral avant ses adieux à la Formule 1. « Je m'en foutais. Je les ai fait raquer pour la soufflerie, pour les camions, pour tout. Le diable est dans les détails. Ça, je le tiens du meilleur d'entre nous. » Ecclestone a dû être fier de lui.

Nous sommes à un jet de pierre de Grosvenor Square, dans un pub dont Jordan est visiblement un habitué et où les pintes de Guinness se succèdent avec régularité devant les costumes-cravates accoudés au bar. Jordan m'a invité ici pour me présenter ses copains et pour discuter voitures de collection et musique, sa deuxième grande passion. Il continue à jouer de la batterie dans un groupe, et il lui arrive de faire un bœuf avec certains des plus grands musiciens du monde. Il m'annonce qu'il donnera trois concerts lors du prochain Grand Prix de Monaco, mais seulement après une éprouvante randonnée à vélo au profit d'une association caritative. Il est dans une forme olympique, n'a pas un gramme en trop, et ce fringant septuagénaire a récemment coupé le souffle à David Coulthard et Mark Webber en enchaînant soixante-dix pompes sous leurs yeux.

Pendant que nous bavardons autour d'un verre, un de ses amis vient nous dire qu'il a repéré Bernie Ecclestone sortant d'un restaurant avec un des hommes d'affaires les plus riches de Chine. C'est du pain bénit, le genre de ragot que Jordan a toujours adoré, et il s'embarque dans un de ses monologues regorgeant d'éloquence et d'ironie. L'employé de banque irlandais a peut-être été poussé à la porte de la F1, mais la F1 reste gravée profondément en lui.

Paul Stoddart n'a pas l'air surpris d'apprendre que son vieil ami Jordan les décrit tous deux comme des « margoulins ». Si Bernie Ecclestone revendait des voitures d'occasion, Stoddart, lui, préfère les avions. Nous nous trouvons au siège de sa société, dans la pittoresque région du West Country. Le téléphone sonne, il décroche, parle quelques instants et raccroche. Il vient d'acheter dix Airbus A340 à la compagnie aérienne Etihad ; dans l'usine, à deux pas d'ici, il a dix mille sièges qui attendent une affectation. Mais les photos exposées sur son bureau représentent majoritairement des voitures de course. Il y a là presque tout une vie en Formule 3, Formule 3000 et Formule 1. « L'aviation, c'est mon métier, m'explique-t-il entre deux longues bouffées de sa cigarette. Mais la F1, c'est ma passion. »

Bien qu'il n'ait plus d'écurie, il capitalise sur les sensations de la Formule 1 en proposant à chaque grand prix des tours avec des F1 à deux places construites et entretenues dans son usine de Ledbury. Stoddart qualifie son affaire de « onzième écurie », tout en étant le premier à admettre que cette expérience n'a rien à voir avec la réalité du sport.

Stoddart est un entrepreneur qui adore blaguer et débiter des torrents de potins sur sa courte période de succès, qu'il nomme son « âge gore ». La notion de succès est toutefois à relativiser. Stoddart s'offrit l'écurie italienne Minardi, fermement ancrée depuis plusieurs années dans le bas du tableau. Il savait contre qui il aurait à batailler et se rendit rapidement compte qu'un petit indépendant ne lutterait pas à armes égales face à la fortune des grands constructeurs déterminés à régner sur la Formule 1.

À la tête de sa société European Aviation, et disposant des fonds lui permettant de s'offrir son rêve, Stoddart se mit en quête d'une écurie à la fin des années 1990 et proposa à Ken Tyrrell de racheter la sienne, qui battait de l'aile. Tyrrell, qui avait en outre des problèmes de santé, comprenait que l'époque n'était plus aux aventuriers basés dans des hangars en bois. Il n'avait plus gagné aucun grand prix depuis 1983 et les jours glorieux des trois titres mondiaux avec Jackie Stewart étaient de plus en plus lointains. Tyrrell avait vu Jim Clark, Moss et Surtees s'imposer à la grande heure des *garagistes*[*], mais il sentait que le vent commençait à tourner au détriment des indépendants comme lui, qui couraient pour l'amour de la course, et au profit des grandes entreprises cherchant avant tout à plaquer leur nom sur des voitures visibles dans le monde entier.

Tyrrell n'était pas dans son assiette lors du lancement de son ultime F1 au très chic Bluebird Club, sur King's Road, à Londres, en 1998. Il faisait tache au milieu des branchés de Chelsea, et la saison qui s'annonçait allait être celle du rachat par Craig Pollock, ancien moniteur de ski et manager de Jacques Villeneuve, champion du monde en titre sur Williams. Pollock avait contacté British American Tobacco pour reprendre l'écurie, avec comme perspective un budget de 120 millions de livres pour 1999 et un salaire confortable pour le pilote. L'ultime saison de Tyrrell fut un triste adieu illustré par les événements du Grand Prix de Monaco lors duquel Ricardo Rosset, un « pay driver » brésilien (un pilote qui paie pour conduire une voiture) bien plus fortuné que talentueux partit dans le décor et planta la voiture dans une brèche entre deux barrières de sécurité, faisant détaler les commissaires de piste. Rosset ne parvint pas à se qualifier pour le plus prestigieux des grands prix et, une fois son week-end de course terminé, il remonta sur son scooter et retourna à la sécurité de son hôtel. Sur le pare-brise où son nom était écrit, les mécanos de Tyrrell avaient inversé la première et la dernière lettre, faisant de lui un *tosser*, un « branleur ».

Si Pollock acheta la place de Tyrrell sur la grille, il ne voulait cependant pas du célèbre hangar en bois du Surrey ni de son contenu. La nouvelle écurie British American Racing se fit construire une usine dans le Northamptonshire, à Brackley, mais tout dérailla très vite : Pollock démissionna et fut remplacé en 2002 par David Richards, lequel récupéra une équipe qu'il qualifia de « bordélique ».

« Ils voulaient claquer 27 millions dans une soufflerie parce qu'ils croyaient que ça les ferait gagner, mais on a décidé de s'en passer et on a opté pour la MFN [mécanique des fluides numérique] qui était le nouveau truc à la mode. On avait un joli petit service MFN, qui n'avait absolument aucun équipement. Donc je leur ai demandé de quoi ils avaient besoin, ils m'ont répondu qu'ils voulaient deux cents PlayStation. Je leur ai demandé ce qu'ils comptaient en faire, ils m'ont dit qu'ils allaient les mettre dans un local climatisé et les connecter en réseau, et que ça nous servirait de supercalculateur. Donc c'est ce qu'on a fait. On a commencé avec deux cents PlayStation, qui nous ont coûté beaucoup moins cher qu'une soufflerie à 27 millions. »

Richards obtint de bons résultats avec BAR en 2004, Jenson Button terminant troisième au classement des pilotes, derrière les deux Ferrari de Rubens Barrichello et Michael Schumacher.

L'année suivante, le géant du tabac vendit à Honda, le cador de la motorisation qui souhaitait se frotter à la F1, et Richards fut remercié.

Le pouvoir était en train de changer de mains, et Giancarlo Minardi l'avait compris depuis des années. Son usine de Faenza dans le nord de l'Italie, non loin de Maranello, tournait au ralenti pendant qu'il cherchait un repreneur. Il trouva un Australien, un gros fumeur très sûr de lui et au carnet d'adresses rebondi. Mais Stoddart ne connaissait rien à la Formule 1, et il dut faire des efforts dantesques pour inscrire Minardi au départ de la saison 2001. « J'ai acheté Minardi en décembre 2000 sans savoir ce que toute cette histoire allait me coûter et c'était sûrement mieux comme ça, parce qu'il aurait fallu être fou. Quand je suis arrivé à Faenza le 9 décembre, j'ai trouvé une maquette en bois de la voiture et trente ou quarante personnes dans l'usine, pas plus. Six semaines et trois jours plus tard, j'allais devoir expédier une voiture en Australie. »

Stoddart transféra trente-cinq employés du siège de Ledbury à l'usine de Faenza et logea tout le monde dans un hôtel, y compris son très jeune pilote, Fernando Alonso.

« Fernando n'oubliera jamais ces moments. On bossait sur la voiture jusqu'à minuit. Comme l'hôtel n'avait pas assez de chambres, on devait partager les lits. Ceux qui étaient à l'usine travaillaient jusqu'au moment où ils tombaient de sommeil, alors ils rentraient à l'hôtel et ils poussaient le suivant hors du lit pour essayer de récupérer un peu. Tout le monde marchait aux 3-8. Un jour, j'ai envoyé un gros avion BAC 1-11 de Faenza à l'aéroport de Coventry pour récupérer les deux crochets en titane du pot d'échappement. Sans eux, la voiture ne pouvait pas rouler. L'avion a attendu la livraison du fabricant jusqu'à 3 heures du matin et puis il est revenu. C'était n'importe quoi. La deuxième voiture, celle de Tarso Marques, a été achevée après le grand prix d'ouverture, en Australie. On a seulement eu le temps de l'essayer une journée en ligne droite à Fiorano. C'est le mieux qu'on pouvait faire. »

Cette étrange aventure de bric et de broc, qui avait un pied en Angleterre, l'autre en Italie et le cœur en Australie, suscita un immense élan d'admiration. Le Parlement de l'État australien de Victoria reçut officiellement l'écurie Minardi, et les députés cessèrent le travail pour la journée et profitèrent de ce moment avec le premier constructeur australien à faire son entrée en Formule 1 depuis que Sir Jack Brabham avait fait la fierté de son pays trente ans auparavant.

Tout à coup, le Petit Poucet Minardi devenait l'écurie de « Monsieur Tout-le-monde », et même les patrons et directeurs les plus endurcis du paddock ne demandaient qu'à tirer leur chapeau à Stoddart qui, non content d'être un héros dans son pays, recevait les louanges de tous ceux qui savent combien il est difficile d'aligner une voiture au départ d'un grand prix. Pour sa première course, la Minardi de Stoddart affronterait Jaguar, soutenu par Ford, ainsi que Renault, le constructeur français qui avait pris le contrôle de Benetton, et enfin BAR. C'était David contre Goliath. Les coûts – qui peuvent paraître dérisoires aujourd'hui – étaient exorbitants pour un entrepreneur qui finançait tout de sa poche. Stoddart déboursa 35 millions de livres uniquement pour remettre Minardi en état de courir, et 18 millions de plus pour cette première saison. Mais le jeu en valait la chandelle : à dix-neuf ans seulement, Fernando Alonso termina douzième de ce Grand Prix d'Australie devant deux Benetton-Renault, deux Williams-BMW, une Jordan-Honda et une McLaren-Mercedes. La magie de la Formule 1 opérait. « Il y avait des hommes qui pleuraient dans la *pit lane*, de stress et de joie en même temps », se rappelle Stoddart avec émotion.

Si, en musique, le deuxième album est le plus difficile, en Formule 1 c'est la deuxième saison. Stoddart avait obtenu le sponsoring du gouvernement malais, récupéré gratuitement des moteurs auprès d'Asiatech, fait venir son compatriote Mark Webber comme pilote principal – et, tant qu'à faire, avait acquis une flotte de Boeing 747. Le vol inaugural d'un de ces Minardi

Jumbos serait à destination du premier grand prix de la saison 2002 : Melbourne, la ville natale de Stoddart.

« Aller à Melbourne avec l'équipe dans mon propre 747, être reçu par un comité d'accueil officiel avec tapis rouge et fanfare, que demander de plus ? Je me souviens que je suis descendu de l'avion, et là je me suis dit, c'est bien beau de rêver, mais on a la voiture la plus lente du championnat. Le samedi soir, je suis rentré chez moi et je n'ai pas réussi à fermer l'œil, je pensais à la dérouillée qu'on allait prendre. »

Sauf que le rêve était loin d'être fini. Le Grand Prix d'Australie 2002 fut une ahurissante séance d'abattage : huit voitures sortirent de piste au premier virage et seules huit franchirent la ligne d'arrivée. En cinquième place, Mark Webber, un Australien qui pilotait une voiture appartenant à un Australien et courait à domicile. C'était un petit miracle qui plongea toute la ville dans un état d'euphorie. Michael Schumacher, vainqueur du Grand Prix, fit venir Webber et Stoddart chez Ferrari pour les féliciter pendant que le *motorhome* Minardi, généralement désert, était pris d'assaut.

« On n'avait pas de champagne, se souvient Stoddart. On pensait pouvoir en emprunter, mais ça n'a même pas été nécessaire, les autres écuries sont venues d'elles-mêmes nous apporter des dizaines de bouteilles pour qu'on puisse fêter le résultat. C'était un moment magique. Ce soir-là, j'ai eu Murray Walker au téléphone – il avait pris sa retraite l'année précédente, c'était la toute première course qu'il ne commentait pas –, et il était en larmes. »

Mais, au-delà de cette liesse, les temps changeaient, et vite : Toyota déboula cette saison-là en Formule 1 avec un milliard de dollars d'argent de poche et une année entière de préparation. Cela n'empêcha pas que les Japonais finissent derrière Minardi – et ses 28 millions de budget –, mais Stoddart n'était pas aveugle. La Formule 1 était secouée par des turbulences politiques, des conflits avec Ecclestone et Max Mosley et entre les gros poissons qui cherchaient à se dévorer les uns les autres. L'enthousiasme de Stoddart finit par être douché lorsque les finances devinrent une galère quotidienne et que les réunions avec les autres propriétaires se transformèrent en bataille rangée.

Alain Prost, quatre fois champion du monde, avait jeté l'éponge en 2001 après cinq années seulement à la tête de sa propre écurie, Prost Grand Prix. Tom Walkinshaw avait été nommé homme de l'année par le magazine *Autocar* en 1997 au terme d'une carrière sanctionnée par plusieurs titres en tant que pilote et patron d'écurie, d'abord chez Jaguar, où il gagna Le Mans, puis chez Arrows en Formule 1. Au faîte de sa puissance, sa société TWR employait mille cinq cents personnes dans le monde entier, mais l'argent lui fit défaut et Arrows connut en 2002 une fin embarrassante qui emporta le groupe TWR dans sa chute.

Après les faillites de Prost et d'Arrows, la saison 2003 s'annonçait critique pour les deux indépendants – Jordan et Minardi – qui luttaient pour leur survie. Ecclestone avait besoin de dix écuries sur sa grille de départ, c'était le minimum garanti prévu par les contrats signés avec les promoteurs des circuits. Conséquence, la Formule 1 devait se débrouiller pour soutenir ses lanternes rouges Jordan et Minardi, ne serait-ce que pour faire nombre. Sans compter que si une de ces deux écuries disparaissait, une des autres devrait prendre sa place de bon dernier.

Mais leurs finances n'étaient pas reluisantes, et les gros s'accordèrent pour créer un fonds d'assistance doté de 3 millions de dollars pour chacune des deux écuries. Il ne fut toutefois jamais alimenté. Stoddart, qui se sentait trahi et n'arrivait pas à boucler son budget, s'attendait donc au pire lorsqu'Ecclestone l'appela un samedi matin, juste avant les qualifications pour le Grand Prix du Canada. Bernie alla droit au but. « Stoddart, combien il te faut ? » Stoddart lui donna le montant, et Ecclestone lui proposa d'acheter sur-le-champ 50 % des parts de Minardi. « Dès que j'ai annoncé ça à la presse, tous nos ennuis et nos créanciers ont disparu. Tous ceux qui me mettaient la pression se sont évaporés instantanément après nous avoir menacés du pire. Je ne pouvais payer personne, personne n'acceptait mon argent à cause de l'influence qu'avait Bernie. Quand je suis allé dans son bureau pour signer les papiers, on était déjà en bien meilleure santé. Bernie a compris que je n'avais plus besoin de lui et on a laissé tomber le projet. C'est Bernie, ça. Il était le seul à pouvoir régler des histoires comme celle-là. »

Mais Stoddart avait encore une carte à jouer dans sa quête de financements : un informateur lui avait glissé que presque toutes les voitures étaient en infraction. Les aides électroniques à la conduite avaient été interdites, mais ce règlement n'étant pas très assidument appliqué, la plupart des écuries, à force de tirer sur la corde, franchissaient la ligne et seraient donc passibles d'exclusion si quelqu'un mettait ce point sur le tapis – et ce quelqu'un, ce fut Stoddart. Après le Canada et avant le Grand Prix de France, lors d'une réunion des patrons d'écuries, Stoddart apprit sans ménagement à ses homologues qu'il avait deux Minardi prêtes à s'aligner au départ, qu'elles étaient conformes au règlement et qu'il songeait à déposer un recours pour faire exclure toutes les autres voitures. Il y eut un tollé, des accusations de chantage et de magouille, mais Stoddart tint bon et, à l'issue de la réunion, Ron Dennis vint lui passer un bras sur l'épaule. « Tu manques pas de couilles, lui dit-il. Je m'en étais pas rendu compte, et je vais m'assurer que McLaren verse sa part dès demain matin. » Il fut le seul à tenir parole, et un chèque représentant sa participation au fonds de soutien – 282 000 £ – arriva bel et bien le lendemain. « Depuis ce jour-là, j'ai toujours eu du respect pour Ron », affirme Stoddart.

Le soutien d'Ecclestone permettait à Minardi de rester à flot, mais Stoddart savait que d'autres écueils l'attendaient. Il était temps de raccrocher, et c'est alors qu'Ecclestone se manifesta une nouvelle fois. En 2005, à l'occasion du Grand Prix de Belgique, il convoqua Stoddart dans son *motorhome* pour lui présenter un industriel autrichien, Dietrich Mateschitz, qui fabriquait une boisson énergisante baptisée Red Bull.

« J'ai reçu beaucoup d'offres, raconte Stoddart. Sur un mur, j'ai punaisé un chèque de 10 millions de dollars reçu en acompte – il a été rejeté par toutes les banques de la terre. C'était une arnaque et c'est devenu une blague. À cette époque-là, on avait Eddie Irvine et ses associés qui nous auditaient et ils étaient en quarante-sixième place sur la liste des gens qui cherchaient à acheter l'écurie. J'ai conclu la vente avec Dietrich à Spa, et puis on m'a expliqué qu'il ne fêtait pas les contrats au champagne et que j'allais devoir trinquer avec du Red Bull. Je trouvais ça ignoble, mais on m'a dit : "Vu ce qu'il paye, bois, et qu'on n'en parle plus." Donc j'ai bu, on a signé, et depuis lors je suis un fidèle consommateur de Red Bull. »

L'affaire fut entendue pour 75 millions de livres : Stoddart, magnat de l'aviation, féru de Formule 1 et margoulin de premier ordre, empocha d'après la rumeur 45 millions en cash.

12
DE L'EAU DANS LE WHISKY

Nous volons entre les sommets du Tyrol, bercés par le ronron des quatre moteurs à hélices. C'est une journée parfaite pour un voyage en avion. Les sièges en cuir sont de vrais fauteuils, les finitions en bois fin, et le plancher du cockpit est couvert d'une moquette que les hôtesses foulent sans bruit en venant nous proposer des boissons fraîches – ni champagne, ni vin, ni bière, toutefois : uniquement de l'eau ou du Red Bull.

Ce Douglas DC-6, le tout dernier à sortir d'usine aux environs de 1958, a été restauré pour lui rendre toute sa splendeur. C'est en outre un appareil historique : son précédent propriétaire était le maréchal Tito, l'ancien dictateur yougoslave. Lorsque nous amorçons notre descente vers Salzbourg, la tonalité du moteur change, les montagnes cèdent la place aux champs puis aux maisons, et enfin nous arrivons en vue de la piste d'atterrissage. Notre destination se trouve juste au bord du tarmac : le Hangar 7. Plus qu'un entrepôt, il s'agit d'un repaire de haute technologie construit à la demande de Dietrich Mateschitz, le milliardaire autrichien copropriétaire de la marque Red Bull. Le bâtiment est coiffé d'un grand dôme vitré au centre duquel est suspendu un luxueux bureau, dans lequel on imagine aisément Mateschitz, le teint hâlé et les cheveux blancs, carré dans son fauteuil avec un chat blanc sur les genoux, caressant du regard l'éventail de ses passions assouvies par une concoction de sucre et de caféine conditionnée dans une canette bleue et argent à la silhouette immédiatement reconnaissable. À une extrémité du vaste hangar, on trouve des avions de toutes les époques, des bombardiers de la Seconde Guerre mondiale côtoyant de minuscules appareils de voltige ; à l'autre, les F1 dans leur célèbre livrée bleu nuit, rouge et jaune – toutes championnes du monde.

Lorsque Mateschitz décida, fin 2004, d'acquérir l'écurie Jaguar qui patinait dans la semoule, Red Bull avait une image jeune et sympa sur le circuit. L'année suivante, il racheta Minardi sans faire de vagues, la rebaptisa Toro Rosso et en fit sa pépinière de pilotes. C'était un don du ciel pour Ecclestone, qui avait besoin d'un gros investisseur pour maintenir son quota de dix écuries. Et puis le taureau se mit à charger, rafla quatre titres mondiaux avec Sebastian Vettel et devint l'une des écuries les plus puissantes que la Formule 1 ait connue depuis des décennies. La métamorphose était saisissante, mais peut-être pas surprenante : si Dietrich Mateschitz pouvait faire fortune grâce à une boisson gazeuse acidulée, rien ne lui était impossible.

Né dans les montagnes et les forêts de la région autrichienne de Styrie, non loin du circuit A-1 dont il est aujourd'hui propriétaire et qu'il a rebaptisé Red Bull Ring, Mateschitz fit ses armes au sein du groupe Unilever, au département marketing lessives. C'est un coup de hasard, au cours d'un voyage en Thaïlande, qui donna une nouvelle trajectoire à sa vie. Il y découvrit Krating Daeng, une boisson énergisante conçue pour donner un coup de fouet aux ouvriers qui trimaient dans les champs humides. Mateschitz conclut un accord avec son inventeur, l'homme d'affaires Chaleo Yoovidhya, et fit la preuve de son talent pour le marketing en commercialisant Red Bull comme remontant idéal pour les personnes en quête d'une injection de caféine, cadres fatigués aussi bien que sportifs essoufflés. Il associa la marque aux sports d'aventure, ski extrême ou courses aériennes spectaculaires, et aujourd'hui son portefeuille s'étend jusqu'au football, au hockey sur glace et même au canoë.

La Formule 1 est l'aventure ultime, un sport combinant danger, vitesse, technologie et glamour. C'était la publicité parfaite, et Mateschitz y avait déjà goûté avec l'écurie suisse de Peter Sauber. Depuis son siège de Hinwil, au sud-est de Zurich, Sauber faisait depuis des années office de courageux figurant, sous la férule d'un des hommes les plus respectés du sport mécanique. Peter Sauber avait refusé de reprendre l'entreprise familiale de fabrication de feux tricolores et monté sa propre écurie, laquelle parvint à nouer une association fructueuse avec Mercedes sur le championnat World Sportscar Prototype, dont elle décrocha deux fois le titre ainsi qu'une première place aux 24 Heures du Mans.

Le saut à la Formule 1 ne se fit toutefois pas sans heurts. Mercedes mit un terme au partenariat, et Sauber, écurie installée en Suisse alémanique, était trop éloignée du centre névralgique anglais de la F1 pour réussir son incursion au plus haut niveau du sport. BMW racheta l'écurie en 2006 et la revendit à Sauber au bout de trois années éprouvantes, qui firent comprendre au constructeur que, malgré le milliard de dollars investi dans la F1, il n'arriverait pas à entamer l'hégémonie des Britanniques et des Italiens. Pour une marque comme Red Bull, qui faisait son fonds de commerce de la jeunesse et de la passion, Sauber était trop sage, trop monolithique et trop milieu de gamme ; quant à Peter Sauber, il préférait continuer à mâchouiller tranquillement son cigare et laisser ces bêtises assourdissantes à des personnalités plus extraverties, telles qu'Eddie Jordan et Flavio Briatore.

Mateschitz avait besoin d'améliorer la visibilité de sa marque, et il en eut la possibilité grâce à un Anglais qui débarquait dans les réseaux de pouvoir de la Formule 1. Christian Horner était le jeune propriétaire d'une des écuries les plus récompensées en Formule 3000. Déjà armé d'une réputation de gestionnaire avisé, d'un flair aiguisé pour repérer les pilotes et d'un grand sens de l'organisation, il cherchait à acquérir une écurie de Formule 1.

Chez les Horner, l'automobile était une affaire de famille. Le père de Christian, Garry, possédait une usine de pièces détachées dans laquelle son fils apprit les bases de la mécanique, qu'il mit ensuite en pratique en construisant une caisse à savon montée sur de vieilles roues de landau. Et puis, alors qu'il avait onze ans, ses parents visitèrent une maison.

« Il y avait un vieux kart dans le garage et mes parents étaient d'accord pour l'acheter en même temps que la maison, mais hélas ça n'a pas été possible. Je les ai bassinés sans arrêt jusqu'au jour où j'ai trouvé une annonce pour un kart dans le journal. Il ne coûtait pas cher et ma mère me l'a offert pour mon anniversaire. C'était un kart de course des années 1970, il y avait une fêlure au châssis et le moteur calait tout le temps. Comme je ne pouvais pas le conduire sur la pelouse ni dans l'allée, mon père m'a emmené au circuit de Sheddington. J'ai découvert le monde de la course, et ça a fait tilt. »

Là, les dons de Horner fleurirent rapidement. À dix-sept ans, il décrocha une bourse financée par Renault, puis affronta des pilotes comme David Coulthard, Jan Magnussen et Dario Franchitti. Il acheta une Lola et une caravane à un ancien pilote autrichien dont la carrière s'était achevée brusquement lors du Grand Prix de France 1972, lorsqu'une pierre avait fendu son casque en lui crevant un œil. Il s'agissait de Helmut Marko, originaire de Graz et qui deviendrait le conseiller principal de Mateschitz.

Horner était bon, mais il admet avoir eu une révélation un jour où il suivait Juan Pablo Montoya, le talentueux Colombien. « Je le regardais conduire et je me suis rendu compte qu'on ne jouait pas dans la même catégorie. Et à partir du moment où j'ai vu ce dont Montoya était capable, j'ai su que c'était fini pour moi. C'est là que j'ai décidé de monter mon écurie. »

Tandis que Montoya fourbissait une carrière qui lui apporterait une victoire au mythique Indianapolis 500 et un volant chez

Williams et McLaren, Horner remportait trois fois d'affilée le championnat des constructeurs en Formule 3000. Il était temps de viser plus haut.

« J'étais soutenu par une grande société hongkongaise, Hutchison Whampoa, et j'avais envie de me frotter à la Formule 1, donc j'ai fait ce qui me paraissait le plus logique, j'en ai parlé à Bernie. Il m'a suggéré de passer un coup de fil à Eddie Jordan et j'ai suivi son conseil, mais très vite la négociation est devenue du EJ tout craché. Ça devenait de plus en plus compliqué et j'ai fini par renoncer. À ce moment-là, Red Bull venait d'acheter Jaguar. Helmut se souvenait de moi et m'a demandé de venir rencontrer Dietrich. On était fin 2004, et il m'a proposé un contrat de deux ans pour diriger l'écurie. »

Horner était désormais un successeur direct de Jackie Stewart. Après le motif écossais de ses débuts, l'écurie s'était habillée de vert anglais avant d'adopter le jaune, bleu et rouge de Red Bull, et il revenait maintenant à Horner de lui donner une impulsion, avec la bénédiction – et l'argent – de Dietrich Mateschitz. « La première fois que je suis venu à Milton Keynes, l'équipe venait d'apprendre que Tony Purnell et Dave Pitchforth étaient sur le départ – en fait, ils étaient déjà partis depuis une demi-heure – et que je devenais le nouveau directeur. Je devais être un des plus jeunes. J'avais trente et un ans. Il y avait un ou deux visages que j'identifiais, mais quand je suis arrivé dans mon bureau, j'ai trouvé des cartes de vœux encore dans leurs enveloppes, une tasse de café à moitié bue et une secrétaire en pleurs. Et là je me suis dit : "Bon, par où je commence ?" »

David Coulthard était le pilote le plus ancien de McLaren et avait à son actif treize victoires en grands prix, mais il était aussi le Poulidor de la F1, contraint de jouer les seconds rôles pendant que son coéquipier Mika Häkkinen décrochait deux titres mondiaux. Comme Horner, Coulthard était intelligent, savait réseauter, s'exprimait bien et était prêt à relever un nouveau défi pour l'année 2005. En outre, à « seulement » 1,8 million de livres, son transfert n'était pas exorbitant. Coulthard connaissait McLaren sur le bout des doigts et pouvait en apprendre l'organisation interne à Horner tout comme il pouvait piloter au plus haut niveau.

Dans les premiers temps, Red Bull n'était que le trublion de la Formule 1, qui s'offrait un immense centre d'accueil dans le paddock – trois niveaux avec musique assourdissante, boissons gratuites et invités triés sur le volet. Il était moins question de course automobile que de promouvoir la marque de Mateschitz. C'était une équipe festive qui attirait les fêtards.

Horner, lui, ne voyait pas les choses de cette façon. Pour son entrée en Formule 1, il ne voulait rien laisser au hasard, et ce travail commençait avec Ecclestone, le patron. Malgré leur différence d'âge, les deux hommes devinrent de bons amis et des alliés dans les batailles qui se livraient en coulisses. Horner se nourrissait aussi de l'expérience de Coulthard, et tous deux savaient qu'il leur manquait un élément clé pour s'arracher au milieu de grille. Cet élément, c'était Adrian Newey, l'homme le plus recherché de la F1. Ce titre lui confère une aura d'un chic absolu alors que, dans les faits, c'était un homme discret, chauve et mince, doux et plaisant, et qui ne jurait que par sa planche à dessin et son crayon 2B. Présenté sous cet angle, on pourrait voir en Newey une survivance du passé, sauf que personne n'avait dessiné plus de voitures victorieuses que lui : en 2013, il pouvait mettre à son bilan dix titres constructeur avec trois écuries différentes, et six pilotes champions.

Formé à l'école privée de Repton, Newey avait ensuite suivi un cursus d'aéronautique et d'astronautique à l'université de Southampton avant de bifurquer vers le monde du sport automobile. Après un passage dans les écuries junior américaines, où il travailla avec CART et Bobby Rahal, il rentra en Grande-Bretagne pour intégrer March. Patrick Head ne tarda pas à le faire venir chez Williams, où son talent put s'épanouir et où il conçut les nouvelles voitures d'Alain Prost et de Nigel Mansell. Mais Newey se sentait exclu de l'équipe qu'il faisait gagner par le lien unissant Frank Williams et Head, dont les tempéraments contrastés – Williams maître de lui et tranchant, Head arrogant et bruyant – étaient le véritable moteur du groupe. Leur duo fonctionnait, mais pas pour Newey, qui voulait prendre du galon en tant que directeur technique. Apprenant cela, Ron Dennis décrocha son téléphone sans perdre un instant, et Newey avait déjà organisé son pot de départ quand Damon Hill remporta le championnat du monde 1996 au volant de sa FW18, la dernière voiture que Newey créa pour Williams.

Ses vacances furent manifestement de courte durée, puisqu'il fit un retour fracassant en Formule 1 dès 1998 : lors du premier Grand Prix de la saison, en Australie, la McLaren MP4/13 terrorisa ses adversaires et termina avec un tour d'avance. S'ensuivirent deux titres mondiaux pour Mika Häkkinen, mais déjà Newey semblait gêné aux entournures dans l'environnement austère imposé par Dennis. En esprit libre qui préférait les jeans aux uniformes, il étouffait et peinait à s'intégrer dans l'organigramme de plus en plus complexe voulu par le patron.

Trois ans seulement après son arrivée chez McLaren, Newey cherchait déjà à s'enfuir, et la chance de mettre les voiles se présenta sous la forme d'un coup de fil de Bobby Rahal, avec qui il avait travaillé aux États-Unis et qui dirigeait désormais l'écurie Jaguar. Newey signa donc un contrat prévoyant qu'il rejoindrait Jaguar avec un salaire de 3 millions de livres, mais c'était sans compter la détermination de Dennis à le garder. Ce dernier utilisa toutes les armes à sa disposition, y compris sa femme Lisa avec qui il mena un assaut coordonné jusque chez le concepteur. Lisa et Marigold Newey étaient amies, et on les voyait souvent savourer un verre de vin dans le centre d'accueil de McLaren lors des grands prix. L'offensive porta ses fruits et Newey revint sur sa décision – au grand désarroi de Jaguar, qui avait déjà diffusé un communiqué de presse annonçant son arrivée. Niki Lauda, qui travaillait théoriquement de concert avec Rahal, était vert de rage, et Jaguar fit émettre une injonction visant à empêcher Newey de rester chez McLaren. Mais ce fut peine perdue et Jaguar finit par jeter l'éponge en se contentant des excuses de Newey et Dennis.

Cependant Newey n'était toujours pas dans son assiette, et tandis que McLaren plongeait dans le classement et que Ferrari retrouvait sa bonne étoile, des rumeurs commencèrent à sous-entendre que Newey songeait à plaquer la Formule 1 pour aller concevoir un des bateaux de la Coupe de l'America. Il y avait un homme en particulier qui pouvait retenir Newey et il le rencontra au pied du centre d'accueil de McLaren, impressionnant édifice de verre et d'acier, juste avant le Grand Prix de Saint-Marin 2005. Horner était nouveau dans le milieu et il avait la ferme intention de faire bouger les lignes. Or, pour cela, il avait besoin de Newey. « On s'est tout de suite bien entendus, raconte Horner. On vient du même coin du Warwickshire et il allait à l'école tout près de chez moi. Je voyais bien qu'il tournait en rond chez McLaren et qu'il avait besoin d'un nouveau défi, et justement, j'en avais un à lui proposer. » Horner avait trouvé son homme.

L'arrivée de Newey ne se fit pas sentir tout de suite, car il fallait métamorphoser complètement une équipe de milieu de tableau construite sur des fondations branlantes. Mais Horner et lui commencèrent à recruter dans le paddock une équipe motivée pour rejoindre cette aventure où l'ambiance était bien plus détendue que chez McLaren, Williams ou Ferrari. En 2009, Red Bull connut ses premiers succès, et en 2010 l'écurie fut sacrée championne du monde, inaugurant une suprématie qui devait durer quatre saisons. L'équipe sympa était devenue l'équipe de rêve, et Horner et Newey en étaient les architectes.

Dans le courant de l'été 2011, je suis passé voir Newey à son bureau de l'usine Red Bull, en périphérie de Milton Keynes, une ville mieux connue pour ses ronds-points et ses vaches en béton que pour les bolides qui régnaient sur la Formule 1. Sebastian Vettel avait déjà remporté un championnat du monde, Red Bull son premier titre constructeur, et la nouvelle saison démarrait sur les chapeaux de roues avec six victoires sur huit grands prix pour Vettel. Newey, en chemise blanche ouverte et jeans, remarqua à peine ma présence tant il était concentré sur son travail. Malgré le soleil qui se reflétait sur le blanc de sa feuille, il planchait, un trait après l'autre, sur une nouvelle F1.

Il m'expliqua qu'il avait une marge d'erreur de 0,2 millimètre – soit la largeur de la mine de son crayon 2B. Derrière la porte de son bureau s'ouvrait un open space dans lequel plus de cent vingt designers vissés à leur ordinateur concevaient à partir des dessins de Newey l'engin le plus rapide de la Formule 1. Seulement armé d'un modeste crayon, cet esprit hors du commun fournissait la matière à des dizaines de millions de calculs. Cela expliquait que Newey soit le concepteur le plus cher de l'histoire du sport, avec un salaire dépassant les 8 millions d'euros. Il resta loyal à Red Bull jusqu'en 2018, et même les 20 millions offerts par Ferrari ne suffirent pas à lui faire quitter Milton Keynes. Son équipe alla jusqu'à créer une supercar pour Aston Martin, la Valkyrie, un monstre futuriste capable d'atteindre les 400 km/h. Et, pour couronner le tout, il eut la chance de piloter son écurie de voitures de collection – avec le même talent pour les planter que pour les conduire.

L'exploit de Horner fut d'inscrire Red Bull dans l'élite de la Formule 1 en moins d'une décennie. Ce faisant, il devint le plus identifiable des directeurs d'écurie, et sa famille du pain bénit pour les tabloïds, dans lesquels il apparaît presque aussi souvent que dans *Autosport* par l'entremise de sa nouvelle femme, Geri – Geri Halliwell-Horner, ex-Ginger Spice, une des cinq Spice Girls qui régnaient sur la pop des années 1990. C'est aussi elle qui a transformé ce garçon que l'on croisait autrefois en veste de tweed, jeans et richelieus marron pour en faire un mondain à la dernière mode, tandis que de son côté Horner érigeait un empire du sport mécanique avec l'appui de Dietrich Mateschitz, ce qu'il n'aurait jamais pu faire s'il avait sauté le pas et racheté Jordan. Cela, il l'avait laissé à un autre.

Vijay Mallya habite à quelques rues de la célèbre adresse de Sherlock Holmes dans Baker Street. Son Range Rover doré – immatriculé VJM – est garé devant sa belle maison de ville, où le gardien et le majordome ont devancé mon arrivée et m'ouvrent la porte avant que j'aie le temps d'atteindre la sonnette. On me mène par l'escalier tarabiscoté à un salon tout droit sorti de *Downton Abbey* : d'un côté, des fauteuils et un canapé tournés vers la baie vitrée donnant sur Regent's Park ; au centre, plusieurs fauteuils dorés à épais coussin de velours rouge, sur lesquels se tiennent visiblement les conversations d'affaires ; et à l'extrémité opposée, une autre zone de détente, avec un bar où scintillent deux douzaines de bouteilles des meilleurs whiskys au monde.

Je suis en train d'étudier un Singleton Special Reserve quand Vijay Mallya entre dans la pièce. Il sort d'une après-midi de rendez-vous avec ses avocats car il continue à contester l'ordre d'extradition émis par le gouvernement indien qui veut le juger pour des faits de fraude et de blanchiment consécutifs à la faillite de sa compagnie aérienne Kingfisher. Selon les autorités indiennes, il aurait laissé plus d'un milliard d'euros de dettes et détourné plusieurs millions via son écurie de Formule 1, et les poursuites contre Vijay Mallya, le milliardaire en qui les Indiens voyaient naguère le « *King of Good Times* », sont devenues une des grandes causes politiques dans son pays natal. En conséquence de quoi Mallya ne peut plus quitter la Grande-Bretagne, au risque d'être arrêté. Mais sa prison est une cage dorée.

Cette pièce richement décorée est bien loin des salles d'audience indiennes. Là-bas, la course automobile est un sport de niche réservé aux plus fortunés, et la majeure partie de la population, fan de cricket, ignore tout ou presque de la F1. Quiconque arpente les rues poussiéreuses du sous-continent a de grandes chances de voir des enfants pieds nus disputer une partie avec une batte improvisée en s'identifiant aux héros nationaux que sont Sachin Tendulkar ou Virat Kohli. Ils auront probablement entendu parler du stade de cricket de Lord's, mais le nom de Silverstone n'évoquera rien à personne hors de l'étroit cercle des amateurs de Formule 1. C'est pour cette raison que Mallya a voulu que son écurie soit baptisée Force India, pour représenter le pays qui le renie désormais. « On ne pouvait pas regarder la Formule 1 à la télé parce que nous n'avions qu'une seule chaîne. Nous n'avions qu'un seul circuit, un terrain d'aviation désaffecté, à Chennai. Les stands étaient en bambou et les protections en meules de foin, mais les courses réussissaient à attirer 75 000 personnes. »

Mallya construisit ses premières voitures alors qu'il était encore étudiant, des véhicules minimalistes qu'il pilotait en se reposant sur ses talents de mécanicien. Il quitta ensuite sa ville de Calcutta pour la Grande-Bretagne. Là, il acheta deux F1 Ensign pour les rapporter en Inde, et il fit la connaissance d'un jeune ingénieur, Bob Fernley, qui s'était fait un nom dans la course automobile aux États-Unis et deviendrait son plus proche conseiller.

Mallya « démolissait tout le monde sur les circuits » en Inde, mais comme il n'arrivait pas à partir piloter ailleurs, sa carrière stagnait. Pourtant sa passion ne le quittait pas et lorsque, en 1983, à vingt-huit ans seulement, il succéda à son père à la tête d'United Breweries, il chercha à développer l'empire familial. Kingfisher était la bière la plus vendue en Inde, mais Mallya voulait pénétrer de nouveaux marchés et comprit que la Formule 1 serait le meilleur support promotionnel qui soit. Il apposa donc le nom de Kingfisher sur les Benetton de Briatore en 1993 et 1994. C'étaient de bonnes années qui virent Michael Schumacher devenir incontournable, et en accédant au paddock Mallya put comprendre les complexités d'un sport qu'il avait jusqu'alors été contraint d'observer de loin. « Flavio me traitait comme un membre de l'équipe à part entière et nous sommes devenus très bons amis. Il m'a donné un uniforme de l'écurie, j'étais dans le *pit wall* et je participais aux réunions. C'est lui qui m'a appris comment on dirige une équipe. J'ai passé du temps avec Johnny Herbert et je suis devenu très proche de Michael Schumacher. C'était une expérience formidable. Quand on est aussi immergé que je l'étais, l'adrénaline monte au point qu'on ne peut plus se passer de la F1. »

La marque Kingfisher partant à la conquête du monde, Mallya délaissa Benetton pour Toyota, mais déjà il caressait l'idée d'avoir son écurie à lui. Or, Midland n'avait jamais décollé après avoir racheté Jordan, et Colin Kolles avait trouvé un repreneur : Spyker, un constructeur néerlandais de supercars. Les résultats n'avaient pas été au rendez-vous, et Jan Mol, l'investisseur principal, cherchait une porte de sortie. C'est Mallya qui la lui fournit, fondant au passage la première écurie indienne – quoiqu'elle soit basée en Angleterre, à Silverstone.

« Ça a suscité l'incrédulité et la surprise. Personne ne voyait un Indien patron d'une écurie de F1. J'ai compris que ça pouvait être un moteur d'enthousiasme dans le pays et, sachant que 50 % de la population indienne a moins de dix-huit ans, j'ai eu envie de passionner les jeunes et de faire naître quelque chose d'énorme. »

Mallya était un propriétaire exigeant. Spyker était la lanterne rouge du championnat, avec quatorze abandons sur vingt-huit départs en 2007. Mallya héritait de Kolles en directeur d'écurie, Ian Phillips à la direction commerciale, et Mike Gascoyne à la direction technique, ce dernier étant surnommé « Pitbull » pour ses airs de videur de boîte de nuit et ses manières belliqueuses. Il avait récolté les lauriers de la bonne saison 1999 de Jordan avant de passer chez Toyota avec un salaire de 3,7 millions de livres, puis il s'était brouillé avec les Japonais et avait atterri chez Spyker. Mais Mallya voulait faire fructifier son investissement, et la saison 2008 s'achevait sans un seul point au classement. Sa décision fut sans appel : il dégagea tous les cadres de l'écurie.

« Je leur avais laissé une chance, ça n'avait rien donné, et je me retrouvais tout seul dans l'usine, sans personne, sans un seul directeur. J'ai téléphoné à Bob [Fernley] et je lui ai demandé de m'aider. » C'est ainsi que Mallya se tourna vers McLaren pour l'assistance technique et Mercedes pour les moteurs, deux alliances qui perdurèrent. À partir de là, chaque année fut meilleure que la précédente, jusqu'au jour où Force India devint le plus grand des petits, à la quatrième place du classement constructeurs derrière Mercedes, Ferrari et Red Bull pour les saisons 2016 et 2017.

Si seulement Mallya avait pu profiter de ce succès depuis le *pit wall* où Fernley et lui avaient si longtemps dirigé les opérations. Mais la justice indienne vint gâcher la fête. Hormis durant le Grand Prix de Grande-Bretagne, Mallya était contraint de vivre sa passion à distance, ce qu'il pouvait faire depuis sa résidence secondaire du Hertfordshire grâce aux progrès de la technologie. Il regardait les courses sur un grand écran tout en écoutant les conversations et pouvait à tout moment se joindre aux discussions avec les techniciens. « C'était encore mieux que d'être sur place. J'avais une console avec toutes les données, exactement comme dans le *pit wall*, et un micro qui me permettait de parler aux pilotes, aux techniciens, à tout le monde. Je ne ratais rien du tout. »

Rien du tout sauf l'odeur, le chahut et la camaraderie de ce sport fascinant au cœur duquel l'enfant de Calcutta se retrouvait propulsé.

Mais les ennuis judiciaires en cascade, liés notamment à la pagaille consécutive à la faillite de Kingfisher Airlines, finirent par l'épuiser. La brasserie familiale lui fila elle aussi entre les mains, rachetée par le groupe anglais Diageo. Le copropriétaire de Force India, Subrata Roy, président de Sahara Group, un des plus grands employeurs indiens et un des hommes les plus puissants du pays, était lui aussi dans le collimateur de la justice indienne.

Quand je l'ai rencontré en 2018, Mallya était convaincu d'être victime d'une chasse aux sorcières, pris pour cible à cause de sa fortune et de son image de millionnaire à cheveux longs, diamants aux oreilles et joaillerie clinquante. « Kingfisher était devenue la plus grande compagnie aérienne du pays, c'est le gouvernement qui l'a sabordée, affirme-t-il. Le gouvernement prétend que je suis personnellement responsable de l'intégralité de la dette d'une entreprise cotée en bourse. Sauf que dans une SARL, le directeur ne peut pas être tenu responsable. Le fond du problème, c'est que l'Inde a une histoire très compliquée avec les dettes, et comme plusieurs banques ont coulé, le gouvernement a décidé de me désigner comme bouc émissaire. »

Mallya a vendu plusieurs propriétés, son île au large de la Côte d'Azur et son appartement à 2,8 millions d'euros dans la Trump Tower, à New York. L'*Indian Empress*, le somptueux yacht qui était le cœur des festivités de chaque Grand Prix de Monaco, a été immobilisé à Malte, où il était amarré.

À l'été 2018, Mallya était coincé entre, d'un côté, ses problèmes avec la justice indienne et, de l'autre, une écurie qui engloutissait des fortunes. La situation fut résolue, à ses dépens, quand Sergio Pérez, son pilote principal, fit mettre Force India en demeure de régulariser plus de 4 millions d'euros de salaires impayés. En outre, l'écurie devait plus de 15 millions à Mercedes. La mauvaise nouvelle pour l'Inde était qu'elle venait de perdre son unique lien avec la Formule 1, mais la bonne nouvelle pour les quatre cents employés de Force India était qu'un autre milliardaire, Lawrence Stroll, ne demandait qu'à prendre le relais. Stroll, le cerveau derrière les marques Tommy Hilfiger et Ralph Lauren, avait investi 50 millions de livres dans la carrière de son fils Lance chez Williams, et montait à présent un consortium pour acquérir la cinquième incarnation de l'écurie de Silverstone (Jordan, devenue Midland, Spyker, Force India et à présent Racing Point) en seulement treize ans.

Aujourd'hui, Mallya a tiré un trait sur l'Inde. Il vit en Angleterre depuis 1992 avec sa famille et n'a plus aucune attache avec son pays natal, hormis ses œuvres caritatives, telles que son hôpital à Bangalore et son école, dans la même ville, classée parmi les meilleures du pays. Il a également lancé une initiative visant à fournir une instruction aux filles, largement négligées par le système éducatif indien, et finance des chantiers qui permettront d'alimenter des centaines de villages en eau potable. Tout cela depuis la Grande-Bretagne, où il partage son temps entre sa maison londonienne et sa propriété du Hertfordshire, ancienne résidence du père de Lewis Hamilton, Anthony, un bon ami qui habite non loin sur la même avenue. Bien qu'il ait dû vendre pour plus de 2 milliards d'euros de possessions diverses, Mallya a pu conserver quelques dizaines de voitures de toutes les marques, de Ferrari à Jaguar. Des survivances de sa passion pour la vitesse qui continueront de faire sa fierté et sa joie, même une fois éteint le frisson de la Formule 1.

13
SALE VOLEUR

Ken Tyrrell était un grand gabarit, 1,90 m pieds nus. Il avait de grandes mains, un long visage et une bouche pleine de dents. C'est donc un spectacle mémorable qu'il offrit à l'assemblée lorsqu'il grimpa sur une table pour traiter Bernie Ecclestone de « sale voleur ».

Du haut de son 1,60 m, Bernie le toisa de la tête aux pieds et, à en croire certains, menaça de le balancer par la fenêtre. Sur le plan physique, c'était assez peu vraisemblable, mais sur le plan métaphorique, l'éjection était pratiquement déjà actée. Les écuries commençaient à en prendre conscience, et de manière générale elles ne pouvaient s'en prendre qu'à elles-mêmes. « Voleur » était un mot jeté sous le coup de l'émotion, mais les disputes incessantes des patrons d'écuries avaient bien fait le jeu (et la fortune) d'Ecclestone, et ceux qui avaient cédé aux sirènes de l'argent facile s'étaient écrasés sans moufter dès qu'il leur avait fait miroiter un chèque.

Diviser, régner et contrôler étaient les trois mamelles de la méthode Ecclestone. Bien qu'il soit rarement pris en défaut, sa récente notoriété l'avait placé dans la ligne de mire des politiciens et des journalistes. Après son apparition sur la liste des grandes fortunes du *Sunday Times*, il s'était projeté tout seul dans une nouvelle crise en faisant don d'un million de livres au parti travailliste de Tony Blair. Quand celui-ci était arrivé au pouvoir, en 1997, les gouvernements européens cherchaient à faire interdire le sponsoring de la F1 par les fabricants de tabac, et en réponse Ecclestone avait menacé d'annuler le Grand Prix de Belgique. Les cigarettiers étaient depuis longtemps d'importants bailleurs de fonds pour les plus grosses écuries – Rothmans pour Williams, West pour McLaren, Mild Seven pour Benetton, Marlboro pour Ferrari, Benson & Hedges pour Jordan, et quant à British American Tobacco, BAR lui appartenait pratiquement. D'après une étude du *British Medical Journal*, les géants du tabac injectaient chaque année 250 millions de dollars dans la Formule 1.

Mosley et Ecclestone cherchaient à retarder l'inévitable, l'interdiction totale, et pour cela ils laissaient entendre que la Formule 1 quitterait la Grande-Bretagne pour l'Asie où le sponsoring des fabricants de tabac était autorisé. C'était bien sûr de l'enfumage, les écuries étaient solidement implantées en Grande-Bretagne et il aurait été presque impossible de déménager les usines et tout leur contenu à l'autre bout du monde, en Chine ou en Thaïlande. Et puis, de toute façon, Mosley et Ecclestone répétaient à qui voulait l'entendre que cette histoire était du chiqué. La Grande-Bretagne interdisait déjà la publicité pour les cigarettes et le reste de l'Europe suivait le mouvement, et du côté de Mosley la FIA cherchait à négocier des accords avec les écuries pour instaurer une interdiction volontaire. Mais les deux hommes avaient besoin de temps pour assurer la transition, car une diminution brutale des recettes risquait de mettre les écuries sur la paille.

D'après la version avancée par Ecclestone à l'époque, le million litigieux était un don ponctuel effectué à un nouveau et brillant Premier ministre qui promettait de baisser la fiscalité des grandes fortunes et soutenait la croissance des secteurs innovants tels que la F1. Que ce soit la vérité ou non – à vous de voir –, Ecclestone ne fut guère impressionné par le tapage entourant cette affaire, pas plus que par le nouveau Premier ministre. Il martela que ce don avait été sollicité par Blair et que lui n'avait jamais tenté d'influencer le débat sur le sponsoring par les cigarettiers.

Mais ce que croyait Bernie importe finalement peu, car une fâcheuse tempête éclata autour de celui qui, jusque-là, était toujours parvenu à garder un voile pudique sur ses affaires et ses finances. Il se retrouva scruté par les plus hauts échelons de l'administration et par les pages actualités des journaux. Il ne pardonna jamais à Blair ni à son gouvernement et, aujourd'hui encore, son mépris pour les politiciens demeure intact. Blair présenta des excuses et le parti travailliste lui renvoya son chèque, mais Ecclestone négligea de l'encaisser avant quatre mois. « J'avais autre chose à faire », répond-il.

Mosley se souvient : « Ils ont eu une attitude épouvantable. Je voulais joindre le 10 Downing Street[1] au sujet des actions que nous menions en faveur de la sécurité routière, et Bernie pour protéger la F1. S'il y avait eu un accident grave comme celui d'Imola [qui causa la mort d'Ayrton Senna pendant le Grand Prix de Saint-Marin en 1994], ça n'aurait servi à rien d'appeler les politiques le lundi matin. Il fallait qu'ils marchent avec nous en amont. »

Ecclestone se serait bien passé de cette agitation, car l'homme qui avait en principe deux coups d'avance venait brusquement d'apprendre que le futur risquait de se faire sans lui : les chirurgiens lui avaient découvert un problème au cœur, et Bernie se rendait compte que, s'il maîtrisait le monde de la Formule 1, il était impuissant face à sa propre mortalité. Il devait trouver un moyen de se décharger de la direction du sport tout en préservant ses revenus pour mettre à l'abri sa femme Slavica et ses deux filles, Petra et Tamara. S'ensuivirent des années de litiges et de brouilles, et des millions de dollars engloutis dans des actions en justice. Conscient que, s'il mourait avant sa femme, elle devrait payer 40 % de frais de succession sur l'héritage qu'il lui laissait, Ecclestone eut recours aux services d'un avocat spécialisé, Stephen Mullens, pour ouvrir à Jersey une fiducie, Bambino Holdings, qui recueillerait une partie des profits de la Formule 1. Après quoi il organisa l'introduction

1. Adresse londonienne de la résidence et des bureaux du Premier ministre britannique.

en bourse de la Formule 1, qui devait rapporter 2,5 milliards de livres.

Mais les affaires ne s'arrêtent jamais, pas même pour une admission au bloc opératoire. Le vendredi du Grand Prix de France, en juin 1999, j'ai croisé deux journalistes britanniques de la chaîne ITV, Jim Rosenthal et Tony Jardine, accoudés à la rambarde du balcon de la salle de presse, la mine abattue. Visiblement, quelque chose ne se passait pas comme prévu, car ils auraient dû être en train de planifier leurs interviews et leurs sujets pour l'émission du lendemain sur les qualifications. « Y aura pas d'émission, m'a simplement dit Rosenthal. Bernie a tout annulé. » Je ne pouvais pas parler à Ecclestone parce qu'il avait subi un triple pontage quarante-huit heures plus tôt. Peu de gens étaient au courant, il n'avait pas évoqué en public cette opération qui aurait provoqué un séisme dans un sport reposant en grande partie sur lui et son apparente immortalité.

Le samedi, vers 11 heures du matin, je me trouvais dans la salle de presse quand j'ai senti une tape bien particulière sur l'épaule, une tape que les années m'avaient enseigné à redouter. C'était Pasquale Lattuneddu, autrement dit les yeux et les oreilles d'Ecclestone dans le paddock. « Bernie veut te parler », m'a-t-il dit à l'oreille. J'ai répondu « Mais il est à l'hôpital », en me demandant comment nous allions procéder. Nous nous sommes rendus au bureau de la direction, qui était relié à la chambre qu'occupait Ecclestone dans une clinique londonienne. J'ai marmonné des souhaits de prompt rétablissement tout en me figurant la scène : Bernie en chemise d'hôpital, branché à un goutte-à-goutte sous l'œil attentif des infirmières. Il a paru aussi combatif qu'à l'accoutumée lorsqu'il m'a annoncé de sa voix impassible : « Bonne nouvelle. Apparemment, j'ai un cœur. » Il avait en outre une longueur d'avance sur ITV. La chaîne n'avait manifestement pas bien lu les clauses en petits caractères, mais lui les connaissait, et il en concluait qu'ITV diffusait les qualifications gratuitement depuis presque deux ans. Le moment était donc venu de donner un tour de vis : en effet, le Grand Prix de France à Magny-Cours précédait celui de Grande-Bretagne, à Silverstone, qui était l'épreuve reine pour ITV. Le timing d'Ecclestone était parfait, et il tenait la chaîne à la gorge. Acculée, ITV devait payer.

Ecclestone se requinqua en un rien de temps, et le célèbre « Kremlin », son bus gris parqué dans le paddock, ne tarda pas à être pris d'assaut par des patrons d'écurie furieux d'apprendre ce que l'introduction en bourse allait rapporter à Ecclestone et à son clan.

Vu de l'extérieur, on aurait pu s'étonner des reproches dont l'accablait Ron Dennis. Williams tout comme lui étaient assis sur des fortunes personnelles se comptant en dizaines de millions de livres, et les pilotes de Formule 1 étaient devenus une nouvelle race de multimillionnaires. Le temps des caravanes à auvent était terminé, elles avaient été remplacées par de vastes *motorhomes* avec bureaux et systèmes de communication, bar et restaurant ; et les patrons d'écurie et les pilotes se déplaçaient en avion ou en hélicoptère privé – bien que cela ne soit pas toujours un progrès, comme nous allons le voir.

Le Grand Prix de Grande-Bretagne 2000 devait se tenir en avril, à une date où il était garanti que les choses se passeraient mal. Depuis des mois, Ecclestone bataillait avec le British Racing Drivers' Club au sujet de l'avenir du circuit historique de Silverstone, où s'était disputé le premier grand prix du premier championnat du monde, en 1950. L'impasse dans laquelle s'étaient fourrées les deux parties déboucha sur une punition, à savoir l'obligation d'organiser la course, non pas en juillet comme d'habitude, mais à un moment où la météo promettait d'être affreuse. C'est effectivement ce qui se produisit, et l'épais brouillard qui enveloppait le circuit empêcha les hélicoptères de décoller. Ron Dennis et son pilote Mika Häkkinen, descendus au Manoir aux Quat' Saisons, un hôtel proche d'Oxford appartenant au célèbre chef Raymond Blanc et situé à une cinquantaine de kilomètres de Silverstone, avaient prévu de rejoindre le circuit en hélicoptère mais durent se résoudre à prendre une limousine. Lorsqu'ils se trouvèrent coincés dans l'interminable file de voitures qui se dirigeaient vers le circuit, il parut évident que, sauf mesure drastique, Häkkinen n'arriverait jamais à temps sur la grille de départ. La situation paraissait désespérée. Mais alors une moto s'arrêta près de la limousine, et sans hésiter Dennis ouvrit sa portière, arracha le passager à la selle, le remplaça par Häkkinen et ordonna au conducteur ahuri de se dépêcher, pendant que le passager prenait place dans la limousine et arrivait sur le circuit par le paddock, en compagnie du directeur de l'écurie McLaren.

Si Häkkinen était toujours ponctuel, Ayrton Senna, lui, fit poireauter tout le monde lors d'un certain Grand Prix de Grande-Bretagne. Les pales de l'hélicoptère sifflaient déjà et Ron Dennis et Gerhard Berger, à l'époque le coéquipier de Senna, commençaient à perdre patience. L'hélicoptère était posé près du Manoir, dans un champ où pâturaient des moutons, et le troupeau de ruminants donna à Dennis l'idée d'une vengeance amusante. Il sauta à terre et ramassa une boule de crottes qu'il enfonça dans les écouteurs de Senna. Lorsque le Brésilien arriva enfin et mit son casque, il fut le seul à remarquer une odeur étrange. Je me dois de préciser ici qu'il n'était pas rare que Senna soit l'objet de blagues à bord des hélicoptères. Un jour, il acheta une mallette en fibre de carbone qui, en plus d'être élégante, était théoriquement incassable. Berger décida donc de mettre sa solidité à l'épreuve en la jetant par le hublot de l'appareil. Personne ne sut jamais si elle avait résisté à l'atterrissage.

Ces plaisanteries offraient des respirations dans l'atmosphère de défiance que faisait régner le projet d'introduction en bourse conduit par Ecclestone. Les vieux de la vieille enrageaient que la famille de Bernie empoche la manne boursière en plus de sa part, considérable, des bénéfices du sport, alors que c'étaient eux qui assuraient le spectacle.

En 1999, la Formule 1 à son apogée attirait presque 41 millions de téléspectateurs dans 202 pays et les droits de diffusion s'élevaient à plus de 200 millions de dollars par an, auxquels s'ajoutaient les 150 millions déboursés par les promoteurs des circuits. C'était l'Eldorado du sport, un pays de Cocagne aux richesses infinies, et Dennis n'avait pas l'intention de rester les bras croisés pendant qu'elles lui filaient entre les doigts. Il déposa une requête devant les autorités européennes de régulation de la concurrence, arguant que la situation d'Ecclestone présentait un conflit d'intérêts puisqu'il représentait les écuries tout en s'arrogeant une partie des bénéfices et en siégeant à l'instance dirigeante de la FIA.

L'Union européenne exigea donc une séparation entre les pouvoirs de régulation de la FIA et les intérêts commerciaux d'Ecclestone. Pour cela, Mosley composa un tribunal spécial formé de quatre membres indépendants chargés d'organiser la vente. Ils fixèrent à 313 millions de dollars le montant des droits de commercialisation de la Formule 1 pour les cent années suivantes.

Ecclestone tomba des nues quand il fut obligé de cracher au bassinet pour des droits qu'il pensait déjà lui appartenir. Il avait dirigé la F1CA puis la FOCA, passé des contrats de diffusion et fait la tournée des promoteurs des circuits pour tirer un trait sur les accords bancals d'autrefois. À lui seul, il avait fait de la Formule 1 la catégorie reine du sport automobile et inventé un écosystème qui avait enrichi une foule d'acteurs et créé des milliers d'emplois.

Cette décision paraissait dérisoire dès l'instant où l'on comparait les montants en jeu avec ceux en vigueur dans le football, où Sky Television avait payé 670 millions de livres pour la Premier League anglaise de 1997 à 2001, et il y eut des cris d'orfraie dans tout le paddock où l'on soupçonna que, loin de faire régner l'équité, Mosley faisait bonne figure en public et arrangeait son vieux copain en coulisses. Sur le coup, Mosley répondit par la dérision. Aujourd'hui, il concède que c'était le seul moyen de stabiliser les finances précaires de la FIA. Il reversa l'argent à une fondation œuvrant pour la prévention routière qui a contribué à sauver des dizaines de milliers de vies.

Dans le milieu de la Formule 1, c'était la débandade. Tout le monde se méfiait de tout le monde, et surtout d'Ecclestone. Les déclarations contradictoires se multipliaient et les grands constructeurs – Ford, Toyota, Honda, Mercedes et BMW – s'associaient dans le projet de Grand Prix World Championship pour s'émanciper de la FIA, d'Ecclestone et de Mosley. Cette idée devait grandement aider les écuries à négocier de meilleures conditions, mais Ecclestone n'allait pas se laisser avoir : comme d'habitude, il allait diviser pour régner. Il proposa à Luca di Montezemolo 100 millions de dollars pour abandonner le GPWC et revenir dans son escarcelle. Montezemolo accepta, et ainsi Fiat, maison mère de Ferrari et un des moteurs du GPWC, rendait les armes.

Le GPWC était anéanti et Ecclestone avait rétabli son emprise.

Sa situation demeurait toutefois périlleuse, surtout lorsqu'il apparut que Dennis et l'Union européenne comptaient faire capoter ses projets d'introduction en bourse. Ecclestone décida donc qu'il ne lui restait plus qu'à vendre, et il trouva un acheteur prêt à débourser 1,1 milliard de dollars : la chaîne de télévision allemande EM.TV, qui détenait entre autres les droits des *Muppets*. Cette chaîne appartenait à Thomas Haffa, un entrepreneur aussi ambitieux que peu scrupuleux : il fut accusé d'avoir falsifié les comptes de la chaîne, le cours de l'action plongea et la société coula. Leo Kirch, un autre magnat allemand de la télévision, intervint pour sauver l'accord et paya 2 milliards de dollars. Une somme qui ne fit que décupler la colère des écuries, réclamant de savoir à qui appartenait désormais leur sport. Le manège des repreneurs successifs semblait ne jamais devoir s'arrêter, et Mosley lui-même commençait à s'inquiéter pour l'avenir de la F1.

Ecclestone était désormais abonné à la une des journaux, ses méthodes et son obsession du secret attisant la méfiance. Le vent était en train de tourner et les grands constructeurs revenaient à la F1 pour capitaliser sur sa diffusion mondiale, mais leur modèle économique traditionnel – conseil d'administration, comptes d'exploitation et actionnaires – les obligeait à la transparence, et ils n'acceptaient pas les activités clandestines d'Ecclestone et son refus de rendre publics les rouages internes de son empire.

Tout le monde, y compris lui, fut pris de court lorsque Leo Kirch fit à son tour faillite en 2002, laissant la Formule 1 entre les mains de ses créanciers : J.P Morgan, Lehman Brothers et la Bayerische Landesbank, une banque bavaroise fondée à Munich et entretemps renommée BayernLB.

Dans le paddock, l'atmosphère restait fébrile et chaque journée apportait son lot de nouvelles prises de bec. Au milieu de ce chaos, un visage revenait régulièrement, celui de Gerhard Gribkowsky, le responsable de la gestion des risques chez BayernLB, envoyé par les banques pour garder un œil sur la Formule 1. De tempérament jovial, cigare aux lèvres, il appréciait en connaisseur les vins servis par Karl-Heinz Zimmermann dans les *motorhomes*, savourait sa place au cœur de l'action durant les courses et rayonnait lorsque Bernie lui présentait les acteurs du sport ainsi que des célébrités et des têtes couronnées. Gribkowsky était un banquier, et les dizaines de millions de dollars qui transitaient chaque jour entre ses mains ne lui appartenaient pas. De son bureau munichois, il se retrouvait brusquement catapulté dans le monde exotique imaginé par Ecclestone. Comme tant d'autres avant et après lui, il était séduit par les paillettes, l'odeur et le bruit de la Formule 1.

Il arrivait cependant parfois qu'un sponsor ou un investisseur potentiel se montre insensible à ce grand cirque et menace de recourir à l'instrument financier le plus haï dans le milieu : la logique. Mais Eddie Jordan avait un plan pour ces cas-là. Quelques minutes avant le départ d'un grand prix, il emmenait son financier hésitant au garage, et il laissait la magie opérer. Les secondes s'égrenant, vingt moteurs se mettaient en marche et grimpaient à 16 000 tours-minute en produisant le vacarme d'un Concorde au décollage. Le sol tremblait comme à l'amorce d'un séisme, les vibrations remontaient dans les jambes et une onde de choc frappait la poitrine. C'était une surcharge sensorielle qui dépassait l'entendement de ces patrons d'entreprise plus habitués au confort de leur Jaguar ou de leur fauteuil de bureau. C'était brutal, terrifiant... et fascinant. Et cela, EJ le savait.

Gribkowsky aussi aimait ce frisson viscéral, mais le plus important pour les banques était de récupérer leur mise. Il tenta donc de vendre aux constructeurs, qui se montrèrent trop dispersés et égoïstes pour parvenir à se mettre d'accord ; quant aux écuries, elles ne voulaient rien savoir. Toutefois, pendant que Gribkowsky échouait dans ses recherches, Ecclestone, de son côté, trouva un acheteur fin 2005, le jour où il fut présenté à Donald MacKenzie, le président du fonds de capital-investissement CVC Capital Partners. Depuis ses bureaux implantés sur le prestigieux Strand londonien, CVC avait pris le contrôle d'une quantité d'entreprises, aussi bien l'Automobile Association et le RAC que les bagages Samsonite, Halfords ou les montres Breitling, composant un portefeuille valant une cinquantaine de milliards de dollars.

CVC voulait la Formule 1 mais ne pouvait pas y aller sans financements extérieurs. Cet obstacle aussi fut résolu par Ecclestone et son prodigieux carnet d'adresses. Il suffit d'un coup de fil à Fred Goodwin, le PDG de la Royal Bank of Scotland, et l'argent était débloqué. Au total, CVC déboursa 2,5 milliards de dollars.

Une fois de plus, Ecclestone avait vendu la Formule 1, et les caisses du fonds Bambino débordaient. La fortune personnelle de Bernie a été estimée à près de 3 milliards d'euros, mais personne n'en connaît le montant exact, peut-être même pas lui. En plus des liquidités en banque, il y a les biens immobiliers, l'aérodrome de Londres Biggin Hill, son hôtel de Gstaad, ses maisons, ses investissements... la liste est longue. Seule certitude, ce complexe processus de vente, difficilement décryptable sans l'aide d'experts-comptables et d'avocats, fit de Bernard Charles Ecclestone, simple fils de pêcheur, un homme extrêmement fortuné, et engraissa la fiducie familiale de 3,5 milliards d'euros minimum.

Bernie était désormais employé par CVC avec un salaire de 2,5 millions de livres sans compter les primes, et CVC s'engageait en outre à payer le kérosène du jet Falcon avec lequel il ralliait les différents circuits et prospectait de nouveaux sites qui feraient de la Formule 1 un investissement rentable pour CVC.

Ecclestone n'avait pas l'habitude du salariat, et les nouveaux gestionnaires affectés à l'administration de la Formule 1 – parmi lesquels Sir Martin Sorrell, qui dirigeait alors WPP, le plus grand cabinet de marketing et de relations publiques au monde, et Peter Brabeck-Letmathe, ex-président de Nestlé – ne savaient pas trop que faire de ce personnage imperturbable et taquin, qui avait l'œil pétillant et une blague pour chaque occasion. Jamais auparavant Ecclestone n'avait eu de comptes à rendre, et surtout pas à un conseil d'administration, si bien que, lorsque les nouveaux directeurs voulurent savoir ce qui se tramait dans la Formule 1, sa réponse fut « Rien à signaler ». Et puis, l'argent de la télévision continuant à affluer et Bernie continuant à développer la F1 loin de son berceau européen, les autres ne tarderaient pas à valider ses méthodes.

La Formule 1 était née en Europe et le Vieux Continent était resté près d'un siècle durant le cœur du sport automobile. Pour la saison 1998, cinq des seize grands prix seulement se disputèrent hors d'Europe, avec deux courses en Italie et en Allemagne, et les traditionnels rendez-vous français, britannique, autrichien, monégasque, espagnol, belge et hongrois. En 2018, l'Europe n'accueillait plus que neuf des vingt et un grands prix de la saison, les autres étant répartis entre Shanghai à l'est et Austin à l'ouest. La Formule 1 s'était ouverte au monde. Ou en tout cas à son argent.

C'est qu'Ecclestone avait découvert un filon abondant lorsque Jackie Stewart lui avait présenté Mahathir ben Mohamad, le Premier ministre malais. La Malaisie était un pays jeune qui désirait communiquer sur sa modernité, et elle allait faire du sport son support publicitaire de prédilection. En 1998, Kuala Lumpur organisa les Jeux du Commonwealth et, l'année suivante, le premier Grand Prix de Malaisie sur un circuit renvoyant Silverstone et Spa-Francorchamps à la préhistoire. Mieux encore, les promoteurs malais payaient quatre fois plus cher que leurs homologues européens le privilège d'organiser un grand prix, soit 40 millions de dollars.

Pour Ecclestone, c'était le paradis : il avait de nouveaux circuits rutilants et construits selon son cahier des charges. Kuala Lumpur était un modèle du genre, et les « super-circuits » commencèrent à sortir de terre aux quatre coins du monde, dessinés par Hermann Tilke, l'architecte préféré d'Ecclestone. Pour Bernie, l'Europe était devenue le « Tiers Monde » et l'argent était à chercher du côté des ambitieux gouvernements moyen-orientaux qui, à l'instar de la Malaisie, étaient prêts à passer à la caisse pour se faire une place sur la scène mondiale. La Formule 1 intéressait le monde entier, et les promoteurs s'y précipitaient. La Turquie, l'Inde, la Chine et la Corée érigèrent à leur tour d'immenses temples qui lui étaient dédiés – mais ces arènes se ressemblaient toutes et, contrairement aux bastions européens comme Monza ou Silverstone, elles n'étaient pas vouées à entrer dans la légende.

Il était 21 heures, heure de Londres, quand mon téléphone sonna. Nous étions en 2011 et je me trouvais dans un hôtel de Séoul, le Millenium Hilton, offrant une vue splendide sur la vibrante capitale coréenne. Ce n'était toutefois qu'une étape, car le lendemain je devais prendre un train pour Mokpo. Je compris tout de suite ce qui se passait. Ecclestone avait dû décrocher son téléphone dès qu'il avait lu dans le *Times* ma présentation dévastatrice du deuxième Grand Prix de Corée organisé à Mokpo, un port situé à quatre heures de train de Séoul et tellement isolé qu'il était inconnu des Coréens eux-mêmes. Voici ce que disait le troisième paragraphe de mon papier : « Aujourd'hui, les trains et les avions vont amener le petit monde de la Formule 1 dans la ville fantôme où se tient le grand prix. Bienvenue à Mokpo, qui accueille à bras ouverts les professionnels du sport – et pratiquement personne d'autre. » À l'évidence, j'avais fait mouche, et j'imaginais Ecclestone lisant l'objet du délit, concentré, un œil clos et une main tenant la branche de ses lunettes.

« Où es-tu ? attaqua-t-il.

— Dans un hôtel à Séoul, Bernie.

— Donc t'es pas encore allé à Mokopoko ?

— J'attendais le dernier moment. Je n'ai pas vraiment envie de m'attarder là-bas – et c'est Mokpo, au fait. »

Puis un silence, et enfin : « Je comprends. C'est le trou du cul du monde, hein. »

S'il y a bien une chose qui caractérise Ecclestone, c'est sa franchise. Et, dans le cas présent, il assumait sans broncher la responsabilité de ce que nombre de commentateurs considéraient comme la pire manche du championnat. Le circuit de Yeongam, perché sur une presqu'île au sud du pays, avait été bâti sur un marais asséché face à la mer Jaune. Un entrepreneur avait convaincu Ecclestone que la Formule 1 serait la première pierre d'une ville nouvelle, le circuit devenant un parcours urbain à travers une station balnéaire flambant neuve. Un grand et beau projet auquel il ne manquait qu'une seule chose : la station balnéaire.

Lors du premier grand prix, en 2010, je fis retentir l'alarme en entrant dans mon hôtel, curieusement décrit comme un « Love Motel », à l'écart de la rue, avec portes noires et vitres fumées. À la réception, on me remit un kit de bienvenue comprenant un peigne, du shampooing, du savon, une brosse à dents ainsi que... des préservatifs et du lubrifiant. La chambre ressemblait au plateau d'un film pornographique : vastes miroirs et téléviseur grand écran proposant une kyrielle de chaînes à contenu sexuel. D'après ce que je compris, les jeunes Coréens avaient beaucoup de mal à trouver des endroits où faire ce que leur dictaient leurs hormones, si bien qu'ils louaient des chambres à l'heure dans des love motels semblables au mien.

À notre retour l'année suivante, le circuit de Yeongam était resté fermé toute l'année et ressemblait à la maison poussiéreuse et pleine de toiles d'araignée de Miss Havisham dans *Les Grandes Espérances* de Charles Dickens. Tous les attributs de la Formule 1 étaient encore là, jusqu'aux sandwichs moisis dans les réfrigérateurs des centres d'accueil et aux fleurs mortes dont les pétales jonchaient les tables répugnantes. Les spectateurs furent rares, contrairement aux insectes venus en masse des marais environnants pour envahir le paddock à la nuit tombée, et la course fut un désastre financier, même après que les conditions eurent été renégociées avec Ecclestone. Vous comprenez sûrement mieux la raison de mon papier accablant en amont du Grand Prix 2011.

Chaque Grand Prix de Corée accumulait des pertes avoisinant les 20 millions d'euros, et le dernier eut lieu en 2013. Cela se fit dans l'indifférence générale, sauf à Mokpo, où l'immense circuit ne verrait probablement plus jamais l'ombre d'une F1. L'Inde et la Turquie emboîtèrent le pas à la Corée, et la tentative espagnole d'organiser une course sur les quais de Valence, réaménagés à l'occasion de la Coupe de l'America, échoua pareillement.

Au même titre que Silverstone, Indianapolis était un des hauts lieux du sport automobile, et Ecclestone s'acharna pendant quatre années à ressusciter le Grand Prix des États-Unis dans un pays qui rangeait la Formule 1 dans le même sac que le cricket, celui des sports incompréhensibles. Lorsque la famille George, propriétaire du circuit d'Indianapolis, reprit le Grand Prix des États-Unis en 2000 après huit années d'interruption, ce fut un grand progrès. Hélas, les différences culturelles et commerciales étaient profondes, et Ecclestone n'arrangea pas les choses lors de la conférence de presse, quand on lui demanda à combien se montait la dotation pour le vainqueur.

« Ça ne vous regarde pas », répliqua-t-il sans un regard pour le journaliste qui l'avait interrogé. L'hostilité était déjà grande, il n'était pas nécessaire qu'un journal décrète en plus que la Formule 1 était un sport de gens vêtus en noir, qui sirotaient du champagne et menaient la grande vie. Au moins les bars, restaurants et hôtels firent de bons chiffres, même si les habitants d'Indianapolis devaient découvrir qu'ils n'étaient plus chez eux dans leur ville. Lorsque Mari Hulman George, présidente du directoire d'Indianapolis et mère de Tony George, le président du circuit de Speedway, voulut entrer dans sa suite privée pour le grand prix, elle se vit refuser l'accès faute de pass émis par Ecclestone. Elle aurait alors dit au portier : « Je suis la propriétaire, je suis chez moi », et celui-ci lui aurait répondu : « Non, pas aujourd'hui. »

Malgré l'élégance vestimentaire de rigueur et la qualité des affrontements sur la piste, le Grand Prix des États-Unis 2005 fut un désastre. Quelques jours avant, un journaliste demanda à Ecclestone ce qu'il pensait de Danica Patrick, la jeune pilote qui avait décroché la quatrième place de l'Indianapolis 500, une des courses les plus difficiles au monde. La réponse de Bernie est restée célèbre : « Vous savez, à mon avis, les femmes devraient être en blanc, comme les autres appareils ménagers. » Ouille. Certes, cela promettait de faire la une des journaux, mais pas autant que ce qui allait suivre, car ce grand prix fut probablement l'un des épisodes les plus embarrassants de l'histoire de la F1.

Le circuit d'Indianapolis est construit à l'intérieur du célèbre Speedway, et la course devait se dérouler dans le sens des aiguilles d'une montre, contrairement à l'Indy 500, avec un long virage à droite avant la ligne d'arrivée. Mais les voitures arrivaient si vite dans ce virage que les pneus Michelin chaussant sept écuries sur les dix ne tenaient pas le coup, à l'inverse des Bridgestone – qui équipaient uniquement Ferrari, Jordan et Minardi. Un avertissement clair fut donné pendant les essais libres du vendredi, quand le pneu arrière gauche de la Toyota de Ralf Schumacher éclata à 290 km/h dans le dernier virage. L'Allemand fit une brutale sortie de route et dut déclarer forfait.

Le samedi soir, au terme des qualifications, il apparaissait évident que les voitures chaussées Michelin ne pourraient courir à des vitesses compétitives et, à Londres, le téléphone de Max Mosley sonnait sans arrêt. Ecclestone convoqua les écuries pour tenter de trouver un compromis : ajouter une chicane qui ralentirait les voitures et sortir l'événement du championnat s'il contrevenait aux règlements de la FIA. Mais Jean Todt, le directeur sportif de Ferrari, refusa catégoriquement de participer aux pourparlers. De son côté, Mosley avertit Indianapolis que les conséquences potentielles étaient trop importantes au regard des assurances et que la Formule 1 allait se désengager de ce circuit s'ils acceptaient le compromis. La situation paraissait sans issue.

Jamais je n'avais vu Ecclestone aussi ébranlé. Il fonçait d'un garage à l'autre, le téléphone rivé à l'oreille pour supplier Mosley d'autoriser les écuries Michelin à courir en ajoutant une chicane, ne serait-ce que pour apaiser les dizaines de milliers d'Américains qui affluaient dans les gradins d'Indianapolis. Mais pour une fois l'amitié n'y fit rien, et une heure avant le départ de la course des rumeurs prétendaient que les écuries équipées de Michelin n'allaient pas prendre le départ. Cela semblait impossible. Les gradins étaient pleins à craquer et partout dans le monde des postes de télévision s'allumaient dans l'attente de l'événement sportif du jour. La Toyota de Jarno Trulli occupait la pole position, suivie par la McLaren de Kimi Räikkönen et la BAR Honda de Jenson Button. La première Ferrari était celle de Michael Schumacher, en cinquième position. À l'issue du tour de chauffe, alors que les voitures approchaient lentement du dernier virage, qui avait coûté sa voiture à Ralf Schumacher, Trulli s'engouffra dans la *pit lane,* imité par Räikkönen puis par Button, Fisichella, Alonso et les autres pilotes Michelin. Lorsque les spectateurs comprirent ce qui se passait, ils se levèrent comme un seul homme et exprimèrent leur mécontentement. Seules six voitures coururent – deux Ferrari, deux Jordan et deux Minardi. Schumacher et Barrichello terminèrent premier et second sur Ferrari. L'unique victoire de Schumacher cette saison-là était bien triste.

Rares furent les spectateurs à rester dans les gradins pendant que les fans déferlaient vers l'entrée du paddock pour passer leur colère. À l'intérieur, on s'exprimait à voix basse car la moindre trace d'accent anglais risquait de mettre le feu aux poudres. Les écuries purent ressortir en un seul morceau grâce à l'intervention de la police, mais ce jour-là l'image de la Formule 1 fut irrémédiablement ternie aux États-Unis. Il n'y eut par la suite que deux autres grands prix organisés sur le Speedway, Tony George – ainsi, peut-être, que sa mère – estimant qu'ils n'étaient pas viables commercialement, sans même parler du stress qui les accompagnait.

Cet échec américain ne perturba nullement les autres circuits et, à un moment où il apparaissait que la Formule 1 pouvait cesser sa ruée vers l'or, Bernie Ecclestone fut guidé par son flair légendaire sur de nouveaux filons. Les courses européennes faisaient désormais face à la concurrence de pays prêts à accepter des frais d'inscription quatre fois plus élevés que les leurs et à investir plusieurs dizaines de millions d'euros dans des circuits flambant neufs ou à transformer des artères urbaines en pistes de course.

Peter Brabeck-Letmathe n'était certainement pas le plus ardent supporter de Bernie Ecclestone quand il intégra le directoire de la Formule 1, mais sa première venue sur le Grand Prix du Bahreïn le fit radicalement changer d'avis. À l'approche du circuit de Sakhir, construit dans le désert non loin de la capitale Manama, il marmonna : « Maintenant, je comprends. Ecclestone est un génie. » Le circuit avait coûté plus de 150 millions de dollars et inaugurait un projet à 2 milliards qui devait faire sortir du sable tout un quartier dédié aux affaires et au loisir.

Si seulement les choses avaient pu être aussi simples. Au cours de sa carrière, Ecclestone avait eu à affronter des écuries frondeuses, des banquiers inquiets, des avocats agressifs, des enquêteurs tatillons, et désormais il avait sur le dos les militants des droits humains.

Le Printemps arabe qui déferlait sur le petit État insulaire du Bahreïn causa l'annulation du Grand Prix 2011. Les manifestants affirmaient que les charges de la police contre des rassemblements non violents avaient fait quatre-vingt-treize morts dans leurs rangs. L'année suivante, le Printemps arabe n'était plus qu'un souvenir mais les manifestations reprirent à l'approche du grand prix. Les organisateurs déclarèrent une « Journée de la fureur » contre la Formule 1, qualifiée de marionnette de la famille royale, ce qui était difficilement contestable dans la mesure où la course était le projet personnel du prince Salman, le fils du roi. Elle était en outre affublée du slogan « UniF1ed », en contravention avec l'article 1 des statuts de la FIA, qui déclare : « Dans ses activités, la FIA s'interdit toute discrimination ou action pour des raisons [politiques]. »

Les écuries craignaient pour leur sécurité dans un pays où le gaz lacrymogène et les cocktails Molotov étaient monnaie courante, et où le circuit de Sakhir était une forteresse protégée par des troupes armées, des blindés et des chars d'assaut. Les VIP étaient accompagnés jusqu'à la piste par des militaires, et une équipe d'intervention s'était entraînée à l'éventualité d'un attentat durant la course. Le grand prix allait être encadré par la loi martiale.

Cinq jours avant la course, dans le village d'Al Dair, collé aux barbelés de l'aéroport international du Bahreïn, j'ai vu des femmes vêtues de l'abaya noire traditionnelle défiler en silence dans les rues. Un escadron de policiers, fusils chargés, surveillait ces femmes et ces enfants qui appelaient au renversement du roi et scandaient « Oui à la liberté, non à la Formule 1 ». Avant que nous nous envolions pour le Bahreïn, Ecclestone m'avait répété que « la F1 ne se mêle pas de politique », mais la politique était devenue incontournable. Des femmes m'ont raconté que leur mari et leurs fils avaient disparu, et une petite fille m'a dit que le cadavre de son père, blogueur, avait été retrouvé devant la porte de leur maison. Le visage des défunts était dessiné sur les murs blancs, et un vieil homme est venu me trouver en me montrant du doigt le caniveau ; nous y avons ramassé des projectiles en caoutchouc et des cartouches de gaz lacrymogène. Je les ai toujours sur mon bureau. La population était calme et généreuse, et nous a offert des boissons fraîches pour apaiser la chaleur du désert. Nous avons ensuite attendu la fin de la prière dans la mosquée à l'entrée du village, car les habitants nous avaient prévenus que c'était l'heure à laquelle la police viendrait noyer les rues sous un nuage de gaz irritant.

Difficile de ne pas être ému par ces histoires, qui me démontraient que le sport est indissociable de la politique. Le strass et les paillettes de la Formule 1 n'étaient rien pour ces villageois, car le Grand Prix du Bahreïn se tiendrait derrière une muraille d'acier. Néanmoins, Ecclestone avait raison : si Mercedes pouvait vendre des voitures au Bahreïn et Coca-Cola des bouteilles de soda, pourquoi la Formule 1 aurait-elle dû s'interdire ce marché ?

Notre chauffeur, Mohammed, un type jovial au sourire indéboulonnable, nous a emmenés dans un café où nous avons patienté en compagnie d'une cinquantaine de manifestants qui attendaient de pouvoir descendre dans la rue. Nous entendions le tintement des cartouches de gaz qui tombaient au sol à quelque distance de là, et nous sentions l'odeur âcre qui commençait à envahir les petites rues. L'heure tournait et je devais envoyer sans tarder mon article au *Times*. Je me suis recroquevillé à l'arrière de notre petite voiture – qui nous servirait à fuir en cas de grabuge – et je me suis mis à écrire. Mais, au moment d'envoyer, ma clé 3G a refusé de fonctionner. Le temps pressait. Tandis que je pianotais frénétiquement sur mon clavier, j'ai vu une centaine de jeunes passer en courant. L'un d'eux s'est arrêté pour me demander si j'avais un problème. Après que je lui ai expliqué ma situation, il a sorti son iPhone de sa poche, l'a déverrouillé et m'a permis de l'utiliser pour envoyer mon papier.

Nous sommes allés nous réfugier en lieu sûr pendant que la police écumait les rues, puis, une fois les hommes en arme repartis, nous avons gagné par les ruelles une zone plus tranquille.

Le lendemain, une jeune femme a pris la tête d'un cortège dans le centre de Manama et affronté seule les rangs de la police pour exiger la libération de son père emprisonné. Elle a été rejointe par quelques autres femmes, puis par un groupe d'hommes. Soudain, on a entendu la puissante détonation des grenades incapacitantes et la foule s'est dispersée. C'était un exemple effrayant du quotidien tumultueux des Bahreïnis.

Les écuries n'étaient pas sereines, et les mécaniciens de Force India eurent la peur de leur vie quand un cocktail Molotov manqua de peu le bus qui les conduisait de Manama jusqu'au circuit. Bob Fernley, le directeur adjoint, décida de retirer l'écurie des essais du vendredi soir afin de regagner la capitale avant la tombée de la nuit. Ecclestone voulut contraindre Force India à rester, mais Fernley se montra intraitable. La Formule 1 était en alerte.

Ecclestone fut amèrement critiqué pour l'organisation de ce grand prix. Pourtant, avant la course, il avait discrètement rencontré le Dr Ala'a Shehabi, une importante militante des droits humains, et entendu ses griefs. Les fanfaronnades publiques de Bernie ne reflétaient pas ses inquiétudes profondes. Il savait qu'il y avait un risque. Heureusement, tout le monde dans le cirque de la F1 s'en tira sans encombre. Il n'y eut ni mort ni blessé à déplorer, mais l'image du sport n'en sortait pas grandie.

Les relations avec des gouvernements ciblés par les organisations de défense des droits humains étaient devenues habituelles car ces gouvernements ne regardaient généralement pas à la dépense, et Ecclestone se jeta dans la gueule du loup le jour où il présenta Vladimir Poutine comme le sauveur potentiel de l'Europe. Or, c'était un point de vue presque aussi unanimement condamné que son admiration pour Adolf Hitler. Je n'en fus toutefois pas surpris. En 2008, après la cérémonie de remise des Laureus Sports Awards à Saint-Pétersbourg, alors que j'attendais dans la salle de presse que le président russe vienne s'adresser aux journalistes, les portes s'ouvrirent sur Bernie Ecclestone.

« Qu'est-ce que tu fais là ? » me demanda-t-il, abasourdi. « Je te retourne la question », lui répondis-je. La réponse était qu'il tentait de mettre sur pied un Grand Prix de Russie. Poutine avait d'abord souhaité une course dans les rues de Saint-Pétersbourg, puis la ville de Sotchi avait été nommée organisatrice des Jeux olympiques d'hiver 2014, et son attention s'était alors déplacée vers cette station balnéaire sur la mer Noire. Le gouvernement y avait construit pour plus de 30 millions d'euros d'infrastructures et avait besoin d'un nouvel événement qui justifie cette somme.

Les défenseurs des droits humains firent la grimace en apprenant que la Formule 1 allait succéder aux J.O. à Sotchi, mais Ecclestone tint bon. Il paraissait avoir noué une relation d'admiration mutuelle avec Poutine. L'homme fort du régime russe se refuse à parler anglais en public, mais Ecclestone confie entretenir des relations très cordiales avec lui, et Poutine est même allé jusqu'à inviter l'ancien propriétaire des Queens Park Rangers à la Coupe du monde 2018 en Russie. Il faut ici raconter une scène touchante qui eut lieu lors du Grand Prix de Russie 2015. Ecclestone était assis dans la tribune présidentielle et, alors que la soirée touchait à sa fin et que la température fraîchissait, Poutine adressa un signe à son garde du corps, lequel vint déposer une veste sur la chemise blanche de l'Anglais qui avait dépassé de vingt ans l'âge de la retraite. Ecclestone fut si ému par mes photos de ce moment qu'il m'en demanda une copie pour son bureau.

Cela étant, Bernie ne s'écrasait devant personne, même quand il s'agissait d'un des hommes les plus puissants du monde. Le centre d'accueil au-dessus de la piste de Sotchi était rempli d'officiels d'État lorsque Bernie commença à évoquer l'idée d'un nouveau grand prix. Il estimait son potentiel immense, mais le lieu n'était pas sans poser quelques problèmes – il s'agissait de Damas, en Syrie. « Le souci, dit Bernie en se tournant vers le plus haut dignitaire présent, c'est que vous avez bombardé toutes les routes, donc comment est-ce qu'on va faire pour arriver au circuit ? » Et il ponctua sa question d'un grand sourire. Le dignitaire qui reçut cette plaisanterie de bonne grâce était le président de la fédération de Russie, Vladimir Poutine.

14
TURBULENCES

Le plus grand scandale d'espionnage industriel de l'histoire de la Formule 1 fut l'œuvre de deux jeunes hommes emportés par leur rivalité. Fernando Alonso et Lewis Hamilton semblaient pourtant incarner la combinaison parfaite, un mélange de jeunesse et d'expérience, quand Ron Dennis leur confia les deux McLaren de son écurie en 2007.

Les années de vaches maigres avaient été trop nombreuses, et même si McLaren demeurait une écurie de premier plan qui gagnait des grands prix, elle n'avait plus été championne du monde depuis Mika Häkkinen en 1999. Quand Alonso arriva, il avait déjà remporté deux titres avec Renault : il était jeune, intelligent et ambitieux. Hamilton, lui, était le prodige de Dennis : il avait tout gagné dans les séries junior et rêvait de percer en Formule 1. Dennis commença par refuser de lui donner un volant car son poulain n'avait que vingt-deux ans, mais le père de Lewis, Anthony, insista et laissa planer la possibilité de placer son fils ailleurs. Dennis n'avait d'autre choix que de le faire monter en F1. Ce faisant, il libéra une tornade. Hamilton était exceptionnel, et son talent et son absence de scrupules stimulèrent Alonso. Le titre semblait promis à McLaren. Restait à savoir lequel des deux le décrocherait.

Bien loin de l'optimisme qui régnait à Woking, au siège de McLaren, le « Spygate » débuta lorsque le patron d'une imprimerie anglaise appela Maranello pour signaler qu'une femme avait photocopié un document de 780 pages qui semblait être le manuel d'utilisation de la F1 Ferrari millésime 2007. Cette femme avait pour nom de famille Coughlan, tout comme le concepteur en chef de McLaren, Mike Coughlan. Celui par qui le manuel avait fuité se révéla être Nigel Stepney, le chef mécanicien de Ferrari et bras droit de Ross Brawn, le directeur technique, qui avait quitté Maranello en 2006, en même temps que Michael Schumacher, prétendument pour prendre une année sabbatique.

Sans perdre un instant, Jean Todt transmit les preuves à Mosley et à la FIA. Si ces allégations d'espionnage industriel se confirmaient, ces révélations étaient suffisamment graves pour faire tomber le principal adversaire de la Scuderia. Dennis devina que l'affaire dépassait le cadre des habituels échanges d'informations entre écuries et identifia un risque que cette saison prometteuse s'achève en eau de boudin. Pire encore, la crédibilité de son écurie volerait en éclats et tous ses espoirs d'être ordonné chevalier, à la suite de Sir Frank Williams et de Sir Jackie Stewart, tomberaient à l'eau.

Comme si le malaise n'était pas assez grand, un cap supplémentaire fut franchi avant le Grand Prix de Grande-Bretagne, Dennis devant prononcer un discours suivi d'un pot dans le *motorhome* McLaren. Le vin blanc qui devait être servi était un sauvignon néo-zélandais de l'appellation... Spy Valley. Les bouteilles furent promptement évacuées et remplacées.

Quatre jours après la victoire d'Alonso au Grand Prix d'Europe, le 22 juillet, sur le Nürburgring, réduisant à deux points l'écart avec Hamilton, Mosley réunit le Conseil mondial du sport automobile pour qu'il enquête sur les affirmations de Dennis selon lesquelles aucun document appartenant à Ferrari n'était allé plus loin que Coughlan. Le Conseil se prononça en faveur de McLaren, mais Ferrari enrageait et Mosley recevait des pressions considérables de la part de Montezemolo et de Sergio Marchionne, le directeur général de Fiat, qui voulaient la peau de Dennis et de McLaren.

Je cite ici Montezemolo : « Personne chez McLaren ne pouvait faire un geste sans que Ron soit au courant. C'était une force, mais aussi une faiblesse. Je ne sais pas ce qui s'est réellement passé, mais je pense quand même qu'il était au courant. »

Dennis avait la réputation d'avoir des yeux partout, et cette réputation alimenta forcément les soupçons. Quoi qu'il en soit, l'affaire semblait close… et elle le fut jusqu'au grand prix suivant, en Hongrie, quand Dennis eut à jongler avec deux égos en conflit, celui de Hamilton, qui menait au classement, et celui de son coéquipier théoriquement plus prestigieux. Sans surprise, tout partit en vrille pendant les qualifications. Dans l'univers complexe de la Formule 1, les coéquipiers étant à la fois rivaux et collègues, il est important que l'ordre règne entre eux. Hamilton, à qui la pole position ne semblait pas pouvoir échapper, aurait dû s'arrêter aux stands pour changer de pneus avant de survoler son dernier tour. Au lieu de cela, il y entra juste derrière Alonso et perturba toute la belle mécanique des stands. Voyant que Hamilton lui collait au train, l'Espagnol ne se pressa pas de repartir. Et lorsqu'il s'élança pour ravir la pole position à Hamilton, le jeune prodige n'avait plus le temps de battre son chrono. Furieux, Dennis balança ses écouteurs et alla passer un savon à l'entourage d'Alonso, même s'il devait admettre par la suite que c'était Hamilton qui avait causé l'altercation en ne tenant pas compte des consignes. Pire encore, Alonso fut pénalisé pour avoir traîné dans les stands et fut relégué en sixième position sur la grille.

Le lendemain matin, quelques heures avant le départ du Grand Prix, Alonso vint avertir Dennis qu'il avait sur son ordinateur un e-mail compromettant et qu'il le montrerait à Mosley si aucune action n'était entreprise contre Hamilton. Pour Dennis, c'était une tentative de chantage pure et simple, même s'il ne voyait rien de dangereux dans le message envoyé par Pedro de la Rosa, son pilote d'essai : entre diverses informations sans intérêt, l'e-mail en question expliquait que Ferrari gonflait ses pneus à l'azote. Dennis téléphona à Mosley sur-le-champ. Il n'avait plus aucune confiance en Alonso, à tel point qu'il songeait à mettre son champion du monde sur la touche. Mosley lui recommanda la prudence et Alonso put courir, mais il n'arriva qu'en quatrième place tandis que Hamilton s'arrogeait une nouvelle victoire.

Cet e-mail était peut-être anodin aux yeux de Dennis, mais, du côté de Mosley, il suffit à ordonner un examen approfondi des bases de données de McLaren, examen qui aboutit à une nouvelle audition. Dennis produisit des attestations rédigées par ses deux pilotes, plus de cent quarante techniciens, ses cadres dirigeants et lui-même, chacun affirmant ne rien savoir des documents délictueux transmis par Stepney. Cela n'empêcha pas la FIA d'infliger à McLaren une amende record de 100 millions de dollars, et l'écurie fut disqualifiée du championnat des constructeurs 2007. Pour Dennis, c'était un revers amer – et coûteux, car McLaren ne toucherait aucune prime, même si l'écurie remportait dans les faits le championnat des constructeurs.

Lors du Grand Prix de Belgique, quelques jours après la décision de la FIA, Mosley et Dennis participèrent à une séance photo lors de laquelle ils durent se serrer la main sur les marches du *motorhome* McLaren. Leur langage corporel était affligeant, Dennis pinçant les lèvres pendant que Mosley lui souriait avec l'air de lui répéter les motifs de la condamnation : « 5 millions de dollars pour l'infraction, 95 millions parce que tu es un sale con. » Par la suite, Mosley m'a confié : « On a eu la preuve quand Ron s'est mis Alonso à dos, mais il continuait encore à nier. »

Une saison prometteuse explosait au visage de Dennis. Ses pilotes étaient tellement occupés à se mettre des bâtons dans les roues que Kimi Räikkönen, qui avait quitté McLaren pour Ferrari fin 2006, empocha le titre mondial lors de la dernière course.

À son tour, Alonso quitta McLaren au terme de la saison après une réunion tendue avec Dennis à Woking. Humilié et blessé, l'Espagnol repartit chez Renault. Dennis était convaincu que la sentence infligée à McLaren dépassait le cadre de l'espionnage industriel et qu'il payait surtout pour s'être opposé au projet d'Ecclestone d'introduire la Formule 1 en bourse, pour avoir sans cesse tenté de mettre un terme au statut d'exception dont jouissait Ferrari, et pour avoir réclamé de meilleures conditions pour toutes les autres écuries. Alors que les dotations dues à McLaren, Williams et Tyrrell avaient été bloquées quand ils avaient refusé de signer les Accords Concorde de 1997 et 1998, et alors que Dennis poursuivait sa campagne de dénonciation de l'introduction en bourse, Flavio Briatore, Tom Walkinshaw, Alain Prost et Eddie Jordan recevaient 10 millions de dollars de primes. À ses amis, Dennis expliquait : « Je sais très bien ce qui se passe. C'est à cause de toutes les fois où j'ai tenu tête à Max et à Bernie. Ils se vengent. »

Dennis avait débuté mécanicien et fini à la tête d'une des écuries les plus titrées de l'histoire de la F1. Il était puissant et indépendant, il n'avait pas peur de donner son avis et il avait passé sa vie à se rendre impopulaire auprès de ses collègues du fait de sa franchise et de son insistance à rester dans les clous – même si cela lui avait valu quelques pilules empoisonnées en cours de route. Néanmoins, il se méprenait sur le compte de Mosley, à en croire Paul Stoddart, l'ancien patron de Minardi, qui connaît bien les personnages de ce drame.

« Ron a été volé quand il s'est fait sucrer le championnat et qu'il a dû payer 100 millions de dollars d'amende, m'a confié Stoddart. C'était vraiment Max sous son pire jour. Si, à un moment, Ron avait annoncé qu'il faisait machine arrière, toute la baudruche se serait dégonflée, McLaren aurait remporté le titre, et les 100 millions seraient restés dans sa poche. C'était évidemment une affaire personnelle. Ça a été une période sombre pour la Formule 1. »

La décision de la FIA avait abasourdi tout le milieu. Non seulement cette amende était une humiliation, mais elle menaçait potentiellement une entreprise employant des centaines de salariés innocents. Sir Jackie Stewart, qui avait appris à ses dépens ce que cela fait d'être extérieur au sérail, contesta la décision. Il voyait en Dennis un des rares acteurs honnêtes de ce sport et n'avait que suspicion envers le président de la FIA. De leur côté, Mosley et Ecclestone toléraient Stewart, qui aimait l'attention au point de débarquer dans le paddock en costume tartan frappé du nom de son prochain sponsor. Lors d'un déjeuner de presse à Londres, il suffit à Mosley de quelques phrases salées pour transformer le ressentiment en rancune. « Il y a notamment un ancien pilote qui ne la ferme jamais, qui n'écoute donc jamais personne et qui n'a aucune idée de ce qui se passe réellement. Du coup, il raconte partout que c'est une affaire personnelle entre Dennis et moi parce qu'il ne peut pas s'empêcher d'étaler sa science. C'est la risée de tous les pilotes. Il s'habille comme un chansonnier des années 1930. Un abruti comme on n'en fait plus. » Vert de rage, Stewart menaça de le traîner en justice.

Bien que Mosley ait nié toute dimension personnelle dans la décision de la FIA, il ne semblait pas mécontent d'avoir mis à genoux un homme aussi fier, sinon arrogant, que Dennis. Connaissant ce dernier, j'ai du mal à le croire capable de mentir ou de tricher aussi éhontément, et cet épisode l'a profondément marqué. Encore aujourd'hui, il refuse d'évoquer le « Spygate », mais promet qu'il écrira un livre afin de laver son nom et d'expliquer les événements à ses petits-enfants.

Bernie Ecclestone aime à dire que son travail consistait à éteindre des incendies – et, lorsqu'il n'y en avait pas, à en allumer. Mais la Formule 1 était devenue le paradis des pyromanes. La triche – ou plutôt le dépassement des limites, comme diraient les ingénieurs – y a toujours joué un rôle fondamental, et le Spygate ne semblait en être que la dernière manifestation en date. C'est du moins ce que croyait Ecclestone, sans se douter qu'un nouvel incendie couvait.

Flavio Briatore était devenu de plus en plus spontané, sinon extravagant, dans son rôle au sein de la Formule 1. Mais il était désormais sous pression car Renault, l'écurie avec laquelle il avait fait son retour aux affaires quand le constructeur français avait racheté Benetton, était exclu de la course aux titres dominée par

Ferrari et McLaren. Les résultats étaient peu brillants, et Briatore donnait l'impression de se consacrer davantage aux aspects politiques du sport qu'à la victoire. Ecclestone approchant les quatre-vingts ans, Mosley soupçonnait l'Italien de se placer pour succéder à son ami.

Hamilton et Felipe Massa, sur Ferrari, verrouillèrent la saison 2008, et au bout de quatorze manches, Alonso plafonnait à une médiocre quatrième place. Le quinzième Grand Prix devait se courir sous les projecteurs de Singapour, sur un circuit qui, en somptueux reflet oriental de Monaco, empruntait les rues du port, au pied de l'imposant hôtel Marina Bay Sands. C'est une piste étroite et murée de chaque côté, de sorte que la première erreur peut être fatale. Massa accrocha la pole position, suivi par Hamilton, et Räikkönen leur donnait la chasse au volant de la seconde Ferrari. Fernando Alonso s'arrêta rapidement aux stands et, peu après son retour sur la piste, son coéquipier Nelson Piquet eut un accident. Piquet, fils de triple champion du monde, avait du mal à s'imposer en Formule 1 chez Renault, car Briatore se montrait froid et intransigeant en cas de mauvais résultats, tout comme il l'avait été six ans plus tôt avec Jenson Button qu'il avait viré pour le remplacer par Alonso. Les débris de la Renault de Piquet obligèrent à faire entrer une voiture de sécurité, et les concurrents se rabattirent vers les stands. Lorsque la course reprit, Alonso attrapa la première place et ne la lâcha pas jusqu'à la ligne d'arrivée, donnant à Renault sa première victoire depuis un an. La pression se relâcha légèrement et Alonso gagna aussi le grand prix suivant, au Japon. Mais le « Crashgate » allait bientôt faire voler en éclats le court cessez-le-feu qui régnait sur la Formule 1.

Mû par son orgueil, Briatore était persuadé d'avoir tous les droits. Il commença par raboter le salaire de Piquet, qui passa d'un million à 500 000 dollars pour l'année 2009, puis renvoya sans préavis son jeune pilote après le Grand Prix de Hongrie où il ne parvint pas à engranger un seul point. Piquet était furieux et traitait Briatore de « bourreau ». Sa carrière en Formule 1 étant terminée, rien ne l'obligeait plus à garder le silence qu'il maintenait avec loyauté depuis Singapour. Et ainsi l'histoire du Crashgate commença à se propager, Piquet racontant qu'il avait reçu l'ordre de planter sa voiture pour arranger la victoire d'Alonso.

Mosley fut parmi les premiers à entendre toute l'histoire. « Quand Flavio a viré Nelson Junior, Nelson Senior est venu me parler. Il était très affecté et il a fondu en larmes. Moi, j'étais déjà au courant, on m'avait averti. Comme je ne pouvais pas voir Nelson Junior en personne, ni intervenir directement, je l'ai envoyé chez un avocat et il a fait une déclaration sur l'honneur. »

Juste avant le Grand Prix de Monaco 2009, Briatore invita Mosley à déjeuner chez Rampoldi, un restaurant chic au bord de la route qui mène au casino de Monte-Carlo. « Il n'arrêtait pas de répéter que ça n'avait rien de personnel et que nous allions rester bons amis, et pendant ce temps je gardais une main sur ma mallette, dans laquelle j'avais la déposition de Nelson Junior. »

En Belgique, Mosley fit entrer discrètement dans le paddock un avocat et un enquêteur privé, un ancien haut gradé de la police de Londres, pour qu'ils commencent à fouiller. Les commissaires de course reçurent la consigne de convoquer les membres de l'écurie à des entretiens individuels et, d'après Mosley, c'est Pat Symonds, le directeur technique historique de Renault et un des hommes les plus respectés de la Formule 1, qui vendit la mèche : « Pat est quelqu'un de parfaitement honnête, et quand les enquêteurs lui ont demandé s'il avait quelque chose à voir avec ça, il a dit : "Je ne peux pas répondre à cette question." »

Briatore, directeur de l'écurie Renault, un des personnages les plus hauts en couleurs de l'histoire de ce sport, plusieurs titres mondiaux à la ceinture, fut radié à vie de la Formule 1. Même Ecclestone, pourtant rompu à la violence des arcanes du sport, en eut le souffle coupé. Il suggéra une atténuation de la peine, mais Mosley refusa.

« [Briatore] doit croire que je [l'ai puni] pour me venger, mais ce n'est pas le cas », m'a affirmé Mosley. Du reste, c'est exactement ce que croyait Briatore. L'Italien intenta une action devant la justice française pour laver son honneur, et il gagna. Sa radiation fut annulée et il reçut 15 000 dollars de dommages et intérêts ; Symonds, lui aussi radié, eut le droit de revenir dans le paddock et reçut 5 000 dollars. La FIA fit appel, et pour finir un accord fut trouvé : Briatore fut exclu pour trois ans seulement et les deux hommes acceptèrent de ne pas revenir en Formule 1 avant 2013. Briatore ne revint jamais.

« C'est impossible de gagner contre une fédération française devant des juges français, m'a dit amèrement Briatore. Tous les comptes rendus étaient falsifiés. Tout ce que vous raconte Max est faux. Le jugement n'a pas été rendu par la FIA, mais par Max. C'était une vendetta de sa part, pure et simple. Quand Max disait quelque chose, toute la FIA se mettait au garde-à-vous. »

Un dernier scandale devait s'abattre sur la Formule 1 : le « Liegate », le scandale du mensonge. Le Crashgate n'avait pas encore éclaté dans toute son ampleur quand Lewis Hamilton arriva sur le Grand Prix d'Australie. Durant une intervention de la voiture de sécurité, Hamilton reçut l'ordre de se laisser doubler par Jarno Trulli. Les dépassements étant interdits lorsque la voiture de sécurité est sur la piste, les commissaires de course pénalisèrent Trulli et donnèrent sa troisième place à Hamilton, qui niait avoir reçu des consignes. Malheureusement pour lui, les transmissions radio avaient été enregistrées et contredisaient sa version. Hamilton était malade d'inquiétude. Il avait constaté les dégâts du Spygate pendant sa première saison en F1 et demanda conseil à son père. Sans perdre un instant, Anthony appela Max Mosley. « Je m'en souviens comme si c'était hier. Anthony m'a téléphoné, et ce qu'il fallait faire était absolument évident. Le pauvre Lewis avait une pression dingue sur les épaules. Après ça, la presse a commencé à le traiter un peu moins durement. Il était pris entre le marteau et l'enclume. »

Hamilton fut disqualifié et Dave Ryan, le *team manager* qui avait donné l'ordre, fut limogé. Les aveux et les excuses formulés par Hamilton devant les caméras du monde entier, avec le soutien de son père et de Mosley, furent douloureux à regarder tant ils étaient sincères. Quelques mois seulement après le Spygate, c'était un nouveau coup dur pour la réputation de McLaren et de Dennis.

La Formule 1 était éreintée par tous ces scandales, et les dissensions devaient se poursuivre jusqu'à la fin de la saison 2009. Il y avait encore tant de comptes à régler et de batailles à livrer – et c'est Max Mosley qui en serait la première victime.

15
SEUL CONTRE TOUS

Max Mosley aimait la baston. Il dirigeait la FIA de manière démocratique, mais ne reculait devant aucun coup fourré ou abus de pouvoir. Ron Dennis disait qu'il était machiavélique.

La baston faisait donc partie intégrante de la vie de Mosley. Et il n'avait pas franchement le choix, puisque son père avait dirigé un parti fasciste et que sa mère vénérait Adolf Hitler. Jeune homme, il s'était battu pour défendre l'honneur de son père, puis il s'était battu pour se faire une place dans la Formule 1, d'abord comme pilote, puis comme patron d'équipe, et enfin comme régulateur du sport. Il était très riche et ne devait rien à personne. Lors d'une interview pour la BBC, il prit soin de rappeler au journaliste Andrew Neill que sa famille avait autrefois possédé pratiquement tout Manchester ; il existe toujours une Mosley Street dans le centre de la ville.

Mosley n'a jamais eu peur de se battre seul. En 2005, durant une prise de bec avec les écuries, il organisa une réunion de conciliation au Hilton d'Heathrow. Une seule écurie honora le rendez-vous – Ferrari – et, le lendemain, dans mon article pour le *Times*, je présentai Mosley sous les traits de « Johnny No Mates », celui qui est seul et sans amis. Mosley fut enchanté par cette description, au point d'en faire son adresse e-mail. Contrairement à Bernie Ecclestone, Mosley n'avait pas fréquenté l'école de la rue mais celle du Barreau, où il avait appris à raisonner en termes juridiques et à surpasser ses adversaires sur le champ de l'intellect. Ses ennemis le jugeaient hautain et méprisant, toujours prêt à les assassiner verbalement pour les humilier. Au fil de sa carrière, il avait engendré chez beaucoup d'entre eux un désir de vengeance.

Mosley voyait bien que la Formule 1 était sur une mauvaise pente. Les écuries dilapidaient des sommes faramineuses en études aérodynamiques et en technologies qui ne servaient qu'à gonfler leur organigramme et à justifier des budgets délirants qui pouvaient atteindre les 300 millions de livres par an. Toutes les dotations allaient aux équipes les plus grosses, pendant que les petites tiraient le diable par la queue. Mosley suggéra alors de limiter les dépenses à 40 millions de livres par an, afin de réduire les écarts et de mettre un terme à l'oligopole des quelques écuries les plus riches.

Son idée suscita une levée de boucliers menée par Luca di Montezemolo, le plus grand et le plus charismatique des directeurs d'écurie, toujours parvenu à négocier avec Ecclestone des accords extrêmement avantageux pour Ferrari. À tous les coups il faisait valoir que la Formule 1 privée de Ferrari serait comme un dîner sans vin, et chaque fois cet argument suffisait à convaincre Ecclestone de renouveler le traitement de faveur accordé à Ferrari.

Pour préparer sa riposte, Montezemolo décida donc de donner des billes à la FOTA, le syndicat des écuries de Formule 1, qui s'opposerait à Mosley en défendant le droit des écuries à dépenser des fortunes si cela leur chantait. Les patrons se rendaient compte que la bataille allait être longue, mais ils étaient loin d'imaginer le carnage qui en découlerait.

Un dimanche matin de mars 2008, le tabloïd *News of the World*, alors le journal le plus lu de Grande-Bretagne, fut déposé comme chaque semaine dans des centaines de milliers de boîtes aux lettres. En une : « *F1 Boss has Sick Nazi Orgy with Five Hookers* » (« le patron de la F1 organise une partouze ignoble avec cinq prostituées déguisées en nazis »). À l'intérieur, des photos du président de la FIA, nu et courbé en deux, attendant qu'une fille en corset, bottes et képi militaire lui administre la fessée. C'était ahurissant, et tout le monde s'attendait à ce que Mosley, terrassé par la honte, se retire et se fasse oublier. Mais cela ne lui ressemblait pas, et il tint bon malgré les appels à la démission qui se multipliaient, notamment de la part d'associations juives choquées par cette pantomime nazie.

C'est à ce moment précis que la longue et plutôt respectable carrière de Mosley dans le sport automobile commença à se déliter et que sa vie privée prit un tournant tragique. Un an plus tard à peine, son fils Alexander, un jeune homme brillant qui avait la vie devant lui, fut emporté par une overdose à seulement trente-neuf ans. Un coup encore plus dur que tout ce que *News of the World* pouvait faire pour pousser Max Mosley vers la sortie.

Bernie Ecclestone, son ami et allié depuis quatre décennies, l'avait jusque-là soutenu du bout des lèvres en faisant tout son possible pour esquiver les questions. Il avait ainsi déclaré : « Connaissant Max, je pense qu'il s'agit davantage d'une plaisanterie que d'une attaque contre le peuple juif », mais ses réfutations pour le moins flegmatiques d'un événement n'ayant « en aucun cas » nui à la Formule 1 cessèrent quand la situation finit par devenir intenable. Cette publicité était toxique et faisait le jeu des écuries qui menaçaient déjà de faire sécession. Si elles allaient jusqu'au bout, alors les investissements de CVC dans la Formule 1 partiraient à la poubelle, les contrats de diffusion aussi et le chaos s'installerait. La situation s'emballait : Sir Martin Sorrell, membre du conseil d'administration de la F1 et homme d'affaires juif de premier plan, était révulsé par le « thème » nazi de la soirée, et la famille royale du Bahreïn déclara que le président de la FIA ne serait pas le bienvenu lors du prochain Grand Prix. Le roi Juan Carlos d'Espagne, grand amateur de Formule 1, prit lui aussi ses distances et, soudainement, même les plus proches soutiens de Mosley commencèrent à vaciller. Les patrons d'écurie frisaient la panique, et en même temps ils se délectaient en songeant que le règne sans partage de Mosley, qu'ils en étaient venus à détester, paraissait voué à une fin aussi proche que spectaculaire.

Deux mois plus tard, lors du Grand Prix de Monaco, Mosley était devenu un paria dans son propre milieu. Un parfum de scandale flottait dans le paddock, et le président de la FIA, avec son goût pour les guêpières en cuir et les fouets, était de presque toutes les conversations. L'argument moral en faveur de sa démission était flagrant, et l'argument pratique écrasant. Mosley soutenait que ses activités privées – consistant par exemple à verser 2 500 £ à une prostituée pour un rendez-vous dans un appartement londonien, à en croire *News of the World* – ne regardaient que lui et n'avaient aucun rapport avec ses devoirs de régulateur du sport automobile.

Mais les écuries pensaient à leur portefeuille. Elles devinaient la nervosité de leurs sponsors et de leurs plus gros clients, qui avaient peut-être une vie privée tout aussi trouble et ne pouvaient risquer que leur entreprise subisse une médiatisation et une humiliation semblables. « Ce n'est pas une question morale », déclara sur la BBC Eddie Jordan, qui s'était reconverti en commentateur. « C'est une question pratique. [Les sponsors et les patrons d'écurie] ne veulent plus avoir affaire à Max Mosley. »

Et en effet, les directeurs d'écurie refusaient d'être vus à moins de trois mètres de lui, les sponsors refusaient de serrer la main d'un homme qui, en une seule photo, pouvait souiller l'image de leur marque, et les journalistes n'étaient plus autorisés à s'entretenir avec celui qui dirigeait le sport. Mosley restait certes le chef, mais son pouvoir n'avait plus de substance, et lui n'avait plus aucun ami dans ce sport auquel il avait dédié plus de cinquante années de sa vie. Le Grand Prix de Monaco se disputa sous les fenêtres de sa suite à l'Hôtel de Paris, mais ce week-end-là, il devrait se contenter de regarder le spectacle par la fenêtre.

Coup du sort, cette année-là, j'ai décidé de rester un peu après la course et d'inviter mon épouse Jacqueline chez Pulcinella, un restaurant italien prisé par le Tout-Monaco et plus réputé pour son emplacement que pour sa cuisine. Blotti dans une ruelle étroite, il s'ouvre sur la rue du Portier, à quelques mètres des barrières qui dessinent le plus célèbre circuit du monde. Vingt-quatre heures plus tôt, l'air de ces rues était déchiré par les hurlements des F1 sortant de la célèbre épingle à cheveux du Loews avant de s'engouffrer dans le tunnel de Monte-Carlo, une des visions que connaît bien tout amateur de F1.

Alors que nous étions attablés en cette douce journée de mai, nous avons remarqué une silhouette solitaire qui marchait tête baissée, les yeux rivés sur le trottoir. Je me suis avancé au-dessus de la rambarde de la terrasse et je l'ai hélée. Mosley a levé les yeux, surpris, et l'espace d'un instant j'ai cru qu'il n'allait pas s'arrêter. Mais il m'a répondu par un sourire éblouissant, a poussé la porte du restaurant et s'est joint à nous. Quelques secondes plus tard, le propriétaire du restaurant nous faisait apporter sa meilleure bouteille de barolo. « Monsieur Mosley est un de mes meilleurs clients, un homme formidable », m'a-t-il confié. Autour de nous, les tables bruissaient d'animation et des chasseurs d'autographes nous assaillaient en brandissant des carnets et des serviettes en papier. Visiblement, tout le monde n'avait pas cessé d'aimer Mosley.

Il me raconta qu'il avait dîné seul, comme souvent. À Monte-Carlo, où tout le monde se retrouve au casino dans l'espoir de décrocher le jackpot, Max Mosley, qui avait les moyens de s'offrir n'importe quelle voiture et n'importe quel appartement, n'arrivait même pas à trouver quelqu'un pour dîner avec lui. D'une intelligence perçante, maîtrisant trois langues et héritier d'une grande fortune, il dégage pourtant une forme de solitude. Revenu vivre à Londres, il habite désormais dans une maison de Chelsea à deux pas de celle de son épouse Jean, avec qui il est marié depuis presque soixante ans. D'après ce qu'il me dit, il l'agace et ils ont donc décidé de vivre chacun chez soi.

Condamné à la solitude par son passif familial, il s'est tourné vers la course automobile car c'est le seul milieu où son nom n'était pas pestiféré et où il pouvait mener sa vie comme il l'entendait. Malgré de vieilles ambitions politiques, il n'a pas sa place dans les affaires publiques britanniques ; en revanche, la France l'a fait chevalier de la Légion d'Honneur et l'Italie l'a élevé au rang de *Grande Ufficiale dell'Ordine al Merito*. Il a en outre reçu les honneurs de la Bulgarie, de la Roumanie, de l'Arménie et de l'Équateur. La Grande-Bretagne n'a pas eu le moindre geste pour le premier artisan de la sécurité routière, cet homme qui a contribué à l'élaboration du programme Euro NCAP, auquel participent maintenant tous les grands constructeurs et qui aurait selon diverses estimations sauvé près de 80 000 vies en Europe. Et Mosley a aussi poussé les réformes qui ont guéri la Formule 1 de sa peur de la mort. Mais ce ne sera jamais suffisant. « Ma famille n'appartient pas au sérail et est très mal vue. Je serais surpris que l'establishment de ce pays m'offre quoi que ce soit. Je le connais », confie-t-il avec regret.

Ce soir-là, à Monte-Carlo, Mosley semblait content de trouver de la compagnie après plusieurs semaines de silence contraint, sans autres interlocuteurs que ses avocats. Ma femme Jacqueline était fascinée. Elle pouvait enfin mettre un visage sur le postérieur qu'elle avait vu dans *News of the World*, et elle a eu droit à tous les détails – les filles, les corsets, les fouets, tout. Pour Mosley, cette peccadille n'avait pas à être connue du grand public. « Je refuse d'être dégagé à cause d'une histoire privée que certaines personnes ont choisi de rendre publique. Ce que je fais dans l'intimité n'a rien à voir avec ma capacité à diriger la FIA. C'est n'importe quoi. Je ne céderai pas. »

Du pur Max, intransigeant et tenace. Quelques jours plus tard, il dut affronter ses pairs lors de l'assemblée générale de la FIA. Tout le monde s'attendait à ce qu'il soit mis à la porte du luxueux siège de la place de la Concorde, mais Max se montra plus combatif et persuasif que jamais, et reprit avec brio le langage de ses avocats pour convaincre les membres de la FIA que sa démission n'était pas à l'ordre du jour, quoi qu'en pense le milieu de la Formule 1.

Une fois cela fait, il se retourna contre le journal. Partant du principe que l'attaque est la meilleure des défenses, il parvint à démontrer qu'il n'avait pas participé à une partouze « nazie ». Il gagna son procès contre *News of the World* qui fut condamné à lui verser 60 000 £ de dommages et intérêts, un record à l'époque pour une action en atteinte à la vie privée. Le tribunal jugea que l'intimité de Max Mosley ne présentait aucun intérêt pour le public, exactement ce qu'il m'avait martelé à Monte-Carlo. « Pendant que j'exposais les preuves, j'avais un mal de chien à me retenir de me payer le conseiller de la Reine, m'a raconté Mosley. On m'a demandé quelle période de l'histoire britannique m'évoquaient ces tenues [les uniformes en cuir et les corsets des prostituées]. J'ai répondu que, à ma connaissance, l'armée britannique n'avait jamais porté de cuissardes et n'avait jamais été nue sous ses uniformes. J'étais déterminé et je n'ai pas lâché le morceau. »

Malgré ces victoires, le mal était fait. Cette histoire de partouze figurait en tête de toutes les recherches Google et de tous les articles de presse. C'était une étiquette presque aussi collante que le nom de Mosley. Non seulement Max n'avait pas réussi à se débarrasser de son premier fardeau, mais il s'en était collé un deuxième sur le dos.

Le plus gros de la tempête était toutefois passé à la fin de l'année, quand Mosley laissa entendre qu'il se retirerait au terme de son mandat, en octobre 2009, avec d'ici là une détermination renforcée à contenir les excès des écuries. Chacun campa sur ses positions et les écuries encartées à la FOTA réitérèrent leurs menaces de sécession. Contrairement aux précédentes tentatives d'intimidation, celle-ci semblait sérieuse car, pour une fois, elles étaient déterminées à faire front commun.

Les tensions atteignirent leur paroxysme lors du Grand Prix de Grande-Bretagne en juin 2009. Mosley paraissait secoué. Il arriva sur le circuit de Silverstone en compagnie d'Ecclestone et de Briatore, le directeur de l'écurie Renault qui était aussi un des meneurs de la fronde, ce qui laissait peut-être entendre qu'un compromis était sur la table. Mais en réalité, Mosley était seul.

Il martelait à qui voulait l'entendre que les menaces de 2009 n'aboutiraient jamais car les accords organisationnels et commerciaux avec les principaux circuits restaient tous dans le giron de la FIA. Mais il oubliait peut-être les manœuvres que Bernie et lui avaient orchestrées vingt ans plus tôt, quand ils avaient tenté de lever la mainmise de la FIA sur le sport, et qui les avaient amenés à boycotter plusieurs courses pour parvenir à leurs fins. Mosley organisa une conférence de presse en comité restreint, durant laquelle il trahit son malaise en accumulant les attaques contre les écuries, allant jusqu'à traiter de « cinglés » ceux qui croyaient pouvoir défier le pouvoir et s'en émanciper. Il franchit encore une étape en traitant Montezemolo de *bella figura,* de beau parleur. Si son intention était de mettre le feu aux poudres, c'était réussi. Mais, pendant ce temps, les écuries se réunissaient dans l'usine Renault, à une quarantaine de kilomètres de Silverstone, pour discuter d'un plan d'action jusqu'aux petites heures de la nuit. La sécession était actée, et Montezemolo se vengea en qualifiant Mosley de dictateur.

Il fallait qu'une des parties cède, et ce ne serait pas les écuries, qui pour la première fois de leur histoire faisaient front commun. En outre, elles bénéficiaient du soutien essentiel d'Ecclestone. La dernière manche se joua au siège de la FIA, trois jours avant le Grand Prix de Grande-Bretagne : à l'occasion d'une réunion entre la FIA et la FOTA, les écuries exigèrent que Mosley abandonne son idée de plafonnement budgétaire, sous peine de les voir monter leur propre structure. Ecclestone et Montezemolo se retirèrent dans une antichambre pour s'entretenir en privé avec Mosley. Montezemolo sentait que la fin était proche. Une exécution allait avoir lieu sur la place de la Concorde, comme au temps de la Révolution française.

« Max était dans ses petits souliers. Il était seul contre tous, a raconté Montezemolo. Je lui ai dit que, s'il ne nous promettait pas de revenir sur sa position, toutes les écuries allaient partir. La veille, Bernie m'avait encouragé à rester sur ma ligne. Je me souviens que, d'un coup, Max a poussé un grand soupir. Il venait de comprendre qu'il était en position de faiblesse. C'était un homme qui manquait parfois de souplesse et qui ne voyait pas que tout n'était pas noir ou blanc – il ne connaissait pas d'autre manière de faire que la sienne. »

Mosley décida qu'il ne se représenterait pas, et il quitta ses fonctions en octobre 2009. Son règne était terminé. Jean Todt, l'ex-directeur sportif de Ferrari et employé de Montezemolo, fut élu à sa place.

C'est Montezemolo qui orchestra le dernier acte. Lui qui avait œuvré pour rassembler les écuries au sein de la FOTA, il quitta quelques jours plus tard le syndicat que la Scuderia avait contribué à fonder. Red Bull n'allait pas tarder à l'imiter. Terminée la sécession. Jonathan McEvoy, qui couvrait la Formule 1 pour le *Daily Mail* à cette époque, formule une analyse perspicace des rapports entre Mosley et Montezemolo : « Luca ne soutenait la FOTA que parce qu'il y voyait une arme pour abattre Max. Une fois qu'il y est parvenu, la FOTA ne lui servait plus à rien et il en a retiré Ferrari. » Au temps pour l'unité tant vantée. Montezemolo avait donné le coup de grâce et Mosley était à terre. Mais ce n'était pas tout à fait fini : Ecclestone récompensa Ferrari pour son départ de la FOTA avec un dessous-de-table de 80 millions de dollars.

Même si Mosley semblait avoir digéré les révélations de *News of the World*, il en sortait considérablement affaibli, et pas uniquement en public mais aussi chez lui. Il raconte que sa femme, Jean, a d'abord cru à un canular très élaboré quand il lui a montré le journal et les photos qui ne laissaient guère de place à l'imagination. « Ça n'a pas été une conversation très joyeuse », raconte-t-elle avec un talent certain pour l'euphémisme. Mais les répercussions ne se sont peut-être pas arrêtées là. Certains amis de Mosley avancent que les détails crapuleux de cet épisode ont pu affecter Alexander, et Mosley convient que l'overdose de son fils – cuisinier réputé et mathématicien talentueux – l'a encore fragilisé dans un moment où il aurait eu besoin de toutes ses facultés. Alexander Mosley est mort le 5 mai 2009, quelques semaines avant le Grand Prix de Grande-Bretagne et le face-à-face crucial avec Montezemolo. D'après ses proches, il pâtissait de son nom de famille, comme son père avant lui.

Après la parution de l'article de *News of the World*, les paparazzi commencèrent à traquer la famille Mosley. Des photographes étaient en planque dans les rues habituellement calmes de leur quartier, et les langues se déliaient dans le paddock en même temps que l'onde de choc se propageait dans tout le milieu. Le jugement pour atteinte à la vie privée, au cours duquel les avocats décortiquèrent les moindres détails, ne fit que rouvrir de vieilles blessures. Lors d'un déjeuner dans un restaurant à deux pas de sa maison de Chelsea, Mosley m'a exposé les effets de cette année agitée qui s'acheva par la mort de son fils chéri. De même que son père et, j'imagine, que sa mère, Mosley ne laisse jamais filtrer ses émotions en public. Lui d'habitude imperturbable, terre à terre et pragmatique, je l'ai vu s'échauffer en revenant sur cette période, la plus tumultueuse de sa vie.

« Quand l'article de *News of the World* est paru, j'ai compris tout de suite ce que j'avais à faire. Bernie et Flavio faisaient la tournée des écuries pour les convaincre de ne pas me reconduire. Je me foutais de ce qu'elles allaient voter, puisque je ne répondais que de la FIA. Donc j'ai convoqué une assemblée générale et j'ai soumis la question au scrutin. Bernie m'a appelé pour m'en dissuader en me disant que je risquais d'être désavoué et humilié. Mais je ne comptais pas m'en aller sans me battre, et si je devais perdre, tant pis.

« Il est évident que la mort de mon fils m'a affaibli, parce que ça n'arrêtait pas. Le procès a été pénible pour ma famille, mais je suis toujours resté sur la même ligne : "C'est une histoire de cul, rien d'autre."

« J'étais en contact avec une médecin allemande, et quand elle a appris pour mon fils, elle m'a écrit pour me mettre en garde. Je n'y ai pas prêté attention. Alexander est mort le 5 mai, il y a eu cette réunion houleuse le 15, et pendant tout ce temps je croyais pouvoir tenir le coup. Ce qui n'a rien arrangé, c'est que j'avais pris la décision de me retirer et je détestais qu'on sous-entende que j'étais poussé vers la sortie. À cause de l'attitude de Luca, j'en venais même à me demander si je n'allais pas me représenter. Dans ce cas, les écuries auraient annoncé leur départ, tout se serait cassé la gueule au cours de l'hiver et ensuite les choses seraient revenues à la normale. Je leur aurais tenu tête. Mais la mort de mon fils m'enlevait toute envie de continuer. Autrement, je me serais représenté [à la présidence de la FIA] et je leur aurais dit que j'attendais avec impatience de voir ce qu'allait donner leur sécession. Seulement, dès qu'on prend du recul, la détermination s'envole. Il faut rester inflexible, et à ce moment-là je ne l'étais pas. »

Impossible pour Max Mosley d'être quelqu'un d'ordinaire, et il ne pouvait pas non plus échapper à l'influence de parents qui avaient scandalisé la bonne société de leur temps. Sa mère Diana était une des six « Mitford Girls » aux destins aussi extraordinaires que contrastés, filles du deuxième baron Redesdale et de sa femme Sydney, une cousine de Clementine Churchill, l'épouse de Sir Winston. La beauté glaciale de Diana, célébrée par tout le gotha londonien, émut le romancier Evelyn Waugh qui écrivit qu'elle « traversait les pièces tel un carillon » – une description peut-être un peu tirée par les cheveux, mais qui laisse imaginer son magnétisme. Elle épousa Bryan Guinness, descendant de la fameuse dynastie de brasseurs, puis son cœur la poussa vers le charismatique Sir Oswald Mosley, sixième baron Ancoats. Elle quitta Guinness du jour au lendemain en embarquant quelques domestiques et partit « vivre dans le péché », selon les mots de sa famille, avec Mosley, un jeune parlementaire dont les discours enflammaient les foules.

Diana avait déjà un faible pour Adolf Hitler et pour le IIIe Reich quand elle rencontra l'homme qui deviendrait son mari et le père de son fils Max Rufus. Elle se rendit en Allemagne avec sa sœur Unity au début des années 1930 (la rumeur veut que, là-bas, Unity fit une prière à Hitler en exécutant le salut nazi), et sa relation avec Mosley ne fit que renforcer ses convictions fascistes. Mosley était le chef de la British Union of Fascists, dont les partisans en chemise noire déclenchaient des émeutes et attisaient les tensions dans un moment où la Grande-Bretagne se dirigeait vers une guerre à laquelle Mosley s'opposait farouchement. En guise de pied de nez, ils se marièrent à Berlin, chez Joseph Goebbels – le ministre nazi de la Propagande –, avec le Führer pour témoin. Lorsque la guerre éclata, ils furent tous deux incarcérés et une nourrice s'occupa de garder leur bébé, Max, hors des murs de la prison.

Max avait les traits de sa mère – un journal le décrivit comme un « enfant de chœur flétri » – et une bonne partie de son obstination. De ses deux parents, il avait hérité une qualité : il ne craignait pas l'opinion publique et refusait de se laisser intimider.

Après une scolarité dans des écoles privées allemandes et anglaises, Mosley sortit d'Oxford avec un diplôme de physique puis il embraya sur des études de droit. Il intégra l'« affaire familiale », la British Union of Fascists, accompagnant son père dans des meetings antisémites. Lors d'un de ces meetings, Mosley fut pris à partie dans une échauffourée et son père amoché par un groupe d'opposants. Max fut accusé d'intimidation, mais disculpé au motif qu'il tentait de protéger son père. Une photo publiée dans le *Sunday Times* en 1958 le montre, avec des partisans de son père, en train de perturber un meeting de l'éminent conservateur Lord Hailsham (ce qui ne l'empêcha pas de faire un stage dans le cabinet du même Lord Hailsham durant ses études de droit). Sur une des photos de ce meeting, le jeune Mosley semble se trouver au cœur d'une rixe. Le *Sunday Times* le qualifiait de « voyou ».

Presque soixante ans plus tard, Mosley n'a pas beaucoup changé. Ses cheveux ont gardé leur couleur sable, à laquelle se mêle un peu de gris. Il s'est légèrement affaissé mais il reste toujours aussi mince. De même que presque tous les pontes de la course automobile, il est sourd comme un pot et doit s'équiper de prothèses auditives dernier cri. Sa voix douce et persuasive évoque celle d'un oncle attentionné. Son tempérament s'est apaisé, mais sa rage n'est pas éteinte. Son procès contre *News of the World* coïncidait avec la sortie de révélations sur des piratages téléphoniques orchestrés par le journal. Mosley s'était trouvé un os à ronger, et une foule d'alliés prêts à l'aider dans sa bataille pour que la presse n'ait plus le droit de publier ce genre d'articles.

Mosley fit don de 500 000 livres à Tom Watson, un parlementaire travailliste qui militait pour le respect de la vie privée, et en parallèle il créa une fiducie familiale au nom de son fils, par le truchement de laquelle il investit plus de 4 millions d'euros dans un nouvel organisme de surveillance de la presse baptisé Impress. Il fournit en outre une aide financière dans des actions intentées contre les journaux pour piratage. Puis il s'attaqua à Google en poursuivant le moteur de recherche en Allemagne et en France. Il gagna son procès et put contraindre Google à retirer les photos et vidéos liées à l'article de *News of the World.*

Fatalement, il devait y avoir des représailles. Paul Dacre, le redoutable rédacteur en chef du *Daily Mail,* devint son adversaire le plus acharné. Mosley n'accorda aucun crédit à ses déclarations selon lesquelles ce qui s'était passé dans l'appartement de Chelsea témoignait d'une « inimaginable dépravation », et il juge cette promptitude à condamner un peu hypocrite de la part d'un rédacteur dont le site internet est devenu synonyme de photos salaces et de bruits de caniveau. Mosley n'a pas non plus oublié que les grands noms de la Formule 1 se sont empressés de prendre leurs distances avec lui dès qu'il a été accusé de participer à une « partouze nazie ». Il raconte dans son autobiographie qu'il a été surpris que BMW et Mercedes l'accablent publiquement. « Je n'ai pas pu résister à la tentation de leur renvoyer la balle. J'ai publié un communiqué pour rappeler à tout le monde leur collaboration avec le régime nazi à une époque où je portais encore des couches. »

Dacre chargea ses reporters de chercher dans le passé de Mosley tout ce qui pourrait nuire à son image. Et les journalistes firent des trouvailles édifiantes, semblant indiquer que Mosley, en plus d'être fasciste, était raciste. En 1961, Walter Hesketh – un excentrique qui, pour une raison connue de lui seul, avait couru d'Édimbourg à Londres en chaussons – s'était présenté à une élection locale à Manchester sous l'étiquette du parti fasciste d'Oswald Mosley. Le *Daily Mail* découvrit un tract affirmant que les immigrés de couleur propageaient des maladies telles que « la tuberculose, les infections vénériennes et la lèpre » et publié par un certain Max Mosley.

Dans la bataille pour la liberté de la presse qui opposait Mosley aux journaux, ce tract fit l'effet d'une bombe. En quelques heures, la réputation de Mosley vola en éclats, et ce n'est pas son passage sur Channel 4 News qui allait arranger les choses puisque, au lieu de se montrer calme et analytique comme à son habitude, Mosley transpira, bafouilla et tenta de noyer le poisson. Le plus ironique est que ce coup venait d'un journal dont le propriétaire, Lord Rothermere, avait été dans les années 1930 un fervent admirateur de Hitler et de son régime. Mieux encore, certaines sources affirment que la fascination de Rothermere pour la British Union of Fascists alla jusqu'à faire porter à toute la rédaction des chemises noires imitant celles des troupes de Mosley père.

Mosley fils, lui, doutait de sa participation effective à cette brochure. Il nie toute forme de racisme, ce que semble confirmer la suite de sa vie. Quand des spectateurs grimés en noir et coiffés de perruques insultèrent Lewis Hamilton à Barcelone en 2008, Mosley piqua une colère et menaça de faire annuler sur-le-champ le Grand Prix d'Espagne.

Toute sa vie, Max Mosley a subi le fardeau de sa famille, depuis son berceau jusqu'à la tombe de son fils, mais personne ne pourra le contraindre à renier son nom. John Hogan, qui a passé quarante ans dans les plus hautes sphères de la Formule 1, se remémore un déjeuner avec Mosley. « On discutait de choses et d'autres et puis, d'un coup, Max m'a dit : "L'autre jour, j'ai trouvé des lettres qui appartenaient à ma mère, et je me suis rendu compte qu'elle écrivait toujours Cher Führer à Hitler. C'est drôle, non ?" Je n'ai pas su quoi répondre, mais ça montre bien que Max avait une vision de sa famille totalement différente de celle qu'avait le reste du monde. »

Mosley quitta la Formule 1 dans l'indifférence générale. Quelques journaux lui organisèrent néanmoins un dîner d'adieu et lui offrirent un cadeau de départ à la retraite : un fouet. Max comprit la blague et éclata de rire.

Depuis ce jour, Mosley garde ses distances avec la Formule 1. La rupture est irrévocable. Un jour où je me trouvais avec Ecclestone dans son bureau de Princes Gate, il s'est dit que ce serait amusant de faire revenir Mosley pour tenter de sortir le sport du bourbier législatif dans lequel il s'enlisait. Quand Mosley a décroché son téléphone, Ecclestone lui a annoncé : « *Brother Max*, je crois que tu devrais remonter en selle. » C'était une plaisanterie, une allusion aux coups fourrés qu'ils avaient concoctés en duo pendant des années. Max comprit la blague, mais il n'était pas du genre à revenir en arrière.

16
L'EXTASE ET L'AGONIE

Il suffit de passer quelques minutes en compagnie de Graeme Lowdon pour comprendre la cruelle séduction qu'exerce la Formule 1. Dans le petit salon de son cottage du Northumberland, on trouve des piles de souvenirs, des cartons entiers de programmes et de notes, des combinaisons de pilote et des casques, des livres et des cartes, tout cela collecté au gré d'une vie à enchaîner les poussées d'adrénaline sur les circuits du monde entier.

Nous passons ensuite à la cuisine en chêne massif, et alors Lowdon baisse la voix pour me raconter en détails les tribulations d'une jeune écurie ambitieuse, depuis le combat quotidien pour trouver de quoi faire rouler les voitures jusqu'à l'instant décisif où un jeune homme tout près de réaliser son rêve y perd la vie.

L'écurie Manor – ou Virgin, ou Marussia, selon le moment de l'histoire que vous prenez – a traversé mille péripéties en seulement six saisons. Dès le début, les probabilités étaient contre elle et la chance n'a jamais semblé vouloir lui sourire. Elle connut un unique moment de gloire somptueuse, sur le plus beau théâtre de la Formule 1, après quoi elle essuya le plus brutal des revers sous une pluie japonaise torrentielle. À Monaco en 2014, Jules Bianchi, jeune talent formé par Ferrari, décrocha les seuls points que marquerait l'écurie dans sa courte histoire ; quatre petits mois plus tard, il était sous assistance respiratoire, blessé à la tête dans les derniers instants du Grand Prix du Japon. Neuf mois plus tard, il mourait à l'âge de vingt-cinq ans.

L'extase et l'agonie a beau être une expression galvaudée, elle traduit à merveille les efforts, les souffrances et les épreuves attendant les entrepreneurs qui se lancent en F1, pleins de courage et d'enthousiasme, et qui doivent se battre bec et ongles pour survivre dans le sport le plus exigeant et financièrement drainant qui soit. Les chiffres ne mentent pas : entre 1950, année de la création du championnat du monde, et 2016, année où l'écurie de Lowdon, Marussia Manor Racing, a fait faillite, cent vingt-cinq écuries ont mis la clé sous la porte. Certes, les premières années ne manquaient pas de filous et de millionnaires qui pouvaient s'amuser à faire courir une voiture pendant une saison ou deux, mais elles virent aussi s'illustrer une myriade de grands noms aujourd'hui disparus : Lotus, Brabham, BRM, Arrows, Cooper, Maserati, March et Ligier, pour ne citer qu'eux. Certaines écuries furent repêchées et revendues, comme celle de Ken Tyrell qui devint British American Racing, puis Honda et enfin Brawn GP et Mercedes ; ou encore Stewart Racing, fondée par Sir Jackie, qui devint Jaguar puis Red Bull, laquelle acheta aussi Minardi qu'elle rebaptisa Toro Rosso.

Ce terrain de jeu financier aussi escarpé que la face nord de l'Eider a jeté dans l'abîme nombre d'écuries incapables de se hisser sur le podium ou même de l'approcher vaguement, car incapables de rivaliser avec les quelques écuries soutenues par un grand constructeur ou par un mécène milliardaire, et profitant d'un bizarre système de primes scandaleusement inégalitaire. Conçu pour chouchouter les riches en laissant les pauvres en permanence sur la sellette, il reflétait la mentalité d'Ecclestone qui valorisait la réussite et méprisait l'échec.

Le rachat de la F1 par CVC Capital Partners, avec projet de l'introduire à la bourse de Singapour, là où se trouvait l'argent, fut un tournant crucial. La vente était estimée dans une fourchette de 6 à 10 milliards d'euros, mais, au préalable, Ecclestone devait garantir aux investisseurs potentiels que les grands noms suivraient – à savoir Ferrari, Mercedes, Red Bull et McLaren. C'étaient eux qui attiraient le public, avaient les pilotes les plus célèbres et remportaient toutes les courses, et sans eux il n'y aurait plus de Formule 1 à vendre. Dans cette optique, il élabora un nouveau calendrier de paiement assurant qu'elles reçoivent un traitement de faveur appuyé sur un système complexe qui récompensait l'historique des victoires en championnat. Cette nouvelle organisation cryptique, très peu de personnes la comprenaient, voire connaissaient simplement son existence, alors qu'elle avait pour conséquence de creuser irrémédiablement l'écart entre le haut et le bas du tableau : Ferrari reçut 150 millions d'euros pour la saison 2017, tandis que Haas devait se contenter de 16 millions. À en croire les chiffres cités par le magazine de référence *Autosport*, les quatre grandes écuries perçurent 609 millions d'euros cette année-là, et les six autres se partagèrent 330 millions. C'était un système explicitement conçu pour écraser la concurrence des petits et les forcer à la défaite.

Lowdon crut pouvoir y mettre son grain de sel quand Max Mosley décida d'imposer un plafond budgétaire pour la saison 2010. Pour faire face au refus des grandes équipes et à leurs menaces de faire sécession, Mosley se mit en quête de nouvelles écuries afin que les grands prix de Formule 1 continuent à se courir à vingt voitures. Lorsque Lowdon en eut vent, il saisit sa chance et passa un coup de fil à son vieil ami et associé John Booth, qui avait lancé Manor Racing en 1990 et était devenu un des hommes les plus titrés de l'histoire en catégories junior. Les écuries de Booth avaient remporté cent soixante et onze victoires et dix-neuf titres en Formule 3 et Formule Renault notamment, et il avait repéré des pilotes qui feraient plus tard de grandes carrières en Formule 1 : Kimi Räikkönen et Lewis Hamilton. Lowdon partait du principe que, une fois la restriction des budgets appliquée en Formule 1, il serait bien plus facile de s'y faire une place. Lowdon était millionnaire grâce à son activité d'accompagnement de start-ups, il était bon en affaires et savait que Booth était un as du sport automobile.

« On ne cherchait pas à devenir Ferrari. Ça ne paraissait pas impossible, il nous fallait seulement un plan d'action. Le problème était que tout bougeait en permanence. Toute la Formule 1 était suspendue à la vie privée de Max, et après son départ les choses ont changé rapidement. Le montant du budget autorisé devait être de 20 millions de dollars, puis il est monté à 30 millions, et ensuite les dollars sont devenus des livres et ainsi de suite, ça changeait tous les jours jusqu'au moment où il n'a plus été question de plafonnement. »

Cela n'arrêta toutefois pas Manor, qui ratifia l'Accord Concorde en août 2009. L'écurie devait être prête pour le Grand Prix d'Australie qui inaugurerait la saison en mars 2010. Elle allait être rejointe par une nouvelle écurie espagnole, Hispania Racing Team, et par la dernière mouture de Lotus en date, sous l'impulsion de l'entrepreneur malais Tony Fernandes.

Manor devait absolument se trouver un sponsor. Sir Richard Branson avait fait une incursion opportuniste dans la F1 en 2009 avec la nouvelle écurie Brawn GP, secourue par Ross Brawn après que Honda Racing avait brutalement raccroché. Brawn avait réussi à soutirer à Honda de quoi maintenir l'écurie à flot, mais il avait besoin d'un sponsor titre, et Branson, de son côté, cherchait à améliorer la visibilité de sa marque Virgin sans pour autant claquer 40 millions de livres à chaque saison, juste pour avoir son nom en gros sur une carrosserie. Il conclut avec Brawn un contrat prévoyant 6 millions payés rubis sur l'ongle et des billets d'avion sur Virgin Airlines.

Lowdon avait vu Branson rouler des mécaniques dans la *pit lane* et constaté le plaisir évident que lui procurait la vie dans le paddock. Surtout à Monaco en 2009, quand Button avait remporté le Grand Prix en laissant augurer la possibilité d'un titre mondial. Lowdon alla draguer les cadres de Virgin en leur faisant comprendre que, si Mercedes devenait champion du monde, les Allemands n'accorderaient plus les mêmes conditions à Virgin. Brawn remporta le titre mondial 2009 puis fut rachetée par Mercedes, et Branson comprit que la facture allait effectivement gonfler. Il se retira pour aller coller son nom sur la voiture de Manor – mais il n'y avait pas d'argent en jeu, uniquement la mise en avant de la marque Virgin, qui dans l'esprit de Lowdon devait titiller l'intérêt d'autres sponsors désireux de s'associer avec un nom aussi mondialement célèbre.

La saison 2010 fut semée d'embûches, et Branson se désintéressa bientôt de sa nouvelle écurie. La vie en fond de grille manquait cruellement de caméras et de célébrités. Lowdon dénicha un nouveau mécène en la personne d'Andrei Cheglakov, un millionnaire russe qui caressait le projet de lancer une ligne de voitures de sport baptisée Marussia. Virgin ajouta encore son nom à celui de l'écurie pour la saison 2011. Mais Marussia Virgin ne fit pas davantage d'étincelles et se consola en se répétant que les résultats de Lotus et HRT, qui avaient débuté au même moment, étaient encore pires. Lors du premier Grand Prix d'Inde, Branson paraissait bien seul quand je l'ai trouvé en train de boire un café dans le *motorhome* de son écurie. Il n'y avait pas un chat, à part le personnel d'accueil et éventuellement un mécanicien venu se restaurer. Il avait réussi à s'incruster sur la grille avant le départ et à se faire prendre en photo avec les stars de Bollywood qu'Ecclestone avait invitées pour ajouter un peu de paillettes à l'événement, mais l'incursion de Virgin en Formule 1 s'achevait et Branson raccrocha à la fin de la saison.

En juillet 2012, Marussia fit passer un essai à María de Villota, la fille de l'ancien pilote Emilio. L'épreuve était simple, Villota n'ayant qu'à monter à 240 km/h en ligne droite sur une piste de l'aérodrome de Duxford. Mais, alors qu'elle regagnait les stands, un problème mécanique lui fit perdre le contrôle de sa voiture et elle percuta le hayon d'un des camions de l'écurie. Elle fut atrocement blessée à la tête et perdit un œil. Après avoir surmonté mille galères financières, cette écurie de passionnés devait maintenant affronter l'horreur d'un accident tragique. Au cours du Grand Prix du Japon, en octobre suivant, on apprit que Villota avait été emportée par une crise cardiaque dans sa chambre d'hôtel à Séville. Elle avait trente-trois ans.

Du côté des autres petits, HRT, sous-financée, inexpérimentée, et qui opérait tant bien que mal depuis son siège madrilène, termina sur les rotules la saison 2012 avant de jeter l'éponge. Tony Fernandes, lui, fut attaqué en justice par la marque Lotus, celle que Colin Chapman avait fondée, pour usage illicite de son nom. Il le changea pour Caterham, dont il était propriétaire, mais, de même que Marussia Manor, Caterham évoluait dans un univers financier où les normes habituelles n'avaient pas cours. Lors des grands prix hors Royaume-Uni, les écuries avaient l'obligation de louer leur équipement auprès des promoteurs du circuit – qui, cherchant à amortir leurs frais faramineux, pouvaient facturer 50 € un simple cintre. Un jour, John Booth m'a dit avec un sourire amer que la location d'un transpalette coûtait si cher qu'il était presque plus économique d'en acheter un pour le week-end et le balancer à la rivière le dimanche soir.

Fernandes, arrivé en Formule 1 revêtu d'une aura d'enthousiasme et de réussite certaine, était écœuré par un sport qui favorisait les plus riches. À Monaco en 2014, son écurie établit un record, celui de la plus longue durée sans inscrire un seul point : quatre-vingt-trois grands prix sur presque cinq saisons. Et il avait le nez plongé dans les soucis financiers lorsque Marussia eut enfin quelque chose à célébrer dans les rues monégasques.

Depuis qu'il avait intégré cette écurie encore balbutiante, Jules Bianchi suscitait de grands espoirs. Mécaniciens, techniciens, personnel du *motorhome* et direction, tous s'étaient pris d'affection pour ce Niçois timide et modeste et se réjouissaient de le voir progresser. Il était soutenu par l'académie Ferrari et ses dispositions étaient exceptionnelles.

C'est à Monaco, à quelques encablures de sa ville natale, que le talent de Bianchi explosa. Malgré les faibles performances de sa Marussia, il parvint à la hisser à la huitième place dans les rues tortueuses de la Principauté. Une pénalité de cinq secondes, due à un moment de confusion au départ, le relégua à la neuvième place, mais cela n'importait guère : Marussia avait enfin accompli l'impossible et inscrit deux points. Et ces deux points justifiaient à eux seuls quatre années de galère car les compensations financières seraient énormes : 30 millions de livres de dotation pour la saison suivante. Marussia avait enfin touché le jackpot à Monte-Carlo.

Lowdon garde un souvenir ému de cet épisode : « On avait enchaîné les faux espoirs pendant des années, et là on marquait enfin des points en championnat. Manor avait couru sur les circuits du monde entier, dans diverses catégories, et là nous étions fous de joie pour une huitième place. »

La fête serait pourtant remise à plus tard. Tout l'équipement devait être envoyé au Canada pour le grand prix suivant, et les mécaniciens travaillèrent jusqu'à 1 heure du matin. Du reste, la course à l'argent non plus ne connaissait pas de répit. Lowdon se démenait pour attirer de nouveaux investisseurs, et ce bon résultat monégasque tombait à pic. Lowdon invita un groupe de sponsors potentiels au Canada pour le Grand Prix. Il insista pour que toute l'écurie fasse la meilleure impression possible, mais les bailleurs de fonds furent retardés par une avarie qui les empêcha d'arriver à temps pour le départ du Grand Prix. « On savait à quelle heure ils allaient atterrir et on avait une voiture qui les attendait sur la piste. On était surexcités par leur arrivée parce qu'ils avaient le pouvoir de garantir le futur de l'écurie. Ils ont fini par arriver, le Grand Prix a commencé, et à la première chicane, Max [Chilton, le deuxième pilote de Marussia] et Jules se sont percutés. Deux voitures éliminées d'un coup, pile au moment où les investisseurs entraient dans le paddock. C'est jamais simple, dans ce métier. »

Pendant que Marussia se débattait dans la tourmente, Fernandes avait cessé de venir aux grands prix, leur préférant la tribune des Queens Park Rangers, le club de football qu'il avait racheté à Ecclestone et Briatore. Caterham perdait de l'argent à vue d'œil et il préférait ignorer cette hémorragie financière.

Quatre jours avant le Grand Prix de Grande-Bretagne 2014, où Caterham, installée dans l'ancien siège d'Arrows, courait à domicile, Fernandes annonça qu'il avait vendu l'écurie à Engavest, un consortium d'investisseurs suisses et moyen-orientaux. Leur identité et leurs motivations étaient plutôt troubles, mais il y avait à la manœuvre Colin Kolles, le dentiste roumain devenu directeur général de Midland et qui avait racheté Jordan en 2005. D'un physique austère, presque effrayant, Kolles ne faisait aucune concession à la mode hormis, parfois, une écharpe colorée. Sa plus grande réussite chez Midland semble être une opération de dentisterie réalisée sur Tiago Monteiro afin qu'il puisse prendre le départ du Grand Prix de Turquie 2005.

Les investisseurs derrière Engavest ne se montrèrent jamais et ne furent jamais identifiés, les traces écrites permettant seulement de remonter jusqu'au bureau d'un avocat suisse installé dans une petite ville près de Zurich. Fernandes s'était débarrassé de la patate chaude en laissant l'écurie à Engavest et, en octobre 2014, les huissiers déboulèrent dans l'usine de Leafield et embarquèrent une voiture d'essai, des roues, des pneus, des volants et du matériel divers. Quelques jours plus tard, c'en était fini de Caterham, tous les employés étaient licenciés sauf un, engagé pour faire le ménage dans l'usine et qui, à sa surprise et son désarroi, se retrouva maître des lieux.

Cet improbable patron, Constantin Cojucar, était un ancien joueur du Steaua Bucarest qui vivait une traversée du désert depuis son départ à la retraite et était venu s'installer en Grande-Bretagne, apparemment avec l'aval de Kolles, pour prendre le poste d'homme de ménage à Leafield. Il raconte avoir été envoyé un jour à Londres, où on lui demanda de signer des papiers ; sans rien avoir vu arriver, il se retrouvait directeur d'une société qu'il venait d'acquérir pour 1 £ symbolique. En une journée, il passait d'une entreprise de nettoyage à la haute finance – ou plutôt à la modeste finance, vu la somme en jeu. Lorsque les administrateurs, Smith & Williamson, vinrent tenter de démêler les comptes de Caterham, ils découvrirent que Constantin, un peu paumé, dormait sur un lit de camp dans le bureau du directeur général et s'inquiétait du bébé dont il avait hérité et qui traînait derrière lui environ 19 millions d'euros de dettes.

L'administrateur judiciaire principal s'appelait Finbarr O'Connell. Le rapport qu'il présenta à la Haute Cour de Justice était accablant et évoquait des soupçons de vente frauduleuse. Les finances de Caterham étaient « dans le plus grand désordre » et les livres de comptes incomplets et imprécis. Le rapport ajoutait que « des captations d'actifs par diverses parties se sont produites, laissant fortement supposer que des malversations ont été commises. »

Constantin fit des pieds et des mains pour me contacter, me bombarda de SMS rédigés dans un anglais approximatif et tenta de vendre son histoire au *Times* pour se renflouer. Il quitta le pays quand l'affaire éclata mais revint à Londres pour me rejoindre dans un bar de Covent Garden. J'ai découvert un homme nerveux et dépenaillé, engoncé dans un coupe-vent malgré la chaleur étouffante. Il m'a raconté qu'il n'avait aucune idée de la situation de Caterham et n'avait pas compris qu'il en devenait soudainement le patron. Son histoire était aussi triste qu'étrange, même si on peut bien sûr être surpris par l'apparente naïveté d'un homme capable de prendre un train pour Londres et de signer des documents écrits dans une langue qu'il ne comprend pas, tout cela alors qu'il n'a rien demandé. Quatre ans plus tard, O'Connell m'explique avoir eu pitié de sa situation.

« J'imagine que l'idée sous-jacente était qu'il soit contrôlé par quelqu'un d'autre. Caterham avait été divisée en deux : d'un côté l'écurie et la propriété intellectuelle, de l'autre la société, les dettes et les comptes vides qui retombaient sur Constantin. »

Ce n'était pas la première fois que O'Connell venait à Leafield, ayant déjà été nommé administrateur judiciaire quand Arrows avait coulé en 2002. Douze ans plus tard, il restait toujours aussi impressionné par les sommes que brassait ce sport invariablement incapable d'éviter la faillite. « Je voyais les choses de l'extérieur et je comprenais que le spectacle avait besoin pour exister qu'un certain nombre d'écuries figure au départ de chaque course. Étant donné les sommes qui circulaient, il ne me paraissait pas impossible de faire en sorte qu'une écurie trouve de quoi se maintenir à flot. »

La solution la plus habituelle, et la plus simple, aurait consisté à vendre les actifs pour payer les créanciers, mais O'Connell sentit qu'il réussirait à garder Caterham en vie s'il parvenait à convaincre la Formule 1 et le monde extérieur que l'écurie était toujours viable. Quarante personnes avaient été remerciées en juillet, et deux cent trente emplois restaient menacés. O'Connell l'ignorait, mais il entamait son opération de sauvetage dans un moment critique et bouleversant tel que le sport n'en avait plus connu depuis des décennies.

Marussia et Caterham étaient toutes deux inscrites au départ du Grand Prix du Japon en octobre 2014, une course qui se transforma en mélange de loterie et de débâcle à cause du typhon Phanfone qui avait secoué la préfecture de Mie, au sud de Nagoya. Le circuit de Suzuka, donnant sur une baie ouverte sur le Pacifique, se situe sur le trajet des typhons, dont le mois d'octobre se trouve être la pleine saison. Il pleuvait donc des cordes sur Suzuka le dimanche 5 octobre, et les conditions étaient abominables à 15 heures quand les voitures s'élancèrent derrière le véhicule de sécurité. Lewis Hamilton était en pole position, et même lui avait du mal à voir où il allait. Il demanda à plusieurs reprises une interruption et fut entendu au bout de deux tours par Charlie Whiting, l'expérimenté directeur de course. Après une pause de vingt minutes, la course reprit malgré les larges flaques qui ponctuaient le circuit. Du fait du départ tardif, des retards et d'une allure relativement basse, le Grand Prix allait forcément s'étirer vers le coucher du soleil. À sept tours de la fin, la lumière déclinait quand la Sauber d'Adrian Sutil fit une sortie de piste non loin de la courbe Dunlop. On agita les drapeaux jaunes et une grue mobile vint débarrasser les débris de la voiture. C'est alors que la Marussia de Bianchi déboucha du virage et s'encastra dans l'arrière de la grue.

« Je ne voyais plus la voiture et je me suis rendu compte que, s'il était sorti du virage au même endroit que Sutil, ça n'allait pas être bon, se remémore Lowdon. Il n'y a eu aucune communication vocale, et nous avons compris que c'était grave. »

Les secours, dirigés par le Dr Ian Roberts qui avait pris la relève de Sid Watkins, transportèrent Bianchi à l'hôpital, où Lowdon et le reste de l'écurie les attendaient, tandis que la course était définitivement interrompue. Hamilton avait fait montre d'une habileté extraordinaire sous la pluie, mais sa victoire était reléguée au second plan et la grande famille de la Formule 1 retenait son souffle en attendant de connaître le sort d'un de ses plus jeunes membres. L'état de Bianchi obligea à le transférer par la route et non par hélicoptère jusqu'à l'hôpital de Yokkaichi. Lowdon et Booth suivaient juste derrière l'ambulance. « On n'a pas su tout de suite qu'il était blessé à la tête, c'est en arrivant à l'hôpital qu'on a commencé à comprendre. Le trajet a été horrible. Il faisait un temps atroce et je me souviens d'avoir téléphoné à Bernie, qui était à Londres. »

Le cirque de la Formule 1 chargea les camions et remballa dans un silence pesant. Le grand prix suivant, en Russie, devait se tenir une petite semaine plus tard et il allait falloir se ressaisir d'ici là. Ce serait le tout premier Grand Prix de Russie, un projet conçu par Vladimir Poutine, et l'écurie Marussia serait l'unique représentante du pays hôte. Elle allait devoir mobiliser toutes ses ressources psychologiques, tout en sachant que sa jeune coqueluche était toujours dans le coma au Japon.

Ecclestone fut joignable 24 heures sur 24, offrit conseils et réconfort et apporta un soutien inestimable à Lowdon et Booth pendant qu'ils attendaient au chevet du blessé que les parents de Bianchi arrivent de France. Ecclestone, qui avait perdu des amis proches – Jochen Rindt et Stuart Lewis-Evans –, ne comprenait que trop bien leur inquiétude et s'efforça de remonter le moral de chacun pendant que le milieu entier priait pour Bianchi.

« J'avais Bernie au téléphone presque tous les jours, je le tenais informé et il me facilitait la tâche dès qu'il le pouvait, raconte Lowdon. D'après ce qu'on m'a dit, il était très proche de Rindt, et je me suis toujours demandé à quel point sa mort l'a affecté. J'imagine qu'elle a laissé une trace indélébile, mais je ne pense pas qu'il soit du genre à en parler. On ne savait pas du tout si Jules allait s'en sortir. Ça a dû être atroce pour les parents de traverser la moitié du globe sans savoir vraiment ce qu'avait leur fils. Je n'imagine même pas. »

Booth resta au Japon pendant que Lowdon s'envolait vers Sotchi et la manche suivante du championnat. Avec tout cet affolement, il avait été facile d'oublier que la vie de Marussia aussi ne tenait qu'à un fil. Andrei Cheglakov rangea son chéquier, traumatisé par cet accident survenu alors que son projet de ligne de voitures de sport – qu'il présentait avec optimisme comme une future rivale de Ferrari et Aston Martin – était au point mort. Lowdon avait désormais un pilote dans le coma, une équipe effondrée et un actionnaire principal qui s'apprêtait à claquer la porte juste avant le premier grand prix dans son propre pays.

« Nous étions tout à fait conscients du climat qui régnait dans l'écurie, dit Lowdon. Parfois, les gens qu'on croit les plus forts, qu'on verrait s'interposer pendant une baston dans un bar, sont ceux qui ont le plus grand besoin d'être soutenus. On en a bavé à Sotchi – il y avait Jules, et puis c'était le premier grand prix en Russie, notre propriétaire était russe et nos comptes étaient dans un état lamentable. Et par-dessus tout, on devait se mettre dans le crâne que la Formule 1 continuait. On a rapidement décidé qu'il n'y avait qu'une seule chose à faire : inscrire une voiture au départ et préparer l'autre le plus vite possible, comme si Jules allait se réveiller et sauter au volant. On voulait que les mécanos puissent se concentrer sur quelque chose, et que ça ait du sens. On voulait aussi montrer clairement à Jules et à sa famille que l'écurie était avec eux. »

Juste à côté, chez Caterham, la situation, déjà difficile, était devenue critique sous la nouvelle direction ; l'argent filait et les huissiers s'installaient à demeure. Ni Caterham ni Marussia ne prendraient le départ du Grand Prix des États-Unis. Tous les problèmes financiers qui grevaient la Formule 1 s'étaient cristallisés dans le destin des deux plus petites écuries et dans l'émotion soulevée par l'accident de Bianchi.

Depuis des mois déjà, Bob Fernley, le second de Mallya chez Force India, martelait que les écuries mineures étaient en péril. Il était furieux que les investisseurs de CVC s'engraissent sur le dos de la F1 alors que leur plan d'introduction en bourse avait conduit à une modification du système de dotations faisant que la Formule 1 n'était désormais plus viable que pour un quatuor d'écuries empochant 60 % du *prize money*. CVC répliqua aux déclarations de Fernley, selon qui les investisseurs avaient « violé » la Formule 1, en signalant que les sommes versées aux écuries avaient considérablement augmenté depuis la reprise par CVC et que jamais la situation générale ne leur avait été aussi favorable. Pourtant, Fernley et les autres « petits » étaient pris dans un cercle vicieux : sans argent, pas de victoires, et donc pas d'argent des sponsors.

Juste avant le Grand Prix des États-Unis, Ecclestone me convoqua dans sa suite donnant sur le Circuit of the Americas. Son sourire sonnait faux et il me salua en tendant la main gauche comme s'il attendait que je baise son anneau papal. Il était blafard, inquiet, et sa sincérité était frappante. « Honnêtement, je sais ce qui ne va pas, mais je ne sais pas comment arranger les choses », m'annonça-t-il. En une seule phrase, il venait de résumer la décennie écoulée, pendant laquelle le Monsieur Loyal et l'impresario du cirque de la F1 était devenu salarié de CVC, une machine à faire du fric sans autre vocation que de rapporter des millions aux actionnaires. Il avait accumulé les réussites au nom de CVC, mais à quel prix pour le sport ? Il voyait bien les dégâts causés aux petites écuries et, comme elles, il avait la course dans le sang et l'habitude de surmonter les obstacles et de défier le système, mais l'époque où il pouvait distribuer des millions à sa guise était révolue et il n'avait plus le pouvoir de repêcher les écuries en faillite. Il était directeur général, mais c'était un poste et non un règne. Il n'était plus celui qui déterminait l'ordre des priorités : ce privilège appartenait désormais à CVC. Et en plus il était piégé par l'intransigeance des quatre grands qui s'arrogeaient la part du lion et n'étaient pas près d'accepter de tirer un trait sur leur rente. C'était l'impasse.

Fâché, Vijay Mallya exigea 20 millions de dollars pour chacune des quatre écuries les plus modestes – Lotus (ex-Renault), Sauber, Manor et Force India. « Bernie voulait prendre cette somme aux autres écuries parce qu'il ne fallait pas compter sur CVC pour mettre la main à la poche. C'était terriblement injuste », expliqua Mallya.

À presque huit mille kilomètres d'Austin, Finbarr O'Connell déclenchait son opération de sauvetage de Caterham. Son raisonnement se tenait : il était impressionné par la motivation de l'équipe et par la capacité qu'avait la F1 à motiver les troupes. Il était convaincu que les deux cent trente employés méritaient une nouvelle chance, et il avait l'intention de remettre l'écurie en piste pour le dernier grand prix de la saison, à Abou Dhabi. Le circuit de Yas Marina, où l'odeur de l'argent écrasait celle de l'ozone provenant des eaux bleues et chaudes du Golfe, serait le cadre parfait pour la renaissance de Caterham. Tout comme Monaco, c'était un lieu où se rencontraient les hommes d'affaires les plus puissants du monde, qui pourraient constater en voyant les voitures à la célèbre livrée vert métal que Caterham était toujours bien vivante.

Ecclestone fut consterné en découvrant que O'Connell comptait mettre les fans à contribution au moyen d'un programme de financement participatif. Faire la manche n'était pas dans les habitudes de la Formule 1 ; pourtant l'idée fonctionna et l'argent afflua. O'Connell rameuta les mécaniciens et leur donna à chacun de quoi faire le voyage jusqu'à Abou Dhabi. Mais à ce stade, ce n'était presque plus une question d'argent tant ils étaient heureux de réintégrer la grande famille de la Formule 1. À cette occasion, O'Connell apprit d'ailleurs une leçon sur le fonctionnement de cette famille : même si Ecclestone avait quelques doutes sur ses méthodes, il fit tout ce qui était en son pouvoir pour l'aider. Il fit expédier à Abou Dhabi l'équipement de Caterham qui était bloqué à Austin. Il s'arrangea ensuite avec Total pour le carburant et avec Pirelli pour les pneus. Et enfin, O'Connell eut la surprise de voir les autres écuries – ses adversaires – fournir à ses mécaniciens tout ce dont ils avaient besoin pour tenter de se remettre dans la course.

O'Connell ne touchait plus terre. Momentanément libéré du bureau et de la paperasse comptable qui composaient son ordinaire, il ressentait le frisson de la préparation à un grand prix et comprenait ce qui poussait des entrepreneurs à tout miser pour participer à ce spectacle hors normes. Lorsque je l'ai rencontré dans le *motorhome* Caterham, il était tiré à quatre épingles avec sa chemise aux armes de l'écurie, transformé le temps d'un week-end en directeur d'écurie, à l'égal d'un Frank Williams ou d'un Toto Wolff.

Bien que ce soit sa première course, O'Connell comprenait très bien l'injustice financière à l'œuvre dans la Formule 1 et sa traduction sur la grille. Quand je lui ai demandé quel conseil il donnerait à ses pilotes, il m'a simplement répondu : « Passer premier et gagner ». Je suspecte ici une pointe d'ironie irlandaise, mais la réalité était moins drôle. C'était l'ultime grand prix pour Caterham, il n'y avait pas de repreneur, le personnel allait être licencié et tout ce qui restait à Leafield vendu. L'aventure Caterham touchait à sa fin.

« En fond de grille, tout est affaire de trésorerie. Il faut trouver l'argent qui permettra de participer à la course suivante », m'explique O'Connell lors de notre entrevue au siège de Smith & Williamson, dans la City. « Mercedes dépense des fortunes, mais le sport pourrait tout à fait exister avec des sommes dix fois moindres. C'est juste que le monde veut du spectacle. Ce qu'il y a de triste, c'est que, sauf carambolage, jamais une voiture partie dixième ou onzième ne passera en tête, parce que tout est orchestré, arrangé et contrôlé de telle sorte que les petits n'auront jamais une seule chance de gagner malgré toute leur hargne et leur envie. »

Lowdon n'eut guère le temps de ruminer la disparition de Caterham, même s'il demeurait convaincu que la Formule 1 avait davantage besoin d'entrepreneurs comme Fernandes que de multinationales qui n'avaient « pas de plumes à laisser », selon son expression. Marussia n'atteignit jamais le Grand Prix des États-Unis, mais cela n'empêcha pas Lowdon de s'y rendre de son propre chef pour tenter de trouver des soutiens permettant à Marussia, entretemps redevenue Manor, de faire son retour en Formule 1 pour la saison 2015 et ainsi de débloquer les 30 millions de livres récompensant les deux points marqués à Monaco – les deux points de Jules Bianchi.

Problème, lorsqu'une écurie bat de l'aile, le bruit se répand vite parmi les fournisseurs. Ils demandent aussitôt le paiement des impayés, les banques serrent la vis et c'est le dépôt de bilan. Dans le cas de Manor, Lowdon conclut que le meilleur moyen de continuer à avancer était de placer l'écurie sous tutelle afin de la restructurer et d'assurer le retour en Formule 1 l'année suivante. Et pour le coup, il ne fallait pas compter sur le soutien du paddock : si Manor fermait boutique, les 30 millions seraient répartis entre les écuries restantes. « Le pire cas de figure aurait été de réussir à remonter l'écurie tout en perdant la dotation, qui était notre meilleur atout. Mais nous étions dans une situation difficile : un pilote à l'hôpital, une concurrence qui aurait aimé nous voir couler pour récupérer notre argent, et un personnel – composé de gens formidables – qui avait besoin d'être informé. Certaines écuries établissaient déjà des budgets prévisionnels avec et sans nous en 2015 parce que cela entraînait une variation de plusieurs millions.

« C'était extrêmement agaçant et je voyais bien que la chance que nous avions ne se représenterait pas. On avait fait tourner la boîte avec 10 millions de *prize money*, et là on avait entre 50 et 60 millions, et pas sur un an mais sur deux ou trois. Avec les autres revenus garantis, tels que les remises d'impôts, et le soutien de nos créanciers, l'équipe pouvait continuer, plus solide financièrement que jamais. »

Mais la FIA n'allait faire aucun cadeau à Manor et réclama un demi-million de dollars au titre des droits d'inscription pour la saison 2015. L'administrateur judiciare refusant de payer, Lowdon en régla la moitié et l'administrateur compléta.

C'est alors qu'un chevalier blanc se présenta à l'horizon : Stephen Fitzpatrick, le fondateur du fournisseur d'énergie Ovo. Dès le début, il sembla apprécier l'atmosphère du paddock, son champagne et ses célébrités. Mais le chevalier blanc voulait faire cavalier seul, et Lowdon et Booth, qui avaient porté leur écurie à bout de bras, durent se retirer tandis que de folles rumeurs faisaient état de la mise en vente de Manor Racing pour une centaine de millions d'euros. Malheureusement, aucun acheteur ne se présenta et, fin 2016, le rideau fut baissé pour de bon. L'aventure qui avait débuté comme un rêve en 2010 et culminé sur le front de mer à Monte-Carlo s'achevait bien tristement.

Virgin/Marussia/Manor avait pu quelques instants se hisser dans la cour des grands, et l'acharnement des deux cent trente salariés, ainsi que leur exploit monégasque, leur avait valu l'affection du paddock. Bianchi, lui, mourut à l'hôpital de Nice en juillet 2015. La première victime de la Formule 1 depuis Ayrton Senna dix ans plus tôt.

« Les personnes qui occupaient les postes clés de notre écurie ont toutes fait de grandes choses chez Mercedes, Ferrari ou ailleurs, et pourtant elles continuent à parler de leurs années chez Manor, m'a assuré Lowdon. À chaque début de saison, on écrivait tous les noms sur le châssis, et une année on a même été nommés écurie la plus fiable du paddock. C'était une période où plusieurs écuries avaient des soucis avec des systèmes hydrauliques complexes. Les plus grosses pouvaient affecter entre six et dix personnes rien qu'à ces systèmes, sans compter l'assistance informatique et tout ce qui allait avec. Chez nous, il y avait un seul homme, et c'était le plus fiable de toute la F1. On n'avait personne d'autre que lui. Quand je vous dis qu'on ne se battait pas à armes égales. »

17
LA *BELLA FIGURA*

Luca Cordero di Montezemolo n'a pas envie de parler voitures, il a envie de parler trains. Éjecté de la Scuderia après y avoir consacré presque trente années de sa vie, Montezemolo s'est reconverti dans le chemin de fer. Il fallait de l'audace pour débarquer face à la Trentalia nationale avec sa compagnie Italo, mais quelques jours avant mon arrivée à Rome, il vient de la revendre pour 2,6 milliards d'euros.

Max Mosley avait un jour traité cet homme qui finirait par le déloger de *bella figura*. Une insulte que l'on peut traduire par « la belle silhouette », et bien des Italiens pourraient se montrer flattés de ce que le patron de Ferrari ait fait « bonne impression ». Mais, connaissant Mosley, il faut comprendre que Montezemolo, malgré son style, manquait de fond – ou bien, comme on dit, qu'il n'avait que de la gueule.

Quelle erreur. Mosley sous-estimait gravement Montezemolo, lequel employa tout son charisme et son influence à réconcilier les patrons d'écurie et à les unir contre le président de la FIA ; il sous-estimait aussi tout ce que Ferrari devait à cet extraordinaire homme d'affaires. Une dette qui demeure d'ailleurs largement méconnue, puisque Ferrari a presque rayé de son histoire le nom de Montezemolo et qu'il ne reste pratiquement aucune trace de sa présence à Maranello. Montezemolo n'a même pas été invité aux célébrations du soixante-dixième anniversaire de la firme en 2017, malgré le rôle crucial qu'il a joué dans la survie et la mutation de Ferrari.

Il fait un temps glacial et humide lorsque j'arrive au *palazzo* romain de Montezemolo, à deux pas des jardins de la Villa Borghèse, dans un des quartiers les plus chics de la ville. Les trottoirs sont bordés de voitures de luxe mais les maisons sont discrètes, faisant de ce quartier le fief des diplomates et des hommes d'affaires. En montant les quelques marches qui mènent à la grande double porte d'entrée, je remarque un Range Rover sombre garé dans la cour, le moyen de transport quotidien de Montezemolo. Plus de Ferrari, ici, à part la Barchetta 360, modèle unique offert par Gianni Agnelli, qui avait été son témoin de mariage. Montezemolo ne l'a pratiquement jamais conduite et elle est restée longtemps à l'usine, bichonnée par les mécaniciens qui entretiennent la collection historique. De toute manière, Montezemolo n'a jamais été un grand amateur de décapotables, auxquelles il reproche que « le pare-brise est trop petit, on est obligé de conduire avec des lunettes et un casque ».

Le vestibule, murs blancs et œuvres d'art raffinées, semble tout droit sorti des pages de *Vogue*. On me conduit ensuite dans la salle de réunion, où une longue table en bois verni côtoie de hautes fenêtres donnant sur le petit jardin. Sur le mur du fond, une imposante fresque représente une route filant vers l'horizon dans le désert. En dessous sont alignés une vingtaine de fauteuils miniatures. J'apprendrai plus tard qu'il s'agit de modèles réduits provenant du fabricant de mobilier haut de gamme que Montezemolo songeait à racheter et qui fournit les sièges de ses trains ainsi que les superbes intérieurs des Ferrari de tourisme.

Montezemolo a toujours des choses à dire et il se montre intarissable sur la vente de la compagnie ferroviaire qu'il a fondée avec trois hommes d'affaires italiens en 2006. Ce fut un travail de longue haleine de trouver les fonds, de convaincre les marchés et ensuite de persuader la SNCF de prendre des parts et d'apporter son expertise. Il parle avec un débit de mitraillette en pointant le nord, le sud, l'ouest et l'est pour insister sur les destinations desservies par ses trains de luxe qui proposent le wi-fi gratuit et un confort digne d'une classe affaires. D'après ses amis, la vente lui aurait rapporté dans les 250 millions d'euros. On comprend sa jubilation.

Si les trains Italo sont son bébé, il n'y a qu'à parcourir les clichés accrochés dans son bureau pour se rappeler la passion de Montezemolo pour les Ferrari classiques et les grands prix. On y découvre ainsi une photo de sa « dream team » qui décrocha six titres constructeur d'affilée : au Grand Prix de Malaisie 2000, tout le monde célèbre le premier des cinq titres de Schumacher, et le premier titre mondial en vingt et un ans pour Ferrari. Montezemolo y pose aux côtés de Jean Todt, son directeur sportif, et des pilotes Rubens Barrichello et Michael Schumacher.

Ferrari était pour lui une seconde maison, et il a beaucoup souffert d'en être expulsé. La douleur est encore vive, malgré toutes ses nouvelles activités financières. Mais il fallait bien qu'il s'occupe, en l'absence d'invitations aux grands prix ou au lancement des nouveaux modèles. « Aujourd'hui, je suis davantage en contact avec McLaren qu'avec Ferrari, regrette-t-il. Pendant les cérémonies des soixante-dix ans, tout le monde demandait "Où est Luca ?" Personne ne comprenait. J'ai été *team manager* pendant six ans et président pendant vingt-trois – au total presque trente années sur soixante-dix. »

Lors du départ de Montezemolo, en 2004, la production de voitures de tourisme était montée à 7 500 véhicules par an, les pilotes Ferrari avaient raflé six titres mondiaux en dix saisons – cinq pour Schumacher et un pour Räikkönen, en 2007 –, et Fernando Alonso en avait raté deux de justesse. Maranello, qui n'était au départ qu'une poignée de constructions hétéroclites, était devenu une usine futuriste dont on parlait dans le monde entier. Après avoir frôlé la faillite et s'être inclinée en Formule 1 face aux *garagistes** anglais, la Scuderia avait retrouvé sa fierté.

Montezemolo ne fait pas ses soixante-dix ans et porte une veste en tweed gris, un pantalon anthracite, une cravate en laine rouge et une chemise à carreaux. Il a un mouchoir négligemment glissé dans la poche de sa veste, et j'oublie de lui demander la marque de son après-rasage, mais je mise sur Acqua di Parma, son parfum préféré ; il l'aime tellement qu'il a acheté la société qui le fabrique – avant de la revendre en réalisant une bonne culbute. Il a toujours les mêmes cheveux longs, à peine grisonnants, qu'il rabat de temps à autre en arrière. Il semble fatigué par sa bataille contre Sergio Marchionne, l'intraitable DG du groupe Fiat Chrysler qui s'est arrogé le contrôle de Ferrari, et est visiblement exaspéré par cet homme qui ne partage pas sa vision d'une marque qu'il a dans le sang.

S'il y a un domaine avec lequel il n'a jamais frayé, c'est la politique, malgré toutes les voix l'encourageant à briguer la présidence – on peut d'ailleurs se demander d'où vient cette réticence, considérant son aura dans la société italienne. Montezemolo est pratiquement une marque à lui seul, et probablement le chef d'entreprise le plus aimé et respecté dans son pays, autant par les femmes au foyer que par... un astronaute. Lorsque Paolo Nespoli, l'unique Italien à bord de la station spatiale internationale, a pu passer un coup de fil sur terre, c'est le président de Ferrari qu'il a choisi. Et celui-ci ne manquait pas de choses à lui dire, ce qui n'était pas un problème puisque Nespoli ne payait pas la communication.

Montezemolo est un personnage volubile, et son charme simple peut aisément donner l'impression de se trouver face à une vieille connaissance. Sur le plan physique, il n'a rien d'imposant, mais tout le monde l'écoute quand il parle. Il aime comploter et colporter des ragots, et il a toujours eu le sourire facile, même pendant les années où nous avons été brouillés. Il me surnomme « le polémiste » depuis que j'ai critiqué son habitude de s'arranger avec les règles, voire de fouler au pied l'esprit du sport – par exemple en 2002, quand il ordonna à Rubens Barrichello de s'écarter pour permettre à Michael Schumacher de remporter le Grand Prix d'Australie, soulevant les moqueries des spectateurs.

Sa capacité à détendre et à captiver son auditoire est une de ses armes les plus redoutables, et c'est elle qui explique qu'Enzo Ferrari et Gianni Agnelli, le parrain de l'industrie italienne, soient tombés sous son charme alors qu'il était encore jeune étudiant. John Hogan, l'homme qui mit en contact Marlboro et Ferrari – un partenariat qui, en 2018, rapporte encore dans les 160 millions de dollars à Ferrari –, a mis le doigt sur une des forces de Montezemolo : « Nous étions en train de négocier un accord et, faute de temps, nous avons dû continuer dans sa voiture. Il devait se rendre à une réception et a décidé que j'allais l'accompagner. Je n'en avais pas très envie, il n'y aurait que des invités de marque et je ne connaîtrais personne. J'ai donc dit à Luca que je n'étais pas très à l'aise, et il m'a répondu : "John, ça va aller. Souris et tout se passera bien." »

Mais ce sourire n'est pas sans masquer une certaine dureté. Un des ingénieurs les plus chevronnés de Ferrari se remémore une réunion à l'époque où la Scuderia était dans le creux de la vague : « Luca était furieux et il a tapé sur la table tellement fort qu'il s'est fait saigner. Je vous assure que personne ne s'est fait prier pour se remettre au boulot. »

Toutefois, cette dureté est aussi ce qui lui a permis de porter Ferrari quand, seulement âgé d'une vingtaine d'années et tout juste sorti de la fac, il a dû composer avec le caractère d'Enzo et avec la population bigarrée de la Formule 1, traditionnellement méfiante envers les nouveaux arrivants non issus du sérail.

En 1977, après deux titres mondiaux avec Niki Lauda, Montezemolo mourait d'envie de quitter le monde de la Formule 1, ses mesquineries et ses luttes intestines. Il partit en Suisse, où il prit la direction de l'alcoolier Cinzano avant de superviser la première participation de l'Italie à la Coupe de l'America. Ces bateaux n'étaient ni plus ni moins que des voitures de course maritimes, et l'organisation, la discipline et le recrutement d'une équipe étaient le quotidien de Montezemolo. Le bateau, baptisé *Azzurra*, termina troisième et fut célébré dans toute l'Italie, y compris, semble-t-il, par des centaines de nouveaux parents, puisque Azzurra devint tout d'un coup un des prénoms préférés du pays.

Mais Montezemolo allait avoir un défi encore plus grand à relever. En 1985, il fut mis aux manettes d'Italia 90, la Coupe du monde de football. C'était l'événement mondial le plus important organisé par l'Italie depuis les Jeux olympiques de Rome en 1960, et tout le pays comptait sur Montezemolo pour orchestrer un tournoi spectaculaire qui redresserait son économie et lui rendrait sa confiance. Une fois de plus, il allait falloir travailler en équipe, et Montezemolo s'attela à rabibocher des politiciens en guerre ouverte, des villes et des régions divisées, et à vaincre l'habitude nationale de tout faire à la dernière minute. L'enjeu était immense : ratée, cette Coupe du monde serait un camouflet, mais sa réussite entraînerait pléthore d'effets bénéfiques. À titre d'illustration, certains économistes ont estimé que la victoire de l'Italie à la Coupe du monde 2006 a été suivie d'une hausse de 1 % du PIB.

Pour Montezemolo, c'était Ferrari en plus grand, un assemblage chaotique de personnalités à façonner, persuader, bichonner et menacer. Comme chez Ferrari, il aurait besoin des cerveaux les plus brillants, qu'il alla chercher dans les bureaux des plus grandes entreprises italiennes ; il convainquit en outre huit d'entre elles de sponsoriser l'événement, et lança une grande campagne de mise sur le marché de licences pour les produits dérivés. Il réussit même à vendre des places pour les matchs avant que quiconque sache qui jouait quand, et le tournoi fut un succès remarquable.

Gianni Agnelli voulut ensuite que son protégé emploie sa baguette magique sur le club de football que possédait la famille, à Turin, où se trouvait aussi le siège de Fiat. Et ce n'était pas n'importe quel club, mais la Juventus, la Vieille Dame du football italien. La famille Agnelli avait pris le contrôle de la Juve en 1923, et le club avait récolté tous les honneurs possibles et imaginables, dont une Ligue des champions en 1985. Hélas, Montezemolo devait connaître là un de ses rares échecs. Il ne parlait pas le langage du football et, sous sa direction et pour la première fois depuis vingt-huit ans, la Juventus fut absente de toutes les compétitions européennes. Lorsque la presse italienne lui demanda quelle année de sa vie il choisirait d'effacer s'il en avait la possibilité, il répondit sans hésiter : « Celle que j'ai passée à la Juve. »

Le malheur de la Juve devait pourtant faire le bonheur de Ferrari. Trois ans après la mort d'Enzo en 1988, la Scuderia était à la dérive. Le moment était venu de refaire appel au talent de Montezemolo.

Je lui rappelle notre première rencontre, en 1993, plus d'un an après son retour à Maranello sur demande d'Agnelli, qui avait pris les commandes à la mort d'Enzo. Ferrari était au fond du gouffre et il y régnait une ambiance lugubre depuis la mort de son fondateur. Trahissant sa légende, l'usine de Maranello était délabrée et vétuste ; les processus de fabrication étaient complètement obsolètes, l'écurie de F1 devenait la risée de tout le milieu, et les voitures de tourisme, qui avaient naguère été parmi les objets les plus désirables au monde, ne valaient plus rien – Montezemolo lui-même s'accordant à le dire. Avant de revenir chez Ferrari, il avait acheté une 348 et son verdict est sans appel : « Ce n'était pas une Ferrari. La boîte de vitesse aurait pu venir d'un camion. La division grand tourisme était sous l'influence de Fiat, qui voulait coller des pièces de Fiat dans les Ferrari. Atroce. Pour la toute première fois, nous étions obligés de mettre des employés en chômage technique parce que nous n'avions pas de commandes. L'année où je suis revenu, nous avons vendu seulement 2 000 voitures. La technologie était dépassée, et il y avait aussi le problème de l'usine. Elle était restée à 90 % dans l'état où je l'avais laissée des années plus tôt. Un jour, Ralph Lauren est venu déjeuner à Maranello et il a bien vu que j'étais dépité. Il m'a confié qu'il s'attendait à quelque chose de plus moderne et se disait que, finalement, Ferrari n'était qu'une façade. Ça a été la goutte d'eau. »

Et le désastre ne s'arrêtait pas là : « Côté Formule 1, c'était n'importe quoi. On n'avait plus gagné de championnat depuis Jody

Scheckter en 1979. Quand je suis arrivé, en décembre, j'ai demandé qui était responsable de la conception des F1, et personne n'a pu me répondre. On avait des gens qui venaient de chez Fiat et qui n'y connaissaient rien du tout. »

La Scuderia était passée près du titre mondial en 1990, après avoir offert à Alain Prost une porte de sortie à sa guerre contre Ayrton Senna et McLaren. Le Français maintint la pression sur Senna et gagna cinq grands prix qui lui donnèrent la deuxième place au classement. Ce fut une année agitée, typique des conflits internes qui émaillèrent l'histoire de Ferrari. Prost, champion du monde, avait été recruté pour devenir pilote principal au côté de Nigel Mansell, mais l'Anglais s'enorgueillissait d'avoir été le dernier pilote personnellement engagé par Enzo et s'était convaincu d'être celui qui devait mener l'écurie à la gloire. Prost, bien sûr, ne voyait pas les choses du même œil. L'ambiance s'envenima au Grand Prix de Grande-Bretagne : Mansell remarqua que sa voiture ne se comportait plus du tout comme lors de la course précédente, en France, où il avait pris la pole position. Dans son autobiographie, il explique avoir découvert que Prost lorgnait sur sa voiture et que les mécaniciens avaient échangé les châssis sans l'avertir. Mansell était vert de rage. À la fin de la saison, il partit chez Williams Renault, qui lui offrit sa revanche contre Prost.

Trois fois champion du monde, surnommé « Le Professeur » pour sa conduite calme, intelligente et fluide, Prost ne mâcha pas ses mots contre une écurie qui continuait à utiliser des V12 dépassés en 1991, alors que ses rivaux étaient propulsés par des V10 plus puissants et plus légers. Après le Grand Prix du Japon, l'avant-dernière course de la saison, il lâcha : « J'ai passé toute la saison à faire remarquer les faiblesses de la Ferrari, mais personne n'a écouté un seul mot de ce que j'ai dit. »

Prost fut remercié avant la dernière course de la saison, et son solde de tout compte réglé afin qu'il ne puisse courir pour une autre écurie. La Scuderia regagnait Maranello bredouille, et Montezemolo débarquait dans une écurie et une entreprise à côté de ses pompes.

L'année 1992, la première année complète qu'il passa à la tête de Ferrari, fut difficile. Williams et Nigel Mansell survolèrent le championnat, tandis que les Ferrari de Jean Alesi et Ivan Capelli abandonnèrent vingt fois à elles deux. Capelli fut remplacé pour deux courses par Nicola Larini, mais cela ne changea rien à l'affaire. La seule écurie présente sans interruption depuis 1950 n'avait pas réussi à décrocher une seule victoire depuis la deuxième place de Prost au classement en 1990, et Ferrari ne pouvait plus prétendre à une position dominante dans aucun champ.

Traditionnellement en pointe dans le domaine des moteurs et des pièces mécaniques, Ferrari n'entendait rien à l'électronique avancée et aux suspensions actives – avancée pourtant considérable sur le plan de la maniabilité et de la tenue de route –, qui étaient des inventions britanniques. À en croire Montezemolo, « on n'arrivait même pas à boucler un tour complet avec des suspensions intelligentes. La raison pour laquelle je me suis opposé aux dispositifs électroniques d'assistance à la conduite, une position pour laquelle on m'a félicité, c'est très honnêtement que Ferrari n'en avait pas. »

Ferrari s'embourbait dans le passé, dans l'âge d'or d'Enzo, et ne parvenait pas à se projeter dans l'avenir de la compétition. Montezemolo savait qu'il allait devoir retrousser ses manches s'il voulait que la Scuderia ait un avenir.

Sa priorité fut de refonder la division grand tourisme, et pour cela il obligea les concepteurs à réfléchir au-delà des murs de leur usine décrépite. Il les abonna à d'élégants magazines comme *Vogue* ou *Vanity Fair* afin qu'ils intègrent les matières et les couleurs à la mode. Ce fut un processus long et fatigant, qui lui laissa peu de temps à consacrer à l'écurie de F1 qui végétait tout autant dans son absence d'imagination.

Un des plus gros handicaps de Ferrari était sa situation géographique, dans une petite ville sans autre attrait que l'omniprésent cheval cabré. Maranello est posée en plein milieu de l'Italie du Nord, dans la région d'Émilie-Romagne, un peu au sud de Modène, la ville de naissance d'Enzo Ferrari. Sauf que la Silicon Valley du sport automobile se trouvait à mille cinq cents kilomètres au nord-ouest, en Angleterre, dans le triangle formé par McLaren à Woking, Williams dans l'Oxfordshire et ce qui deviendrait Force India à Silverstone. C'est là que vivaient et travaillaient les ingénieurs les plus talentueux, qui passaient sans heurt des équipes junior aux écuries de Formule 1.

« Même la presse nationale disait qu'il était impossible de faire quoi que ce soit en Italie faute de personnel ou de capacités techniques. Mais je n'avais pas le choix, et il fallait que je trouve quelqu'un qui allait m'aider à gérer la boîte, parce que le développement des nouveaux modèles me prenait un temps monstre, m'a expliqué Montezemolo. J'ai dû trouver les bonnes personnes à faire venir chez Ferrari – des aérodynamiciens, des ingénieurs et des fournisseurs. »

Et justement, Bernie Ecclestone, le Monsieur Loyal de la Formule 1, avait l'homme qu'il fallait : un Français qui dirigeait avec succès les divisions Rallye et Le Mans chez Peugeot. Jean Todt n'était pas beaucoup plus grand qu'Ecclestone, et s'il n'avait pas son tempérament exubérant, il était tout aussi méticuleux et attaché aux détails.

« Un jour, Bernie m'a demandé si je voulais qu'il cherche quelqu'un pour chez nous, se rappelle Montezemolo. Et un peu plus tard, il m'a appelé pour me dire qu'il avait repéré un type, un certain Jean Todt. Ce qui m'a plu, c'est que Todt était depuis longtemps fidèle à Peugeot. Donc je me suis renseigné sur lui et Bernie m'a aidé à le convaincre. »

Todt est né en 1946, un an avant Montezemolo, dans la petite ville auvergnate de Pierrefort. Son père est un médecin juif qui a fui la Pologne à l'âge de dix-sept ans, dans les premiers jours de la Seconde Guerre mondiale. Le jeune Todt était passionné par les voitures et participait de temps à autre à des rallyes amateurs avec la Mini familiale. Mais, plutôt que pilote, il devint copilote et, entre 1966 et 1981, il accompagna certains des meilleurs pilotes de rallye au monde, dont Hannu Mikkola, Ove Andersson et Timo Mäkinen. Il se forgea une excellente réputation de *team manager* en faisant gagner à Peugeot quatre championnats du monde de rallye, quatre Paris-Dakar et deux 24 Heures du Mans. Il n'avait certes jamais mis un pied en Formule 1, mais il savait organiser et motiver un collectif.

Tout commença pourtant mal entre Montezemolo et lui, à cause d'un détail dont le postulant n'avait pas mesuré l'importance. Appelons cela un lapsus : Todt se présenta chez Montezemolo non pas au volant d'une Ferrari, ni même d'une Fiat, mais d'une Mercedes. « J'ai invité Todt chez moi, près de Bologne, et mon fils est venu me chercher en criant : "Papa, Papa, le monsieur qui vient te voir, il a une Mercedes." J'avais grandi avec Ferrari et je respectais la marque, et la première image que j'ai eue de Todt a été sa Mercedes. »

Même après que Todt eut pris la direction de la Scuderia en juillet 1993, Montezemolo continua à avoir des difficultés à cerner ce type étrange qui paraissait empêtré dans sa timidité, avait un petit cheveu sur la langue, regardait rarement ses interlocuteurs dans les yeux et rongeait ses ongles à s'en faire saigner les doigts. Todt aime le calcul mental et les énigmes, et admet avoir « une nature anxieuse ». Mais son approche méticuleuse plaisait à Montezemolo. « Tous les mois, je lui déléguais un peu plus de choses. Il avait un don pour l'organisation, une grande force de travail et, comme moi, il était très attentif aux détails. »

Mais en Italie, les passionnés étaient nombreux à ne pas apprécier qu'un Français prenne les rênes de la Scuderia, d'autant que les résultats ne furent pas au rendez-vous, avec une seule victoire pour chacune des saisons 1994 et 1995. « La presse et le public étaient très remontés contre Todt parce qu'il était étranger, français, et qu'il ne venait pas de la Formule 1, raconte Montezemolo. On a eu des moments très difficiles entre 1992 et 1997, quand on devait sans arrêt demander encore un peu de patience aux *tifosi.* »

De fait, il manquait encore un élément capital, qui libérerait tout le potentiel de Maranello. Et pendant ce temps, Bernie Ecclestone avait besoin de recommencer à vendre des billets. Il avait perdu son meilleur atout en 1994, quand Ayrton Senna s'était tué à Saint-Marin, mais il avait eu la bonne surprise de découvrir que les audiences mondiales avaient bondi à la suite de cette tragédie. Le cirque bariolé et dangereux de la Formule 1 était soudainement redevenu le grand divertissement du dimanche. Ecclestone arrangea le bref retour de Mansell chez Williams au côté de Damon Hill, mais il avait besoin que Ferrari mette fin à la suprématie des Britanniques et redore le blason terni du Cheval cabré. Il avait admiré et respecté Enzo Ferrari et avait de l'affection pour Montezemolo qui s'évertuait à ressusciter une seconde fois la Scuderia – d'ailleurs, il avait sa petite idée à ce sujet.

C'est lui qui avait retiré Michael Schumacher à Jordan pour l'offrir à Benetton en 1991, lorsqu'il avait pris conscience du talent de l'Allemand, et il s'apprêtait désormais à donner sa bénédiction à Ferrari pour le piquer à Benetton. Maranello avait l'Allemand dans le viseur, et Montezemolo était déterminé à casser sa tirelire. Le résultat fut un contrat à 60 millions de dollars sur deux ans, mais Montezemolo n'allait pas s'arrêter en si bon chemin : il voulait toute l'équipe qui avait fait gagner Schumacher chez Benetton, soit Rory Byrne, le designer qui avait abandonné la F1 pour ouvrir une école de plongée en Thaïlande, et Ross Brawn, grâce à qui l'outsider Schumacher, qui n'avait gagné que sept grands prix en six saisons, avait accédé au titre suprême. En l'espace d'un an, Montezemolo avait constitué une équipe technique qui marquerait l'histoire et plomberait le moral de la concurrence, contrainte d'assister impuissante à l'ascension de Ferrari. L'avenir de Maranello se trouvait entre les mains d'une équipe cosmopolite faite de Français, d'Anglais, de Sud-Africains et d'Allemands. Les salaires étaient élevés, tout autant que les enjeux – au total, Montezemolo investit 2 milliards d'euros dans le personnel et les installations pour remettre Ferrari dans la course et remporter un championnat.

De même que Lauda durant la première période de Montezemolo chez Ferrari, c'est Schumacher qui devait être la cheville ouvrière de cette résurrection. Montezemolo était très proche de son pilote intrépide et talentueux, capable d'une concentration et d'une discipline hors du commun. Schumacher poussait l'entraînement physique à un niveau inédit, et Todt et lui nouèrent des liens forts avec les ingénieurs et les mécaniciens. Chaque Noël, le pilote multimillionnaire offrait un cadeau aux membres de l'écurie et prenait le temps de discuter avec eux et de faire connaissance avec leur famille. Derrière l'Allemand guindé qui parlait un anglais haché et semblait ne pas saisir les blagues se découvrait alors un jeune homme réservé, intelligent et chaleureux. Il inaugurait ainsi une nouvelle manière de diriger une écurie. Montezemolo en témoigne, « Michael avait l'esprit d'équipe : quand on gagnait, c'était tous ensemble, et quand on perdait, c'était tous ensemble. »

Mais la détermination de Schumacher pouvait aussi friser la brutalité, comme devait le découvrir le président de Ferrari lors du dernier grand prix de la saison 1997. Le titre allait être départagé entre Schumacher et Jacques Villeneuve pendant le Grand Prix d'Europe à Xérès. Schumacher était en tête mais, au moment où Villeneuve s'apprêtait à le doubler, il envoya sa Ferrari dans la Williams-Renault de son concurrent. Une réaction scandaleuse et idiote, et Schumacher le savait. Villeneuve empocha le titre, et Schumacher n'avait guère que ses yeux pour pleurer, conscient d'avoir provoqué un tollé qui aboutirait à son exclusion du championnat du monde.

Suivant l'exemple d'Enzo et redoutant que sa présence ne distraie les pilotes, Montezemolo n'assistait pas aux grands prix. Son apparition annuelle à Monza pour le Grand Prix d'Italie, où la Scuderia courait à domicile, attirait autour du *motorhome* Ferrari des hordes de journalistes, cameramen et chasseurs d'autographes. Montezemolo traversait ces nuées à la façon d'un pape bénissant la foule, mais ce chahut nuisait immanquablement à la concentration de l'écurie.

Cette année-là, c'est avec une horreur grandissante qu'il regarda le Grand Prix d'Europe à la télévision. Devinant ce que traversait Schumacher, il monta immédiatement dans son jet privé, direction l'Espagne où une voiture l'attendait pour le conduire au circuit. « Quand on ne faisait pas un bon résultat, il arrivait que je me rende sur les courses pour protéger l'équipe, et je laissais les commandes à Todt. Pour Michael, j'étais obligé d'y aller. Il était démoli et j'ai dû lui parler longtemps pour le convaincre que tout n'était pas fini. »

C'était la vérité, mais Ferrari avait senti le vent du boulet, et ce ne serait pas la dernière fois sous la houlette de Montezemolo. L'année suivante, en 1998, Schumacher colla Mika Häkkinen et sa McLaren jusqu'à la dernière course, au Japon, où un mauvais départ et une crevaison lui ôtèrent toute possibilité de titre. En 1999, Eddie Irvine, recruté en renfort de Schumacher qui s'était cassé une jambe dans un accident à Silverstone, passa tout près d'un succès improbable. Il se présenta au Grand Prix du Japon décidé à tenter de battre Häkkinen. « Vous imaginez Eddie, un pilote moyen, qui devient champion du monde ? » s'amuse Montezemolo. De toute évidence, personne, surtout au sein de Ferrari, ne l'estimait assez bon pour cela. Irvine échoua, mais le bon côté de l'affaire fut que Ferrari devint champion du monde des constructeurs pour la première fois depuis 1983.

Parallèlement, Montezemolo apprit que Schumacher et Todt s'étaient rapprochés et commençaient à considérer que Ferrari leur appartenait, faisant en cela écho aux suspicions de l'Ancien durant le premier passage de Montezemolo à la Scuderia. Presque trois mois après l'accident de Schumacher, Montezemolo se demandait pourquoi son pilote star n'avait toujours pas repris le travail. Il lui passa donc un coup de fil, chez lui en Suisse, pour prendre des nouvelles. C'est Gina-Maria, sa fille, qui décrocha. Elle répondit que son papa ne pouvait pas prendre le téléphone parce qu'il était dehors en train de jouer au foot avec son fils Mick.

S'ensuivit pour le pilote une soufflante que n'aurait pas reniée Sir Alex Ferguson, le célèbre manager de Manchester United : si Schumacher était capable de jouer au foot, il était capable de conduire sa Ferrari. Schumacher était de retour dans le cockpit pour le Grand Prix de Malaisie, où il se qualifia avec presque une seconde d'avance sur Irvine, comme pour marquer sa supériorité sur son coéquipier. En arrivant au Japon, Irvine avait quatre points d'avance sur Mika Häkkinen et le titre à portée de main, mais ce n'était pas ce qu'avaient décidé Schumacher et Todt : le premier champion depuis deux décennies serait Schumacher, et non pas le « pilote moyen » engagé pour seconder le meilleur de sa génération. Et c'est ainsi que Häkkinen remporta la course et le titre, devant Schumacher – arrivé avec 90 secondes d'avance sur Irvine. Ce fut la dernière course de l'Irlandais pour la Scuderia.

L'année suivante devait être le moment de vérité pour Schumacher, Todt et Montezemolo, ce dernier ayant tout fait pour refermer une plaie ouverte depuis vingt et un ans, soit depuis le dernier titre mondial de Ferrari, remporté par Jody Scheckter.

Le Grand Prix d'Italie 2000 fut le théâtre d'une liesse et d'une tension aussi intenses l'une que l'autre. Monza était la première d'une série de courses que Schumacher devait toutes gagner pour espérer la consécration. Sous les arbres du parc royal dans lequel est construit le circuit de Monza, Ferrari dressa un immense chapiteau pour accueillir le dîner en l'honneur de sa cinquantième saison en Formule 1. Un triste anniversaire, car il y avait fort peu à fêter : certes l'équipe était un mythe, elle était belle et aimée du public, mais elle n'avait pas de champion. Montezemolo voulait absolument renouer avec la victoire, il voulait justifier la fortune investie dans Schumacher et sa « dream team » et, surtout, prouver au peuple italien que Ferrari était toujours sa Scuderia.

Schumacher, tendu et blême, était une boule de nerfs. Il n'arrivait pas à se dérider et ne décrocha pas un mot de tout le dîner, qui ressembla davantage à une veillée mortuaire qu'à une célébration.

Il partit de bonne heure, fendit la foule de milliers de *tifosi* tout de rouge vêtus qui agitaient leurs écharpes, et rentra réfléchir à la suite des événements. Le samedi, il domina ses nerfs et prit la pole position ; le dimanche, il ne lâcha pas la première place du début à la fin de la course. C'était sa quarante et unième victoire. Il égalait ainsi le record d'Ayrton Senna, qui s'était tué sous ses yeux six ans plus tôt. Lorsqu'il prit conscience de ce chiffre, il comprit du même coup toutes les attentes qui pesaient sur lui depuis qu'il avait rejoint Ferrari en 1996. Pendant la conférence de presse d'après-course, Schumacher – l'homme le plus dur de la F1, l'Allemand à la mâchoire carrée qui ne donnait jamais dans le sentiment – fondit en larmes.

Il quitta Monza avec deux points de retard sur Häkkinen, mais plus concentré que jamais. Il sentait que le championnat était à portée de main et devinait la gloire qui serait la sienne s'il le décrochait vêtu du rouge de Ferrari. Schumacher remporta les trois grands prix suivants et fut couronné champion du monde. Et ce n'était que le début, Montezemolo ayant rendu à Ferrari sa place au sommet de la Formule 1, avec Jean Todt en architecte de la reconquête. Schumacher fut champion cinq années d'affilée, après quoi le titre échapperait à Felipe Massa dans les ultimes secondes de la dernière course de 2008, et Fernando Alonso finirait deuxième en 2010, 2012 et 2013.

« À partir de 1997, nous avons gagné ou perdu le titre dans les toutes dernières secondes, jusqu'en 2012, et Alonso a encore fini deuxième l'année suivante. C'était une performance extraordinaire, raconte Montezemolo. Perdre à la dernière course est toujours difficile, mais c'était chaque fois contre des écuries différentes : McLaren, Williams, Red Bull et Renault. On s'est battus contre ces quatre-là pendant toute cette période. Je suis fier de cette réussite. Todt a donné une leçon à tout le monde. La F1, c'est un sport de longue haleine qui a besoin de deux, trois ou quatre saisons. Todt a passé douze ans avec nous, Michael dix. J'ai le travail d'équipe et l'esprit d'équipe dans le sang, et ça a payé avec eux. »

Schumacher fut le pilote le plus titré de l'histoire de Ferrari et celui qui y resta le plus longtemps, mais cela n'empêcha pas qu'il soit évincé sans pitié le jour où Montezemolo décida qu'il avait fait son temps. Ferrari domina la saison 2004 avec quinze victoires sur dix-huit grands prix, dont douze pour Schumacher. Personne n'avait vu pareille mainmise sur un championnat depuis Jim Clark et sa Lotus en 1963. Et puis ce fut au tour d'Alonso, qui remporta le championnat sur sa Renault devant la McLaren de Kimi Räikkönen ; étrangement, Schumacher ne gagna qu'un seul grand prix l'année suivant son chapelet de succès. Soudain, on se posa des questions au sujet de ce pilote de trente-six ans qui courait contre des jeunes loups, et le mot « retraite » apparut en une des journaux.

Montezemolo avait repéré un possible remplaçant plusieurs années auparavant, lors d'un essai privé à Mugello – et cela n'avait pas échappé à Schumacher. Sauber, qui utilisait des moteurs Ferrari, avait une voiture aux performances impressionnantes. « Je me souviens de Michael arrivant dans les stands pour demander qui pilotait la Sauber », dit Montezemolo. C'était Kimi Räikkönen.

Peu avant le début de la saison 2006, j'ai reçu un coup de téléphone de Sabine Kehm, la chargée de relations publiques de Schumacher, qui m'a demandé si j'étais intéressé par une conversation avec le pilote le plus sollicité de la Formule 1. Schumacher était aux premiers essais privés de la saison ; ce sont des journées froides et grises pendant lesquelles les pilotes attrapent le tournis à conduire en rond pendant que les techniciens peaufinent les réglages de leur voiture. Schumacher était devenu presque inaccessible à la presse, hormis lors d'apparitions officielles et planifiées. Aucun pilote dans l'histoire n'avait jamais été aussi demandé.

Lorsque je suis arrivé, la voiture de Schumacher était immobilisée par une panne et il tuait le temps en attendant de pouvoir repartir. Contrairement à la plupart des pilotes (Lewis Hamilton par exemple, qui dit s'ennuyer pendant les essais),

Michael aimait ces heures passées dans sa voiture et ne ratait jamais une occasion de rouler, enchaînant souvent les tours sur la piste d'essais de Ferrari.

Ces essais-ci se déroulaient à Barcelone et j'y ai trouvé un Schumacher en t-shirt et jeans blancs, silhouette élancée paressant sur un canapé. Michael avait une forme physique inégalée par les pilotes de sa génération. Il arborait un magnifique hâle de skieur et des bras parfaitement dessinés. Lui serrer la main, c'était fourrer les doigts dans un étau. Une fois ma circulation sanguine rétablie, nous avons parlé de la pluie et du beau temps avant de nous lancer dans une longue conversation à bâtons rompus autour de sa passion pour le football. Il allait régulièrement voir jouer un club suisse près de chez lui, et nous avons plusieurs fois disputé des matchs amicaux avant divers grands prix. Durant un week-end de Grand Prix de Belgique, une rencontre avait été organisée entre journalistes allemands et britanniques au stade Royal de Spa, une arène de ligue inférieure pouvant accueillir jusqu'à 3 500 personnes. L'assortiment habituel de bons et mauvais joueurs en condition physique très variée s'était affronté devant le public du coin. Nous en étions à une dizaine de minutes de jeu lorsqu'un remplaçant entra côté allemand : Michael Schumacher. C'était l'homme le plus rapide du terrain, et de loin, mais en dépit d'un toucher de balle plus que correct, les Allemands ne parvenaient pas à franchir l'invincible défense britannique menée par Tony Jardine, qui commentait la Formule 1 pour ITV. La nouvelle se répandit dans les rues de la ville et bientôt les gradins commencèrent à se remplir de fans ravis de pouvoir approcher le plus grand pilote de son temps. Quelques minutes avant le coup de sifflet final, le score était toujours de 1 partout et Michael n'avait pas réussi à marquer malgré ses tentatives répétées. Les minutes s'étiraient indéfiniment, à tel point qu'il devint évident que notre arbitre, emprunté à un championnat belge, voulait laisser à Schumacher toutes les chances de marquer, certainement pour pouvoir le raconter à ses petits-enfants. Finalement, vers la

98e minute, Schumacher transperça une défense anglaise épuisée et expédia le ballon dans les filets. Les Allemands l'emportaient 2-1, avec les félicitations de circonstance au buteur, pourtant habitué aux applaudissements.

Lorsque je lui ai rappelé cet épisode, il a eu un petit rire gêné. Je sentais bien qu'il avait adoré cet affrontement, ces 98 minutes en compagnie de journalistes mais sans aucune question, sans jugement et sans caméras pour décortiquer ses moindres gestes. Au-delà de ses fanfaronnades et son agressivité en course, je soupçonnais chez lui une certaine timidité. Nous avons parlé de Corinna, sa femme, et de leurs enfants, Mick et Gina-Maria, encore très jeunes et qui regardaient les grands prix à la télévision en attendant de les voir dans les gradins. Michael m'a révélé que Gina-Maria lui donnait des porte-bonheur, une fois une brosse à cheveux, une autre fois un médaillon qu'il gardait dans la poche de sa combinaison. Un jour, avant une course, la perte de ce médaillon le plongea dans le plus grand désarroi. Par chance, il le récupéra grâce à un photographe à qui rien n'échappait et qui l'avait repéré.

Ce jour-là, il m'a assuré que sa carrière n'était pas finie et qu'il n'avait aucune intention de prendre sa retraite, mais Montezemolo ne partageait pas sa certitude. Voyant que son pilote esquivait systématiquement la question, il décida de contracter une assurance. Il sauta sur Räikkönen et lui offrit 45 millions de dollars pour quitter McLaren. C'était une grosse somme, et même Montezemolo n'avait pas les moyens de garder deux pilotes aussi chers. Schumacher devait partir, mais Todt ne voulait pas le perdre, car l'Allemand était devenu un de ses meilleurs amis et alliés. La divergence entre le président et le directeur sportif se changeait en abîme.

Quelques minutes après la victoire au Grand Prix d'Italie 2006, Schumacher apprit que Ferrari avait publié un communiqué annonçant son départ à la retraite. Il venait de gagner devant les *tifosi* à qui il avait rendu leur fierté, mais c'était terminé : après sept titres mondiaux, Michael Schumacher raccrochait. Il gagna sept grands prix cette saison-là mais finit deuxième au championnat derrière Alonso. Son ultime course eut lieu au Brésil où, en cadeau de départ à la retraite, il reçut des mains de Pelé – une autre légende – un trophée décerné par les sportifs du monde entier. À Kerpen, sa ville natale située non loin de Cologne, en Allemagne, une rue fut baptisée du nom du héros local et chaque année une journée lui est dédiée.

Mais l'histoire de Michael Schumacher avec Ferrari n'était pas encore terminée. En 2009, durant le Grand Prix de Hongrie, Massa fut touché à la tête par un ressort tombé de la Brawn de Rubens Barrichello. Avec un pilote entre la vie et la mort dans un hôpital de Budapest, Montezemolo se creusait la tête pour trouver un remplaçant capable de courir la course suivante, à Valence. Il se tourna alors vers son pilote le plus titré.

« On était paumés après l'accident de Felipe. J'ai appelé Michael et il est arrivé à Maranello, tout en blanc – des chaussures à la chemise. Je lui ai dit : "Michael, on est dans la merde. Reviens, s'il te plaît." Une demi-heure de discussion plus tard, il avait des étoiles plein les yeux, un vrai gamin devant un sapin de Noël. Il a réfléchi pendant quatre ou cinq secondes, et d'un coup il m'a fait : "Oui, tu as raison. Je dois remercier Ferrari pour tout ce que j'ai aujourd'hui." Il était heureux comme un gosse, il est immédiatement allé faire les réglages du baquet et nous avons organisé un essai à Mugello pour le lendemain dans une voiture qui avait deux ans. »

Schumacher était rapide, mais un accident de moto lui avait laissé des douleurs au cou. Dès la fin de l'essai, il sauta dans un jet privé pour aller voir son médecin. Montezemolo raconte : « À 10 heures du matin, il m'a appelé en larmes parce que son médecin lui avait annoncé que sa blessure allait l'empêcher de conduire pendant deux mois. C'est assez ironique que les accidents les plus graves qu'ait subis ce pilote exceptionnel aient été des accidents de moto et de ski. »

Montezemolo avait perdu son homme, et cette fois pour de bon. À la fin de l'année, Ross Brawn, le mentor de Schumacher chez Benetton et Ferrari, lui fit un appel du pied et l'Allemand entra chez Mercedes, qui avait racheté Brawn GP, tandis que Massa se rétablissait avant de reprendre le volant en 2010 au côté de Fernando Alonso, qui remplaçait Räikkönen. Montezemolo ne vit pas d'un bon œil le lancement de l'écurie Mercedes F1 à Stuttgart, car Schumacher y apparut dans le cockpit d'une voiture... rouge Ferrari. De là à y voir un pied-de-nez délibéré de la part des Allemands, il n'y avait qu'un pas. Du reste, Montezemolo ne serait pas le seul qui devrait apprendre à composer avec le facteur Schumacher : il y avait aussi Nico Rosberg, son nouveau coéquipier. Lors du lancement, au musée Mercedes-Benz de Stuttgart, personne ne lui adressa la parole. « Il y avait peut-être trois cents caméras de télévision et elles ne s'intéressaient qu'à Michael », se souvient-il avec une pointe d'amertume.

Mais cette tentative d'organiser le retour d'un pilote quarantenaire après trois années d'absence fut un échec. La voiture n'était pas assez bonne et Schumacher n'était plus ce qu'il avait été. À l'occasion d'une interview au Japon avant son second départ à la retraite, il me fit part de sa surprise ; il ne pensait pas que le retour serait si rude, et je devinai à son attitude que c'était fini. J'avais demandé un entretien exclusif et l'avais obtenu immédiatement ; personne d'autre que moi ne cherchait à parler avec l'ancien champion, qui pouvait désormais arpenter le paddock sans être suivi par une procession de fans.

La carrière de Michael Schumacher s'acheva pour la seconde fois au Brésil, et cette fois-là sans honneurs ni colliers de fleurs. Il termina la course en septième position. En décembre 2013, alors qu'il passait des vacances en France avec sa famille, Schumacher fit une chute à ski et sa tête heurta un rocher. Il fut transporté à l'hôpital de Grenoble et placé en coma artificiel pendant plus de trois mois. Il put retrouver sa maison des environs de Genève en septembre suivant. De ce jour où sa vie a été bouleversée à jamais, plus personne, hormis ses plus proches amis tels que Todt ou Montezemolo, n'a revu cet homme, un des plus solides de l'histoire de ce sport, qui filait autrefois à 320 km/h sur les circuits du monde entier. Sa famille ne parle jamais de sa santé, même s'il est de notoriété publique qu'il n'est plus capable de parler ni de marcher.

À ce stade, Montezemolo avait perdu sa « dream team », et il ne conserva les rênes de Maranello que jusqu'au moment où Sergio Marchionne commença à réfléchir à la valeur de Ferrari sur le marché. Avec Montezemolo, la confrontation était inévitable, les deux hommes ayant des visions radicalement opposées du positionnement de Ferrari : Marchionne voulait fabriquer de plus en plus de voitures, tandis que Montezemolo voulait préserver ce qu'il voyait comme le meilleur argument commercial de la marque, celui qu'Enzo lui avait inculqué au début de sa carrière : l'exclusivité. Faire en sorte que les acheteurs acquièrent un objet qu'ils estiment difficile de se procurer.

Marchionne ne l'écouta pas et mit à bien son projet d'introduire partiellement Ferrari à la bourse de New York. Il leva 750 millions d'euros et une vente de parts en 2015 établit la valeur de Ferrari à 8,7 milliards – pas si mal pour une boîte qui frôlait la faillite avant l'arrivée de Montezemolo. L'opération fut tout aussi lucrative pour Piero Lardi Ferrari, le fils illégitime d'Enzo, qui détenait 10 % du capital et devint milliardaire en titres du jour au lendemain.

Montezemolo avait présenté sa démission et débarrassé les lieux un an avant l'introduction en bourse, quand il avait compris que Marchionne comptait transformer la nature de la marque et tenter de faire oublier la *bella figura*. Marchionne paya rubis sur l'ongle la coquette indemnité de départ qui lui permettait de ne plus entendre parler de Montezemolo, lequel, tout comme Enzo avant lui, était devenu une légende vivante dans son pays. Si l'on en croit Ecclestone, Marchionne, qui préférait les pulls à col rond aux vestes sur mesure de Montezemolo, enviait l'élégance de cette icône qu'il ne pouvait s'empêcher de tourmenter. « Il voulait ressembler à Luca, être aussi populaire que Luca – mais, à la vérité, c'était un tyran. La première fois qu'il est venu à une assemblée des écuries, je lui ai demandé ce qu'il faisait là, parce que ce n'était ouvert qu'aux directeurs d'écurie. Il était avec Maurizio [Arrivabene, le directeur de l'écurie] et je leur ai fait comprendre qu'un seul des deux aurait le droit de s'exprimer. Un peu plus tard, Arrivabene a voulu dire quelque chose et Marchionne l'a fait taire en lui mettant une main sur la bouche. Sergio portait toujours des pulls bleus. Donc, pour la réunion suivante, je me suis pointé avec le même pull bleu. Il arrive, il me voit et je lui dis : "Regardez, Sergio. Je me suis habillé comme vous pour avoir le même succès que vous." »

Lors du départ de Montezemolo, en 2004, il y eut des larmes et un pot organisé par toute la maison, rassemblée dans une cour de ce qu'il reste de l'usine construite par Enzo. « Il y avait beaucoup de gens qui pleuraient ; normalement, les gens n'ont qu'une envie, c'est de vous voir foutre le camp », se remémore Montezemolo, les yeux humides d'émotion. Il n'a pourtant qu'à moitié raison, car si les employés étaient tristes, Marchionne, lui, se frottait les mains.

Il ne resterait toutefois pas très longtemps à la tête de Ferrari : en juillet 2018, il mourut de complications postopératoires à l'âge de soixante-six ans. Négociateur acharné, Marchionne laisse le souvenir d'un homme d'affaires talentueux qui a donné un nouveau souffle au conglomérat Fiat-Chrysler et ressuscité les marques Alfa Romeo et Maserati. En Formule 1 aussi, il était redoutable, et il contribua à faire de Ferrari le plus grand nom du sport. Mais il n'avait pas le charisme de Montezemolo. La Scuderia serra les rangs, les sollicitations pour aller à Maranello furent rejetées et Ferrari, l'écurie qui donnait tout son prestige à la F1, continua comme si de rien n'était.

Je m'apprête à quitter Montezemolo quand tout à coup, il s'inquiète de ce que rien n'ait été prévu pour m'offrir un bon dîner romain ce soir-là. Je le rassure en lui disant que j'ai parlé avec sa secrétaire, qui a réservé une table pour ma femme Jacqueline et moi au restaurant Al Moro, tout près de la fontaine de Trévise. « Parfait, je vous y retrouverai avec ma femme », s'enthousiasme-t-il. L'affaire est conclue. Nous arrivons les premiers dans cette *trattoria* typiquement italienne, bois sombre et nappes blanches, serveurs en livrée et carte des vins aussi épaisse que l'*Encyclopedia Britannica*. Le personnel a manifestement été prévenu de notre arrivée. Contrairement aux touristes, qui sont confinés à l'arrière-salle, nous sommes placés en plein milieu du restaurant, avec les Italiens. Notre serveur parle un anglais parfait et maîtrise la carte sur le bout des doigts. Quelques minutes plus tard, Montezemolo arrive avec son épouse et un ami américain en visite. Il y a beaucoup d'accolades, d'embrassades et de signes de la main aux quatre coins de la salle. Montezemolo sillonne le restaurant, une table après l'autre, et a un mot pour chacun. Bernie Ecclestone assure que personne au monde ne sait mieux que Montezemolo créer et entretenir des relations ; je le crois sans peine.

Nous nous régalons d'artichauts marinés et d'un plat de pâtes sensationnel, mais Montezemolo garde en permanence un œil sur la porte et sur tous les nouveaux arrivants. Si c'est un ami ou une connaissance, il se lève d'un bond et va le prendre dans ses bras. Il est passé maître dans cet art, et le sourire qu'il recommanda un jour à John Hogan est aussi éblouissant que jamais.

18
LE DÉCLIN ET LA CHUTE

Lisa Dennis était furieuse. Elle aurait dû être en train de siroter un cocktail face aux eaux bleues du lac de Côme depuis une somptueuse suite dans l'un des hôtels les plus luxueux au monde. Au lieu de ça, elle était cantonnée à une banlieue industrielle de Monza, coincée pour quatre jours dans un hôtel donnant sur des cheminées d'usines et une autoroute à six voies. Si cette Américaine blonde et sculpturale a depuis longtemps appris à composer avec les humeurs de son mari Ron, patron de McLaren, l'écurie britannique la plus couronnée en Formule 1, il y a tout de même des limites et ce coup-là, elles étaient franchies.

Tout le gratin de la Formule 1 était descendu à la célèbre Villa d'Este pour le week-end du Grand Prix. Le sublime bâtiment Renaissance offrait une vue unique sur les flots du lac où allaient et venaient bateaux de plaisance et ferries transportant des touristes ébahis par les demeures des célébrités, telle la villa de George et Amal Clooney, perchée sur un promontoire comme pour attirer les regards.

C'est l'endroit où il faut être vu, mais cela a un prix : une suite peut coûter jusqu'à 5 000 $ la nuit pendant le week-end du Grand Prix. Lisa Dennis, animal social au rire généreux et au large sourire, est faite pour la Villa d'Este. Lisa et Ron y avaient d'ailleurs réservé une chambre, mais c'était sans compter sur les questions de logistique essentielles aux yeux du patron d'une écurie bien disposée à remporter la plus grande course automobile du pays. Le trajet jusqu'à Monza prendrait une heure en limousine, peut-être davantage en cas d'embouteillage quand les *tifosi* se presseraient devant les portes étroites du parc royal. Craignant d'être coincé dans la circulation, Dennis demanda s'il pourrait faire venir son hélicoptère jusqu'à l'hôtel. La réponse de l'élégant responsable en chemise amidonnée fut un « non » poli, assorti d'un haussement d'épaules. Hors de question que le vrombissement de l'appareil trouble la paix des lieux.

Ron était contrarié, mais il n'y pouvait pas grand-chose. Le couple posa donc ses valises et profita du décor fabuleux de la villa. Quand soudain il entendit approcher le bruit d'un rotor. Puis un hélicoptère apparut au-dessus des arbres et descendit lentement sur une pelouse proche de l'hôtel. Une silhouette reconnaissable entre toutes en descendit, une silhouette aux longs cheveux ébouriffés qui courait vers l'entrée de l'hôtel. C'était Luca di Montezemolo, le président de Ferrari.

Ferrari, l'ennemi juré de Dennis. L'Anglais explosa de rage et ordonna à sa femme de faire leurs valises. Ils partaient immédiatement. Rien de nouveau sous le soleil : Ron Dennis ne manquait jamais une occasion de se vexer. La moue froissée et le regard incendiaire étaient monnaie courante chez cet homme prompt à déceler une insulte ou une menace. Pour Ron Dennis, la défaite est source de souffrance physique et mentale – que ce soit sur un circuit ou sur la pelouse d'un hôtel de luxe – et, ce jour-là, sa Némésis lui infligeait un camouflet dur à encaisser.

L'histoire se souviendra de Ron Dennis comme d'un entrepreneur de premier ordre, un homme qui, de simple mécanicien, se hissa au rang de créateur et PDG d'une des entreprises les plus en pointe et admirées du pays, et qui dirigea la plus belle écurie de Formule 1 après Ferrari. Il transforma un groupe de mécaniciens rassemblés dans une usine miteuse en une manifestation étincelante du génie anglais. Sa réussite fut saluée par le Premier ministre David Cameron et il persuada le prince héritier du Bahreïn d'investir dans son entreprise. Dennis pèse plus de 500 millions de livres, une fortune qu'il doit à son talent d'homme d'affaires et d'innovateur. Son empire a donné naissance à certaines des voitures les plus époustouflantes qui soient, et les technologies qu'il produit sont employées aussi bien dans les aéroports et les hôpitaux que sur les vélos des athlètes olympiques. Le groupe McLaren, qui employait cent personnes en 1980, en compte trois mille cinq cents aujourd'hui, pour un chiffre d'affaires d'un milliard d'euros en 2016. Cette même année, la production de voitures de tourisme approchait l'objectif de 5 500 véhicules par an, soit presque autant que Ferrari.

Malgré tout cela, Dennis est, pour citer Winston Churchill, une charade enveloppée dans un mystère à l'intérieur d'une énigme. Il peut se montrer loyal et pourtant sans pitié ; charmant et pourtant grossier ; il peut innover et parfois rester englué dans ses anciennes partitions. Comme l'a formulé un de ses anciens rivaux : « Ron est capable d'être généreux, drôle, vif, et il agira toujours pour le bien de la F1, même si c'est au détriment de sa propre écurie. Mais ça n'empêche pas que c'est un vrai con. »

Christian Horner eut une parfaite illustration des sautes d'humeur de Dennis quand ils furent convoqués tous les deux à Monaco dans le cadre d'une enquête de la FIA. Ils firent le voyage dans l'avion privé de Dennis, lequel les conduisit ensuite au lieu de la convocation, et la conversation fut si chaleureuse qu'ils ratèrent la sortie pour Monte-Carlo. « Nous avons passé une excellente journée et déjeuné à l'Automobile Club de Monaco. J'ai recroisé Ron le week-end suivant au Grand Prix de France, j'étais dans le paddock et il marchait vers moi. J'ai voulu lui dire bonjour et... rien, même pas un regard. C'est Dr Jekyll et Mr Hyde. Un jour c'est un homme charmant et passionnant, qui s'intéresse à ce que je fais, vraiment un type avec qui on passe une bonne journée. Et trois jours plus tard, il me snobe complètement. J'ai un grand respect pour Ron et il a construit quelque chose d'extraordinaire, mais il peut aussi être son pire ennemi. »

Justement, Dennis dit souvent qu'il a beaucoup d'ennemis et une cible dans le dos. Il peut se montrer brusque, probablement parce qu'il redoute constamment d'être piégé ou pris en défaut. À la FIA, Horner a compris que Mosley ne se laissait pas impressionner et soufflait le chaud et le froid. « Max savait comment faire pour que Dennis s'écrase », affirme-t-il. Il est facile de supputer que Dennis éprouve le complexe d'infériorité de l'ancien mécano quand il se retrouve face à des hommes tels que Mosley et Montezemolo, avec leur intelligence supérieure et leurs origines aristocratiques.

Les anecdotes faisant état de son mauvais caractère ne manquent pas. Par exemple, sa crise de colère pendant une partie de chasse organisée par Jody Scheckter dans sa propriété du Hampshire. Dennis arriva dans un 4x4 Mercedes flambant neuf avec chauffeur. Dans le coffre, il avait des caisses spécialement conçues pour ses armes et une cage pour son labrador. Au milieu, un mini-frigo contenant du champagne et six gobelets en or aux armes de « Ron » et « Lisa ». Une fois le pétillant consommé, Dennis entreprit de récupérer les gobelets et s'aperçut qu'il en manquait deux. Le reste du groupe, qui les avait cachés, riait sous cape. Dennis chargea alors son fusil et le braqua sur le 4x4 de Scheckter en menaçant de tirer si on ne lui rendait pas les gobelets manquants. Les autres se firent tout petits, ne sachant pas s'il était sérieux. Il l'était très vraisemblablement, et il avait tout aussi vraisemblablement une idée de vengeance démesurée, car avec Dennis la blague et le canular ne sont jamais loin.

L'histoire de la fois où il a fait retirer et nettoyer le gravier de son allée hante toutes les conversations qui portent sur lui, tout autant que celle du jour où il a fait passer un entretien d'embauche par la fenêtre de sa cuisine parce qu'il ne voulait pas que le candidat entre chez lui avec ses chaussures sales. Certaines de ces histoires sont apocryphes ; la plupart sont vraies.

Sur son bureau, au cœur de l'impressionnant McLaren Technology Centre de Woking, un monument à sa réussite dont la construction a coûté 350 millions d'euros, ses stylos sont alignés dans un ordre précis. L'édifice tout de verre et d'acier est un mélange de blanc, gris et noir, comme si la couleur était intruse en ces lieux. De l'autre côté d'une route incurvée qui dessert le complexe, McLaren fabrique certaines des voitures les plus belles et fascinantes au monde, réalisant le vieux rêve de Dennis de créer le rival britannique de Maranello. Si Enzo n'a jamais choisi une autre couleur que le rouge, couleur de l'Italie, c'est l'orange papaye qui est la couleur traditionnelle de Bruce McLaren, fondateur en 1966 de l'écurie reprise ensuite par Dennis – or Dennis déteste l'orange. Lui, il aime le gris.

Malgré les titres décrochés avec Mika Häkkinen, les rapports entre Dennis et Adrian Newey ont toujours été tendus. D'après ce dernier, la photo parfaite selon Dennis représente une F1 McLaren noir, argent et gris dans un cadre argenté – et il est bien placé pour le savoir puisqu'il a causé une attaque à son patron le jour où il a fait repeindre son bureau en bleu.

Du côté de chez Williams, si les murs du siège ne sont pas monochromes, ils sont aussi ternes que dans n'importe quelle entreprise. Soixante-dix kilomètres séparent McLaren –son siège très James Bond, son lac et ses gadgets futuristes – de l'usine plus discrète de Sir Frank dans l'Oxfordshire, à Grove. Près de l'entrée des bureaux, un panneau indique le musée où certains des modèles les plus célèbres de la firme sont exposés et bichonnés par Jonathan Williams, un des deux fils de Sir Frank.

Au premier étage, Claire Williams fulmine. Bien qu'elle soit officiellement l'adjointe de son père, le handicap de celui-ci fait d'elle la dirigeante effective, une situation d'autant plus unique dans le milieu que Claire est aussi maman. Lorsque j'arrive à notre rendez-vous, elle a un problème de baby-sitter et peu de temps à me consacrer avant de devoir rentrer s'occuper de son fils Nathaniel.

Claire Williams n'aurait jamais cru prendre un jour les commandes de l'écurie paternelle, mais, bien entendu, c'était une idée d'Ecclestone. « Mes parents refusaient que nous ayons quoi que ce soit à voir avec Williams. Mon père était fermement opposé à toute forme de népotisme et il nous a bien fait entrer dans le crâne que notre nom de famille ne nous garantissait aucun droit concernant l'écurie. Même si Williams était tout notre univers, il n'était pas prévu d'en faire une dynastie familiale. »

Et puis un jour, Ecclestone fit venir Claire à son bureau de Princes Gate et il lui posa une question simple : « Qu'est-ce que tu dirais de reprendre l'écurie ? » Elle en fut abasourdie. « J'étais flattée, mais je ne me sentais pas du tout prête ni compétente. J'allais décevoir tout le monde, j'étais trop jeune et en plus je suis une fille. Il m'a rassurée, mais j'ai continué à refuser. » Ecclestone sut néanmoins se montrer persuasif, en traînant Claire à un déjeuner organisé pour l'anniversaire de sa fille Tamara. « Bernie a passé tout le déjeuner à m'expliquer que tout irait bien et qu'il me soutiendrait... Et pendant ce temps, Tamara me fusillait du regard parce qu'on s'était incrustés à son anniversaire. Je me sentais atrocement mal. »

Sir Frank ignorant tout de ces machinations, Claire s'en ouvrit à sa mère Virginia. Car la question de son frère Jonathan restait en suspens ; il avait trimé pour gravir les échelons de l'écurie et pouvait donc espérer être le successeur légitime. « Jonathan est l'aîné, c'est lui qui aurait dû être le successeur désigné, mais ça ne s'est pas passé de cette façon. Ce n'était pas nous qui choisissions, c'était le conseil d'administration, et j'étais mieux intégrée au cœur de l'entreprise. Ça n'a pas été un moment facile. C'est un des problèmes des entreprises familiales. »

Dennis était un invité régulier des Williams, dont il pourchassait parfois les enfants affublé d'une fausse flèche lui traversant le crâne, quand il ne planquait pas des carapaces de homard dans leur lit. C'était le versant privé de la F1, qui échappait au grand public.

« J'adore Ron, confirme Claire. Mon père organisait de grandes fêtes pour Noël, avec plein de gens de la F1. Ron n'oubliait jamais de monter nous voir à l'étage avec son sac à malice. Mon père n'avait pas de vie hors du travail. Pas d'amis. Il ne s'intéresse pas à grand-chose d'autre. Il est content quand on lui parle de Formule 1 ou de ses hobbies, les avions et Hitler. Mais sinon, il est largué parce que la Formule 1 est sa première passion, avec sa famille en deuxième. Ça ne nous dérange pas, on comprend. »

Cette étroitesse d'esprit pimente toutes les conversations au sujet des principaux patrons d'écurie britanniques. Frank Williams et Ron Dennis sont entrés au même moment dans la Formule 1, et c'est en tandem qu'ils sont arrivés au sommet, s'arrachant des victoires, piquant les employés et les pilotes de l'autre et tentant de séduire ses sponsors. Entre 1984 et 1999, la seule écurie à avoir pu s'interposer entre McLaren et Williams fut Benetton, qui décrocha le titre constructeur en 1995 ; pour le reste, c'est eux qui assuraient le spectacle. Bernie Ecclestone n'a jamais compris comment ils pouvaient être aussi amis alors qu'ils étaient à couteaux tirés sur les circuits, mais leur relation n'était pas ordinaire, et ils étaient unis par un même désir de courir, et de gagner.

Dennis signa un partenariat lucratif avec Mercedes-Benz quand le constructeur allemand revint en Formule 1 en tant que motoriste après une absence de presque quatre décennies. Il y eut des titres mondiaux pour Mika Häkkinen et Lewis Hamilton, et McLaren Mercedes devint une écurie incontournable, jusqu'au jour où Dennis décida de réaliser son ambition de fabriquer des voitures de grand tourisme. Dès lors, les tensions étaient inévitables avec Mercedes, dont le royaume se trouve hors des circuits. Le Spygate, rapidement suivi par le Liegate, outrepassèrent les limites de la correction allemande, et la firme à l'étoile préféra aller racheter l'écurie de Ross Brawn avec laquelle elle courrait seule la saison 2010. Pour la première fois en quinze ans, McLaren était un client comme les autres, qui n'avait plus la priorité pour l'accès aux meilleurs moteurs de la F1.

Williams eut avec BMW des rapports tout aussi conflictuels quand les Allemands proposèrent leurs moteurs en 2000. Frank et Patrick Head ne voulaient pas entendre parler des tentatives de BMW – sous la coupe de Mario Theissen, son très guindé directeur du sport automobile – de faire la pluie et le beau temps, et Williams ne ratait pas une occasion de passer un savon aux cadres de BMW. Fin connaisseur de la Seconde Guerre mondiale, Williams adore aussi les avions et est en très bons termes avec le commandement de la base aérienne de Brize Norton, près de son usine dans l'Oxfordshire. Claire Williams raconte : « Mon père attendait la visite de Mario et d'un contingent de chez BMW. Donc il a passé un coup de fil à la base et il a dit qu'il avait un groupe d'Allemands en goguette qui aimeraient bien que des appareils survolent l'usine en rase-mottes. Il a envoyé les coordonnées, et les avions sont passés. Mon père était plié de rire, Mario beaucoup moins. »

Après six saisons sans titre, l'ambiance se dégrada encore davantage, BMW estimant que les voitures Williams ne méritaient pas de tels moteurs – et de tels investissements. Les Allemands récupérèrent donc leurs billes et rachetèrent Sauber pour lancer leur propre écurie, qui ne rencontra pas plus le succès et ne gagna qu'un seul grand prix. Fin 2009, BMW jeta l'éponge et tenta de revendre son écurie à un mystérieux consortium, Qadbak Investments. En cherchant un peu, BMW aurait découvert que Qadbak était un prête-nom dissimulant un escroc notoire à l'origine d'un plan à trois bandes pour racheter le club de football de Notts County et mettre à sa tête Sven-Göran Eriksson, l'ancien entraîneur de l'équipe d'Angleterre. Il fallut à BMW un moment pour comprendre qu'il n'y avait ni argent ni investisseurs, et alors Peter Sauber récupéra son écurie, moyennant finances.

Si l'embarras régnait chez BMW, Williams de son côté avait retenu la leçon. L'époque des titres mondiaux en cascade et des pilotes héroïques à la Nigel Mansell était révolue. L'écurie n'avait remporté qu'une seule victoire depuis 2004, certes remarquable et mémorable puisqu'elle coïncidait avec le soixante-dixième anniversaire de Sir Frank – que la famille redoutait de ne jamais voir arriver –, et que c'était le premier grand prix auquel assistait Claire.

Pastor Maldonado était un pilote imprévisible, entré chez Williams grâce aux 29 millions de livres versés par PDVSA, la compagnie pétrolière étatique de son Venezuela natal, au titre de sponsoring. Mais un événement étrange se produisit lors du Grand Prix d'Espagne 2012 : Maldonado partit en pole position et garda la tête jusqu'à l'arrivée. Une victoire parfaitement improbable. Tout le monde chez Williams était fou de joie et le champagne coulait à flots tandis que les concurrents de Maldonado défilaient pour congratuler toute l'équipe qui avait traversé des moments bien difficiles. Et puis, alors que tous se rassemblaient pour écouter le discours de remerciement de Sir Frank, le garage explosa.

Je me trouvais sur le balcon du centre de presse quand j'ai remarqué la colonne de fumée qui s'élevait de la *pit lane*. Jake Humphrey, l'animateur de la BBC, a poussé ses chroniqueurs vers la sortie du paddock pour les mettre en sécurité, pendant que Ted Kravitz, reporter pour Sky Sports, courait dans la direction opposée, vers les flammes. Son caméraman a aidé à sortir le mécano Martin Betts de la fournaise, et l'équipe de Force India, qui occupait le garage voisin, a foncé s'occuper de Sir Frank. Une conclusion extraordinaire à une journée hors du commun.

« Je reste persuadée qu'une force mystique est intervenue, dit Claire Williams, qui était avec son père au moment de l'incident. Ce garage qui explose, c'est du pur Williams. Et c'est un mystère qu'aucun de nous n'ait fait une crise cardiaque. »

Le matériel et les ordinateurs étaient détruits, or le Grand Prix de Monaco devait se courir deux semaines plus tard. Tout le milieu de la Formule 1 vint en aide à Williams en donnant des ordinateurs et des outils pour permettre à l'écurie de prendre le départ du plus important grand prix de la saison, et de célébrer cette victoire inattendue.

Dix mois plus tard, Claire Williams succédait à Sir Frank. L'annonce fut retardée pour laisser passer l'enterrement de sa mère, Virginia, le roc qui avait soutenu son père pendant les périodes compliquées où il faisait son trou et se remettait du terrible accident qui avait privé de ses jambes un homme jusque-là toujours en mouvement. Ginny Williams n'avait jamais vraiment compris son besoin insatiable de se mettre en danger, allant parfois jusqu'à conduire tous phares éteints sur des petites routes de campagne rien que pour le frisson. À la suite de l'accident, la maison familiale fut transformée par l'arrivée des infirmières qui se succédaient jour et nuit. Dans son autobiographie, Virginia se plaint des changements survenus chez son mari. Elle relate notamment le jour de leur séparation. Sir Frank sortit de la maison dans son fauteuil roulant, poussé par une infirmière, et Ginny, qui lui ouvrait la porte, fut surprise de remarquer son absence totale d'émotion. Quand elle lui demanda si tout cela ne lui faisait vraiment rien, il lui répondit : « Les émotions sont une faiblesse, Ginny. » La séparation se révéla temporaire et les blessures psychologiques se refermèrent, mais la réponse de Williams à sa femme était révélatrice : comme l'avaient compris Ecclestone, Dennis et les autres, il n'y avait pas de place pour le sentiment en Formule 1.

Après la mort de sa mère, Claire Williams eut le temps de digérer l'énormité de ce qui l'attendait, et pas seulement parce qu'elle allait être l'unique femme dans la F1 (elle fut rejointe un temps par Monisha Kaltenborn, qui quitta Sauber en juin 2017), mais aussi parce qu'elle devenait la gardienne de la marque Williams et de son aura. Tant de choses avaient changé depuis que son père s'était lancé dans le sport mécanique avec un compte dans le rouge, pour le pur amour du sport, avant de réussir l'exploit de collecter neuf titres constructeur et sept titres supplémentaires avec des pilotes tels que Keke Rosberg, Damon Hill, Alain Prost et Nigel Mansell. Williams avait mené la danse, mais désormais il fallait rivaliser avec un imposant bataillon de multinationales – Mercedes, Honda, Ferrari, Red Bull, Renault – capables de dépenser des fortunes pour une victoire. Une situation déprimante pour une écurie qui était parvenue à demeurer indépendante. Un jour où je l'interviewais pour le *Sunday Times*, Claire m'a dit : « Je me suis réconciliée avec le fait que personne ne peut plus gagner sauf les trois gros, Ferrari, Mercedes et Red Bull. L'écart financier est devenu insurmontable. Et je trouve ça triste. C'est toute la différence avec une écurie indépendante comme Williams qui a toujours fait partie de ce sport et en fera toujours partie, à moins que des circonstances extérieures n'en décident autrement.

« Ces grosses écuries peuvent se retirer quand ça leur chante, et c'est pour cette raison qu'il faut protéger celles dont la survie dépend de la Formule 1. Quand j'ai pris ce poste, je croyais sincèrement que nous avions une chance de gagner, mais je ne vois plus comment faire. Il faut toujours espérer et j'ai un côté naïf qui me laisse croire que le travail sera toujours récompensé. Mais comment faire ? Je ne sais pas. »

La victoire devait aussi fuir McLaren. Ron Dennis pouvait compter sur les chiffres pour raconter sa vie en Formule 1 : 182 victoires en grand prix et vingt titres mondiaux, presque entièrement sous sa gouvernance. Sa réussite se mesurait à l'aune de ses champions, qu'il s'agisse d'Alain Prost, de Lewis Hamilton ou d'Ayrton Senna, certains des plus grands pilotes de l'histoire. Mais son écurie était sur le déclin et Dennis fut mis à la porte de l'entreprise qu'il avait fondée.

En se détachant de McLaren, Mercedes convainquit Lewis Hamilton de suivre le mouvement, histoire de récolter les fruits des millions investis. Hamilton fut libéré du carcan de McLaren et d'un environnement qui avait bridé son désir d'émancipation. Son dernier grand prix sous les couleurs de McLaren acta la fin d'une relation qui avait atteint des sommets avant de retomber lourdement. Hamilton garda la tête pendant tout le Grand Prix du Brésil, mais il fut expulsé de la piste par la Force India de Nico Hülkenberg. C'est Jenson Button qui rafla la victoire, la dernière pour McLaren avant que l'écurie tombe en milieu de tableau parmi les non-classés et cesse d'être un symbole de puissance et d'innovation.

La voiture qui gagna au Brésil était la plus rapide du peloton, et Martin Whitmarsh, le successeur de Dennis dans le fauteuil de directeur, allait devoir trancher pour la saison 2013 : garder cette MP4-27, qui avait sept victoires à son actif, ou changer de braquet avec une voiture radicalement différente. Il fit le mauvais choix et la nouvelle voiture se planta.

Ce fut la saison la plus critique de l'histoire de McLaren. Vodafone, le sponsor-titre qui apportait jusqu'à 75 millions d'euros par an, décida de se retirer, et il apparut que Mansour Ojjeh, l'associé historique de Dennis, était gravement malade et avait besoin d'une greffe des deux poumons. Ses conseillers suggérèrent en catimini que Dennis rachète pour environ 250 millions de livres les 25 % qu'il détenait. Cela le mettrait à égalité avec Mumtakalat, le fonds d'investissement souverain du royaume du Bahreïn, qui possédait la moitié de McLaren. Dennis s'était démené pour lever les fonds nécessaires au lancement des McLaren de grand tourisme et avait fini par convaincre Peter Lim, le milliardaire hongkongais, d'investir les 50 premiers millions de dollars. Mais il y avait un hic : Dennis avait décidé de prendre sa retraite en juin 2017 et Lim lui avait bien signifié que, sans lui, il n'y aurait pas d'investissement. Des pourparlers s'ouvrirent, visant à étendre le contrat de Dennis, mais quand Ojjeh revint aux affaires après sa greffe, Dennis devina que son ancien partenaire n'appréciait pas que son ami et associé de naguère aille à la pêche aux financements est-asiatiques pour se tirer du pétrin.

Pendant ce temps, Whitmarsh était limogé. Il avait laissé Hamilton lui filer entre les doigts et il avait abandonné la voiture victorieuse en 2012. Bien que Dennis l'ait un temps considéré comme son protégé, Whitmarsh n'avait pas en lui le feu du succès : il était trop gentil, trop raisonnable. Il fit donc ses valises à la fin d'une pénible saison 2013 avec des indemnités avoisinant les 6 millions de livres.

À ce moment-là, Whitmarsh avait déjà persuadé Honda de revenir en F1 comme fabricant de moteurs, à la grande joie des fans voyant ainsi revivre une association qui avait remporté un des plus formidables succès de l'histoire du sport automobile, lorsque Senna et Prost gagnaient tout et que McLaren était le nom le plus puissant de la Formule 1. Et cet argument fit son effet sur Fernando Alonso qui se laissa convaincre : oubliant la torture de l'année 2007 et du Spygate, il rejoignit l'équipe. Une nouvelle « dream team » se formait, dans laquelle il courrait avec Jenson Button : la saison 2015 allait présenter deux champions du monde propulsés par Honda. Sur le papier, tous les voyants étaient au vert. Et pourtant.

Alonso ne courut pas le Grand Prix d'Australie, qui aurait dû marquer son retour avec McLaren, à cause d'un accident survenu pendant les essais. Cela dit, il ne manqua pas grand-chose : une panne mécanique empêcha son remplaçant, Kevin Magnussen, de se présenter sur la grille de départ.

La première saison de ce nouveau partenariat fut un désastre : Honda ne comprenait rien aux complexes moteurs hybrides et McLaren versait 20 millions de livres à Alonso, deux fois champion du monde, pour qu'il se traîne en bas de tableau, à condition qu'il termine les courses. Il abandonna sept fois en dix-huit grands prix et termina la saison dix-septième sur vingt, preuve que non seulement la voiture à moteur Honda n'était pas assez puissante, mais qu'elle manquait cruellement de fiabilité.

Le McLaren Technology Centre, vaste temple étincelant où l'on vénérait l'excellence, était assiégé. En septembre 2016, les liens de confiance étaient rompus au sein de l'écurie et les relations avec Honda étaient pires que jamais. Dennis avait présenté sa vision de l'avenir de McLaren, lui qui n'avait justement aucun avenir chez McLaren. L'entreprise qu'il avait fondée lui demanda sa démission. Humilié et irrité, il décida qu'il ne quitterait pas sans se battre une écurie qu'il avait poussée dans toutes les catégories du sport automobile, jusqu'à en faire une des plus titrées au monde. Il alla devant la Haute Cour de justice pour empêcher Ojjeh et Mumtalakat de le mettre au placard, mais sa demande fut rejetée ; dans son jugement, le président de la cour se déclara convaincu que les deux parties pouvaient résoudre leur différend. Hélas, la réunion du conseil d'administration qui suivit lui donna tort. Mumtalakat nomma trois nouveaux directeurs avant le vote, peut-être pour s'assurer de parvenir à ses fins. Cela étant, Dennis n'avait en l'occurrence d'autre choix que de partir. Il vendit ses parts pour un prix estimé à 320 millions d'euros et fit ses valises. Nous étions en novembre 2016, et il n'est toujours pas revenu.

Les adieux officiels de Ron Dennis, en janvier 2018, lui ressemblèrent furieusement : il exigea le *nec plus ultra*. Il loua le Royal Albert Hall et le Cirque du Soleil pour plus d'un demi-million d'euros et convia à une folle soirée trois mille cinq cents anciens employés, sponsors, amis, pilotes, ainsi que les collègues qu'il avait laissés un an et demi plus tôt. Et malgré des décennies de différends au sujet des finances de la F1, Bernie était présent avec son épouse Fabiana, les deux hommes étant liés par un mélange d'admiration et de respect.

« Je suis probablement le plus grand supporter de Ron, confia Bernie. Si j'avais une écurie, j'aimerais que ce soit lui qui la dirige. Personne n'a mieux fait ce travail que lui. La seule chose que j'aurais à lui reprocher est l'histoire avec Mansour [Ojjeh] et tout ce qui en a découlé. »

Il émanait de la foule des invités une authentique chaleur, et tout le monde se leva pour applaudir le discours dans lequel il raconta avec une intense émotion son rapport au sport automobile. Parmi les présents, ils étaient nombreux à avoir travaillé chez McLaren durant plusieurs décennies, et leurs familles en faisaient partie intégrante ; quant aux sponsors et associés, c'étaient devenus des amis au fur et à mesure que Dennis façonnait son empire. Toutes ces personnes racontaient aussi bien que les chiffres la carrière qui avait été la sienne. Ce soir-là, j'ai demandé à Dennis pourquoi tant de gens avaient répondu présents.

« C'est une question de respect. Quand on vit selon les principes qu'on s'est fixés, on accomplit beaucoup plus de choses parce que tout le monde marche dans la même direction. J'ai toujours été d'une fidélité immense. Il est impossible de connaître tous les noms, mais on peut construire un ADN commun, et cet ADN, c'est la société. Je voulais dire merci à toutes les personnes qui ont cru dans mes valeurs et dans les principes sur lesquels j'ai fondé McLaren. Et je ne voulais pas que ces remerciements se limitent à un objet ; il fallait que ce soit un souvenir, parce que je crois beaucoup dans la mémoire. Ce que j'espère, c'est que j'ai été applaudi pour m'être montré ouvert et honnête à propos de ce que j'éprouve et de mes faiblesses. »

J'étais assis sur une banquette à côté d'Anthony Hamilton, qui avait vu son fils gravir les échelons depuis le karting jusqu'au titre suprême avec l'appui de Ron Dennis. Nous sommes tombés d'accord sur le fait que nous n'arrivions pas à cerner cet homme à la complexité extraordinaire. Je me suis souvenu que lorsque Ray Matts, mon collègue du *Daily Mail*, avait fait un infarctus juste avant un Grand Prix d'Australie, Dennis avait immédiatement proposé de faire venir sa femme à Melbourne et de l'installer dans un hôtel, tous frais payés. Lorsque la femme de Tony Jardine avait eu un grave accident de voiture dans lequel elle avait perdu un bras, Dennis avait téléphoné presque tous les jours à Jardine et lui avait proposé de lui envoyer des chirurgiens réputés. Ses actes de bonté étaient légion, mais toujours discrets.

Les dîners avec Ron sont des fous rires constants, alimentés par des plaisanteries abominables et des montagnes de ragots. Un vendredi soir à Imola, avant un grand prix, Lisa et lui ont si bien rincé les journalistes britanniques que, le lendemain, un commentateur réputé a dû se faire porter malade et qu'un journaliste du *Daily Mail* est apparu une demi-heure seulement avant le départ de la course à cause d'une gueule de bois fatale.

Il faut aussi mentionner le travail inlassable réalisé par Dennis avec l'association Tommy's, qui finance des recherches sur les naissances prématurées, les fausses couches et les bébés morts-nés ; il a collecté des dizaines de millions d'euros pour cette cause qu'il représente partout où il va.

Mais si Dennis se montre d'une fidélité sans faille avec les personnes qui lui sont fidèles, il se révèle impitoyable envers celles qui brisent les rangs. C'est ainsi qu'Adrian Newey a reçu l'ordre de vider les lieux quelques minutes seulement après avoir annoncé à Dennis qu'il quittait McLaren pour Red Bull, leur amitié et les années passées ensemble n'empêchant pas un rejet brutal. Comme j'ai pu le découvrir au fil d'années à couvrir son écurie puis à dîner en sa compagnie et à échanger des anecdotes n'ayant pas vocation à être publiées, toutes ses relations reposent sur la confiance. De tous les patrons d'écurie, c'est lui qui m'a le plus fasciné par sa gentillesse, sa générosité et son humour, qui laissaient pourtant parfois filtrer la colère, la froideur et une obsession pour l'ordre digne des romans de Dickens : Dennis refusait par exemple que ses employés gardent des tasses à café sur leur bureau pour ne pas polluer la perspective impeccable de ses locaux futuristes. Et en même temps, voici une anecdote qu'il ne put s'empêcher de raconter lors de sa fête d'adieu : un jour où il était en retard pour une réunion avec son personnel, il remarqua en sortant de son bureau une feuille de papier tombée par terre. Impossible pour lui de passer son chemin sans s'en occuper, au risque de se mettre encore plus en retard. Il alla donc jeter la feuille dans la broyeuse à papier. Mais alors qu'il se penchait pour la glisser dans la fente, la machine aspira sa cravate et la réduisit en charpie. Ce jour-là, il paya le prix de son caractère obsessionnel et se présenta devant son personnel avec une cravate à moitié mangée, coincée tant bien que mal dans sa veste.

Dennis nourrit par ailleurs une authentique haine pour les réseaux sociaux et a coupé les ponts avec deux amis ayant eu le tort d'y poster des photos d'une fête qu'il avait organisée. « Si vous venez, c'est pour vivre le moment et en profiter, n'espérez pas me faire plaisir en mettant des choses sur les réseaux sociaux. J'ai rompu avec deux amis pour cette raison. Ce n'est pas ça, la vie. Et ça ne m'intéresse pas », expliquait-il devant l'American Academy of Achievement.

Aucun pilote ne resta aussi longtemps chez McLaren que David Coulthard. Pourtant, malgré ses neuf saisons dans l'écurie, il a toujours eu l'impression de ne pas bénéficier du même traitement que son coéquipier Mika Häkkinen, lequel remporta deux titres mondiaux pendant les années où ils furent coéquipiers. « Après le premier grand prix que j'ai couru pour Ron, à Melbourne en 1996, on s'est retrouvés pour débriefer. J'étais d'un côté de la table avec mes techniciens, et Mika était de l'autre. Quand Ron est arrivé, je me suis levé pour lui serrer la main, mais il a fait mine de ne pas me voir, il s'est assis du côté de Mika et il lui a demandé : "Alors, on fait quoi, nous, maintenant ?" Les techniciens de Mika lui ont parlé de la voiture de Mika, et ensuite Ron m'a pointé du doigt et il a dit : "Et eux, ils font quoi ?" »

Lors du dernier grand prix de la saison 1995, à Adelaide, une crevaison avait envoyé la McLaren de Häkkinen dans les barrières, et Häkkinen avait eu le crâne fracturé. Il était resté deux mois à l'hôpital avec un pronostic vital engagé. Il avait vingt-six ans seulement et un grand avenir devant lui. Coulthard raconte : « Ron a fini par m'expliquer que Mika avait failli mourir dans une de ses voitures et qu'il avait vu son pilote lutter pour sa vie dans un lit d'hôpital. Dès qu'il m'a dit ça, la conversation a été terminée parce que j'ai compris pourquoi il préférait Mika. »

Mais Dennis resta fidèle à Coulthard parce que son pilote prit fait et cause pour McLaren. « Je me suis engagé auprès de lui, et en retour il s'est engagé auprès de moi. »

Fin 2017, la collaboration avec Honda s'acheva et il en coûta à McLaren 70 millions d'euros pour rompre son contrat avec le motoriste, lequel partit équiper Red Bull. Ce qui se profilait pour McLaren était une sixième saison en fond de grille, cette fois avec des moteurs Renault. Zak Brown, l'homme d'affaires embauché par Dennis qui avait pris la direction de l'équipe, fut bien obligé d'admettre que McLaren pourrait mettre des années avant de remonter sur le podium.

Dans le garage voisin, chez Williams, 2018 s'annonçait comme une année désastreuse : Martini, le sponsor-titre, larguait les amarres, accompagné par Lawrence Stroll, l'entrepreneur canadien qui finançait la carrière de son fils Lance en arrosant l'écurie à coups de millions.

McLaren et Williams. L'aristocratie du sport automobile britannique, les plus fiers des hommes et les meilleures des voitures. Sir Frank, mis sur la touche à cause de son âge et de son handicap, ne pouvait rien faire pour ramener son écurie sur le chemin de la gloire, et Dennis, peut-être le personnage le plus éminent du milieu après Ecclestone, avait tiré un trait sur l'écurie qu'il avait créée.

19
MONSIEUR LOYAL

Ce 15 septembre 2016 semblait annoncer les événements à venir. Bernie Ecclestone montrait à un groupe de VIP les fastes du paddock pendant que les écuries se préparaient à disputer le Grand Prix de Singapour. À chaque course, Ecclestone attirait un essaim de caméras et de journalistes décidés à ne rater aucune de ses saillies.

Sauf que, ce soir-là, personne ne s'intéressait à l'homme par qui tout cela arrivait. Les objectifs étaient braqués sur un petit Américain trapu et grisonnant à la chevelure et à la moustache impeccables, qui aurait tout à fait pu incarner un capitaine d'industrie de l'époque victorienne. Chase Carey était le nouveau patron. Président de Liberty Media, le groupe médiatique qui avait acheté la F1, Carey découvrait le sport, et il le faisait sur le plus époustouflant des circuits. Marina Bay étincelait sous les rangées de projecteurs baignant un tracé qui serpente dans les rues de la cité-État la plus riche au monde. L'atmosphère était fantastique, plus proche de la science-fiction que de la réalité. Pourtant tout était vrai, et Liberty avait dépensé 7 milliards d'euros pour acquérir le sport qui s'apprêtait à remplir les artères dorées de Singapour.

La cohue séparait de plus en plus Ecclestone du reste du groupe, jusqu'au moment où un photographe le percuta et le fit trébucher. Déconcerté, il se releva en chancelant et la caravane des VIP ne s'arrêta qu'un instant avant de poursuivre son chemin, abandonnant le directeur général de la Formule 1, quatre-vingt-six ans, qui époussetait son costume. Ecclestone était une relique du passé, et il savait pertinemment que son sport était tombé, pour de bon cette fois, dans l'escarcelle des costards-cravates de la bourse américaine.

Personne ne connaît mieux la Formule 1 que Bernie Ecclestone : il a été l'ami fidèle d'Enzo Ferrari, a vu Fangio courir et serré la pince à Jim Clark. Il a assisté à un nombre incalculable de grands prix et levé des milliards d'euros pour ce sport en veillant à en faire profiter les autres, au moins un peu.

Il a vendu les droits du sport à une époque où il craignait de ne pas survivre à son opération du cœur et n'a jamais cessé de le regretter, car sitôt la Formule 1 achetée par CVC Capital, il en est devenu un simple employé et a abandonné le pouvoir décisionnaire à des banquiers de la City chargés de soutirer à la F1 le plus d'argent possible dans le temps le plus court possible. Quels que soient les défauts de Bernie, et malgré les accusations de cupidité qui ont émaillé toute sa longue carrière, c'était un pilote qui a consacré sa vie à la Formule 1. CVC a bien tenté de pousser vers la sortie ce vieil homme toujours obsédé par le secret et enclin à des gaffes monumentales, comme la fois où il a vanté l'« efficacité » d'Adolf Hitler. Pour ce faire, les banquiers ont approché Sir Stuart Rose, l'ancien président de Marks & Spencer, et essayé de mettre Paul Walsh, l'ex-directeur général de Diageo, au poste de Bernie, mais ce dernier a toujours déjoué leurs manœuvres. Il n'avait aucune intention de céder sa place. Du reste, CVC aurait plutôt dû lui dire merci, même s'il a fait vivre aux banquiers de véritables montagnes russes. Ayant investi 2 milliards d'euros, ils en ont récolté 4 sans le moindre effort, il leur a suffi de laisser Bernie faire affluer l'argent. Après quoi ils ont revendu la F1 à Liberty Media, un empire médiatique américain, pour 7 milliards en 2016. Une somme extraordinaire pour un sport qui, quarante ans plus tôt, se résumait à une bande de passionnés courant pour le plaisir avec un budget ridicule.

Ainsi, tout le monde était content. Tout le monde, sauf Bernie Ecclestone. Certes, il avait fait fortune grâce à la F1, mais il avait perdu ce qu'il aimait le plus au monde. Quand la nouvelle de la vente fut rendue publique à l'occasion du Grand Prix d'Italie 2016, onze jours avant celui de Singapour, il fit mine de ne pas être au courant. Je l'ai appelé sur son portable après la course. Il se trouvait à bord d'un jet privé qui le ramenait chez lui en compagnie de Donald Mackenzie, le sinistre président de CVC. « Je n'ai aucune info. Il vaudrait mieux que tu demandes à Donald. » Or, Donald ne parlait jamais à la presse. Au mois de janvier suivant, Carey annonça à Ecclestone qu'il n'était plus directeur général et qu'il ne faisait plus la pluie et le beau temps, mais que s'il le souhaitait il pouvait devenir président honoraire, autrement dit conseiller. Ecclestone ignorait ce que cela pouvait signifier, et depuis ce jour plus personne ne lui a demandé conseil.

Il n'y aura jamais de nouveau Bernie Ecclestone. C'était le Monsieur Loyal d'un cirque fabuleux qui se produisait aux quatre coins du monde.

Bernie n'avait rien d'ordinaire et, avec lui, seul l'imprévisible était à prévoir. Sa méthode consistait à vous déstabiliser sans arrêt. La première fois que je l'ai rencontré, je lui ai tendu la main et il m'a répondu : « Alors c'est toi qui écris toutes ces merdes sur la F1. » J'étais vexé, mais je découvrirais par la suite qu'il s'agissait d'un de ses stratagèmes favoris, qui lui servait à jauger son interlocuteur. De même, lorsqu'on lui téléphonait, il n'y avait ni formule de politesse ni musique d'accueil : la secrétaire énonçait le numéro, et tant mieux pour vous si vous compreniez, sinon tant pis. Cela dit, il rappelait toujours. Toujours, même pour répondre à d'obscurs sites web et magazines parvenus on ne sait par quel moyen à se procurer son numéro. Quant à savoir ce qu'ils comprenaient de ses réponses, c'était une tout autre affaire, car elles pouvaient se révéler tellement cryptiques qu'elles auraient donné des cheveux blancs à Alan Turing. Certaines fois, il lançait des perches pour savoir ce qu'on pensait de lui, et d'autres, il faisait passer un message à ses conjurés ou à ses adversaires. Dans tous les cas, les entretiens avec lui étaient des champs de mines.

Son carnet d'adresses abritait des aristocrates, des pop stars, des acteurs de cinéma, des patrons du monde entier et, évidemment, un chef d'État : Vladimir Poutine. Et Bernie ne se privait pas de l'utiliser pour vous prendre de court : lorsque je lui ai dit que je venais d'interviewer Sepp Blatter et que je ne comprenais pas pourquoi le président de la FIFA rechignait à l'introduction des caméras sur la ligne de but, il m'a répondu : « C'est normal. Avec ça, c'est fini les controverses, et on a besoin de controverses. J'en ai parlé avec Sepp au déjeuner l'autre jour. »

Il connaissait tout le monde – ou en tout cas le monde qui méritait d'être connu. Une prouesse pour un homme originaire d'un patelin du Suffolk qui ne manque jamais de rappeler sa qualité de « vendeur de voitures d'occasion ».

Il va de soi que Bernie est bien plus que cela. Il compense sa petite taille par la force de sa personnalité, et sa technique pour gagner est de jouer la meilleure main à chaque tour. Sa monnaie de référence est toujours restée la poignée de main, autant avec le vendeur d'une Ford Escort qu'avec une tête couronnée pour la création d'un nouveau grand prix. Quelques mois après son départ de la Formule 1, il m'a raconté ceci : « Un des promoteurs m'a appelé l'autre jour. Il m'a demandé si je me rendais compte qu'on a travaillé ensemble pendant trente-quatre ans sans jamais signer de contrat. Ça ne pourrait plus exister aujourd'hui. »

Sa manière de mener ses affaires appartenait au passé, et le monde moderne l'a rattrapé le jour où un accord scellé par une poignée de main est revenu le hanter. En 2005, après la faillite d'EM.TV et celle de Leo Kirch, et avant que CVC se porte acquéreur, c'est Gerhard Gribkowsky, le responsable de la gestion des risques chez BayernLB, qui était chargé de chapeauter la Formule 1. Les enquêteurs allemands découvrirent qu'Ecclestone avait versé 37 millions d'euros au banquier via Bambino Holdings et empoché 34 millions d'euros de commission, une somme qu'il avait omis de déclarer à CVC. Ecclestone nia toute malversation et soutint que Gribkowsky essayait de le « racketter » en le balançant au fisc britannique, ce qui aurait entraîné plusieurs années de procédure judiciaire. Gribkowsky fut condamné à huit années et demi de réclusion et Ecclestone apparut dans le box des accusés en 2014 pour le procès en corruption le plus important de l'histoire allemande. L'affaire était grave pour le « Teflon Man » sur lequel habituellement tout glissait et qui réussissait à se sortir de toutes les situations. Selon la formule de Max Mosley, « Bernie est très fort pour se tirer des pétrins dans lesquels il s'est fourré tout seul. »

Comme souvent, il eut recours à la technique éprouvée de la diversion. C'est ainsi que le procureur éberlué dut l'écouter raconter comment il avait échappé à la pluie de missiles V-1 qui s'était abattue sur Londres pendant le Blitz, après quoi il passa au récit du mariage de sa fille Petra avec James Stunt, et à la note exorbitante de 14 millions d'euros qu'il avait dû régler pour une fête dans un château italien durant laquelle il servit du Château Pétrus à ses deux cent cinquante invités. Ecclestone, lui, n'en avait pas bu une goutte et s'en était naturellement tenu à son habituel demi de bière. Le procès n'aboutit à rien et Ecclestone tordit à son profit la loi allemande pour régler le contentieux : il paya 83 millions d'euros et repartit sans avoir à se déclarer coupable de rien. En quittant le tribunal, il annonça aux journalistes qu'il serait de retour au travail le lendemain, et ce fut le cas.

Mais l'affaire laissa des traces. Avant son procès, Ecclestone paraissait à bout. Son humour irrévérencieux s'était tari à mesure qu'il s'efforçait d'éteindre des incendies – dont certains qu'il avait allumés lui-même – en affrontant des écuries inquiètes, des multinationales et à présent des avocats.

Préalablement à ce procès munichois, Ecclestone avait comparu devant la Haute Cour de justice, à Londres, où le juge Newey avait manifestement peu goûté ses digressions et son apparente amnésie. Bernie avait commencé avec panache, s'engouffrant dans une porte à tambour pour ressortir immédiatement côté rue, à la grande joie des photographes. Mais le tribunal ne se laissa pas déconcentrer et éplucha laborieusement les liasses de documents apportées par Constantin Medien, un autre groupe médiatique allemand, qui attaquait en justice Ecclestone, Bambino, Gribkowsky et Stephen Mullens, l'ancien avocat de la famille, au motif que le groupe avait perdu 120 millions d'euros consécutivement à la vente de la Formule 1 à CVC.

J'étais assis derrière Fabiana Ecclestone pendant le témoignage de son mari, et j'ai remarqué qu'elle ne l'a pas quitté un instant des yeux tandis que les avocats déroulaient pendant des heures les détails d'accords financiers à tiroirs. À la fin, le juge Newey était convaincu qu'Ecclestone avait conclu un accord frauduleux avec Gribkowsky et que les 37 millions d'euros versés au banquier allemand étaient un pot-de-vin ; il estimait que le témoignage d'Ecclestone n'était « ni fiable ni honnête ». Cela aurait pu être dévastateur pour ce dernier, et cette série d'actions en justice porta un coup dur à CVC, dont le projet d'introduire la Formule 1 à la bourse de Singapour dut être reporté *sine die*.

Toutefois, le juge ne donna pas suite aux demandes de Constantin Medien et déclara le non-lieu, et Bernie Ecclestone put reprendre ses divers combats, avec un humour temporairement retrouvé. Il m'avait repéré pendant l'audience, assis à côté de mes collègues du *Daily Mail* et du *Daily Telegraph*, avec qui, au fil de longues heures d'ennui et d'ahurissement, nous avions vu les preuves de la Haute Cour disparaître dans le dédale des prêts et des portefeuilles d'actions.

« Je vous regardais tous les trois et je voyais bien que vous ne pigiez que dalle à ce qui se passait », nous a dit Bernie. J'ai acquiescé, et il ajouté en riant : « Bon, je vous avoue que moi non plus. »

C'est ainsi que l'on peut voir la vie de Bernie, comme une suite ininterrompue de controverses : la vente de la F1, la comparaison entre les femmes et les appareils électroménagers, Hitler, Poutine... Il dit ce qu'il pense parce qu'il croit ce qu'il dit, mais chaque nouvelle saillie entache un peu plus une carrière dont les succès méritent d'être salués.

Lorsque Susie Wolff a voulu mettre en place une campagne incitant les jeunes filles à se lancer dans le sport automobile, Ecclestone a été le premier à contribuer. Sacha Woodward-Hill a été sa plus proche confidente et sa conseillère juridique pendant des années. Il ne verse pas dans le sexisme, sauf pour embêter le monde.

Il a vécu toute sa vie en Grande-Bretagne et toujours refusé l'exil fiscal dans les paradis tels que Monaco, où il aurait été accueilli à bras ouverts par son ami le prince Albert et où il aurait retrouvé des figures de la Formule 1 comme David Coulthard, Alex Wurz, Lewis Hamilton et Eddie Jordan.

Tom Bower, qui a écrit en 2011 une biographie aussi fouillée que saluée par la critique, voit en lui un des plus grands entrepreneurs britanniques, et il s'appuie en cela sur le rôle crucial qu'il a joué dans l'essor de la Formule 1, qui a elle-même fait exploser le secteur du sport mécanique en Grande-Bretagne. Max Mosley a proposé en 1995 que son ami soit fait chevalier, au motif qu'Ecclestone pouvait s'enorgueillir de la création de 50 000 emplois pérennes dans ce secteur. Il reçut en cela le soutien de Silvio Berlusconi, l'ancien Premier ministre italien, mais aussi d'autres personnalités plus surprenantes : Edson Arantes do Nascimento, le ministre brésilien des Sports, écrivit qu'Ecclestone avait permis à la Grande-Bretagne d'accéder à « une position dominante dans le monde de la course automobile et dans les technologies de pointe qui sont le moteur du développement des véhicules de tourisme d'aujourd'hui. » Cet ancien ministre, nous le connaissons mieux sous le nom de Pelé. Et si son appui n'était pas assez convaincant, je me permets de soumettre aux détracteurs d'Ecclestone le paradoxe suivant : le Premier ministre John Major reçut aussi un courrier de Nelson Mandela exprimant son soutien à Bernie. Ecclestone et lui s'étaient rencontrés quand Bernie avait essayé de faire revenir la course automobile en Afrique du Sud après l'apartheid, et contre toute attente le vendeur de voitures londonien et le président quasi sanctifié étaient devenus amis.

Le refus d'Ecclestone de s'incliner devant l'establishment et les rumeurs tenaces de corruption ont certainement joué en sa défaveur, le pouvoir rechignant à récompenser une figure aussi controversée. Quand j'ai demandé à Ecclestone s'il s'était senti insulté, il m'a répondu par un sourire. Il faut dire qu'il voit la vie simplement : on n'a rien sans rien, et un politicien qui offre quelque chose d'une main exigera une contrepartie avec l'autre. Il gardait une dent contre Blair depuis l'épisode des cigarettiers et ne lui pardonnerait jamais. Et de toute façon, à en croire Mosley, il n'aurait jamais accepté aucun titre de chevalier car « Bernie ne voulait pas faire partie de ce club ». Et d'ajouter : « Il a fait énormément pour le rayonnement de ce pays, si vous comparez avec toutes les personnes qui reçoivent des récompenses diverses et variées. »

Ecclestone refuse catégoriquement de répondre aux questions concernant ses dons aux œuvres de charité. Toutefois, ses amis estiment qu'ils dépassent les 100 millions d'euros. Il a également ses œuvres préférées, comme cet hôpital pour enfants de Londres qui bénéficie amplement de sa générosité, soit qu'il achète de l'équipement, soit qu'il organise des enchères ou qu'il envoie simplement un chèque. Il y a aussi l'église du village de St. Peter, où il a été baptisé avant que sa famille ne quitte le Suffolk et dont il a financé en intégralité la réfection de la toiture.

Il y a une anecdote à son sujet que j'aime raconter et qui concerne une jeune femme qui travaillait pour la FIA à Paris. Cette jeune femme avait un cancer dont le traitement coûtait si cher que ses collègues se cotisèrent pour l'aider. Ecclestone en eut vent et, le lendemain, un chèque de banque d'un montant de 100 000 € arriva au siège de la FIA. « C'est un aspect de toi que les gens ne connaissent pas », lui ai-je dit, dans l'espoir qu'il valorise les grandes causes qu'il avait aidées grâce à sa fortune. Mais Bernie m'a répondu « C'est mieux comme ça », en fixant ses souliers de cuir faits à la main.

Malgré un important écart d'âge, quarante-trois ans, Christian Horner est devenu un de ses grands amis. Le directeur de l'écurie Red Bull connaît les deux facettes de Bernie, le négociateur acharné et le cœur tendre, et il sait qu'il n'aime pas être vu comme la bonne poire et n'a pas de temps à accorder aux parasites ou aux personnes qui attendent des faveurs sans contrepartie. « Bernie est très généreux. Il a donné des millions et des millions. Il a été génial avec l'hôpital pour enfants ou pour les victimes du tsunami au Japon. Il n'en parlera jamais, mais je pense que c'est un des plus gros donateurs du Royaume-Uni. Pour lui, les enfants et les animaux passent avant tout, parce que ce sont des créatures innocentes, qui ne lui demandent rien. C'est plus fort que lui. Une fois, il est venu nous rendre visite au moment où les brebis de la ferme d'à côté mettaient bas. Il y avait peut-être deux cents agneaux et il m'a demandé ce qu'ils allaient devenir. Je lui ai répondu qu'ils iraient probablement à l'abattoir. Il était horrifié. Il m'a dit : "C'est pas possible. Tu sais quoi, je vais les acheter et tu vas t'en occuper. Je ne veux pas qu'ils aillent à l'abattoir, il faut qu'ils aient une chance de vivre." »

Et de toute façon, le tapage entourant les honneurs déplairait à Bernie. Malgré sa notoriété mondiale, c'est un homme fondamentalement réservé, et aussi contradictoire : il a des jets privés, une inestimable collection de voitures et un yacht, et des propriétés à Londres et dans toute l'Europe – pourtant, au fond de lui, il n'aime rien tant que la bière et les frites. Il boit très peu, éventuellement un demi de bière au déjeuner ou au dîner, et ne termine jamais ses flûtes de champagne. Il mène une vie tranquille et dénuée de signes extérieurs de richesse, à l'exception de sa collection d'art.

Ce n'est donc pas un hasard s'il a choisi comme moyen de locomotion quotidien un Range Rover semblable à celui dans lequel des milliers de mères emmènent leurs enfants à l'école. La vie de ses deux filles ne comporte ni Rolls-Royce ni gardes du corps. Il a pour elles un amour évident, et le fait qu'elles vivent sous les feux des médias le peine visiblement. Un jour, Bernie et moi avons rendez-vous le lendemain de la diffusion du premier épisode de *Billion $$ Girl*, l'émission de télé-réalité de son aînée, Tamara. Le titre annonce la couleur, et Ecclestone ne comprend pas pourquoi sa fille recherche cette célébrité et se transforme ainsi en cible pour les critiques et les trolls d'internet. « Je crois qu'elle essaie de promouvoir une marque de vêtements. En fait, je ne sais pas », me confie-t-il avec un soupir. Hors de question pour lui d'apparaître dans cette émission qui emmène les spectateurs dans la maison à 80 millions d'euros où vit Tamara et qui leur montre les cadeaux hors de prix dont elle couvre sa fille Fifi. Il a refusé d'en voir la moindre image et se demande pourquoi son aînée n'a pas hérité de son talent pour déceler les pièges, surtout quand elle est filmée dans des moments où elle se pose des questions existentielles sur les toasts.

L'inquiétude que lui procure la visibilité de sa fille est compréhensible. Il a lui-même été victime de deux agressions brutales et, en 2016, la mère de Fabiana, Aparecida Schunk, fut enlevée chez elle à São Paulo, avec une importante demande de rançon. Fidèle à lui-même, et contre l'avis de la police brésilienne, Ecclestone voulut négocier en personne avec les ravisseurs. On pourrait n'y voir qu'une rodomontade a posteriori, mais je pense qu'il était sérieux ; Ecclestone n'a réellement peur de personne et il a une profonde compréhension des statistiques. « Est-ce qu'ils me tueraient ? dit-il. Si j'ai l'argent, ils ont besoin de moi vivant. » Heureusement, la police retrouva les ravisseurs et Aparecida fut libérée dix jours après son enlèvement, mais cet épisode mit dans la tête de Bernie que la sécurité de sa famille devait dorénavant passer avant tout le reste, quand bien même il ne prêtait pas grande attention à sa propre sécurité quand il était à Londres. Les paparazzi connaissent bien les endroits où il a ses habitudes, et il ne se cache pas lorsqu'il sort d'un restaurant ou d'un hôtel avec sa nouvelle femme, Fabiana.

Leur mariage eut lieu loin de l'œil indiscret des caméras, mais au moins Fabiana eut-elle droit à une fête, contrairement aux deux premières épouses de Bernie qui découvrirent rapidement combien il était pris par son travail. En 1952, Ecclestone vendait encore des motos quand il s'accorda un quart d'heure pour épouser Ivy Bamford à Dartford. À en croire le récit fait par Susan Watkins, sitôt Bernie et Ivy déclarés mari et femme, Ecclestone tourna les talons et s'en alla. L'officier d'état civil lui demanda s'il n'avait pas oublié quelque chose, et quand Bernie lui demanda quoi, il répondit, sidéré : « Votre femme. »

Trente ans plus tard, Ecclestone fit la connaissance de Slavica Malic, une mannequin croate de 1,80 m qui flânait dans la *pit lane* de Monza avant le Grand Prix d'Italie. Or personne, pas même les top models, n'avait le droit d'encombrer l'impeccable *pit lane* de Bernie, qui lui demanda de vider les lieux. Elle lui répondit en sortant les crocs, laissant augurer leur relation à venir ; d'après les témoins, elle aurait répliqué : « Si vous approchez encore, je vous mets un coup de pied. » Et c'est peu dire que leur relation fut explosive. Slavica avait autant de caractère que de prestance, mais Bernie était tellement fasciné qu'il mit un terme à dix-sept années d'une histoire en demi-teinte avec Tuana Tan pour cette Amazone à la crinière brune. Leurs destins furent définitivement liés quand Slavica lui annonça qu'elle était enceinte. En juin 1984, elle donna naissance à Tamara et avertit le père qu'elle allait rentrer en Croatie s'il ne l'épousait pas et s'ils ne s'installaient pas à Londres. Treize mois plus tard, Bernie et Slavica Ecclestone étaient dans la salle des mariages de Kings Road. Ils étaient prêts, mais l'officier d'état civil eut un instant d'hésitation en découvrant que la future mariée ne parlait pas assez bien anglais pour répéter les vœux. Max Mosley, qui était là comme témoin en compagnie de sa gouvernante colombienne, appela en catastrophe son secrétaire pour lui demander d'assurer la traduction afin que la cérémonie puisse avoir lieu. Il n'y avait ni invités, ni photographe pour immortaliser le moment. « Tout s'est fait dans la précipitation, se souvient Mosley. C'était curieux, la cérémonie a commencé, et quelques minutes plus tard nous étions dans la rue. »

La mariée voulait une réception, mais le marié ne tenait pas en place. Il tenta vaguement d'obtenir une table à la célèbre brasserie Langan's, tout près de Piccadilly, mais en vain. Il repartit donc travailler, non sans dire à sa nouvelle épouse de rentrer chez eux en taxi. Ecclestone lui fut pourtant dévoué, malgré le caractère volage et soupe-au-lait de Slavica qui, d'après la rumeur, valut à Bernie un œil au beurre noir. Ils formaient un couple étrangement assorti, elle grande et fine, rendant une bonne tête à un mari bien plus âgé.

Et puis Slavica finit par se lasser de l'obsession d'Ecclestone pour la course automobile, de ses déplacements incessants sur des grands prix et de potentiels nouveaux sites. Il était constamment entre deux avions, et le reste du temps il décortiquait des contrats dans son bureau de Princes Gate. À la maison, il prenait ses repas dans la cuisine, parfois seul, en se contentant d'un œuf sur un toast. Ce n'était pas la grande vie pour laquelle Slavica pensait avoir signé, et celle-ci était uniquement ponctuée par de rares dîners dans les adresses préférées de son mari dans le West End et par la sortie hebdomadaire au supermarché. En 2009, elle obtint le divorce par consentement mutuel après vingt-trois ans de mariage et partit avec 860 millions d'euros. Mais l'histoire ne s'arrête pas là : il apparut qu'une clause de leur arrangement prévoyait que la fiducie familiale verse à Bernie 100 millions de dollars par an. Dans le monde d'Ecclestone, les finances ne sont jamais simples.

Fabiana Flosi était vice-présidente chargée du marketing pour le circuit Interlagos de São Paulo lorsqu'elle fit la connaissance d'Ecclestone. Ils gardèrent le secret sur leur relation jusqu'à l'annonce de leurs fiançailles, en avril 2012, sous la forme du dévoilement d'un diamant d'une valeur estimée à 100 000 £. Et quand Fabiana déboula dans le paddock au bras de Bernie, de quarante-sept ans son aîné, tout le monde ne parla plus que d'eux, mais elle réussit rapidement à se gagner tous les cœurs.

Le couple se maria en août, et cette fois au moins il y eut une célébration, quoique marquée par une inévitable intervention facétieuse du marié pendant la cérémonie.

Le témoin d'Ecclestone était Christian Horner, accompagné de Beverley, sa compagne de l'époque ; Fabiana, elle, avait choisi sa mère. Le mariage eut lieu à Gstaad, où Ecclestone possède un luxueux chalet, le Lion. Tandis que l'officier d'état civil prononçait les vœux, Ecclestone l'interrompit brusquement d'un geste de la main. « On s'est arrêté de respirer, on se demandait tous ce qu'il allait dire », m'a raconté Horner. Alors, très tranquillement, Ecclestone demanda : « Excusez-moi, je voulais juste savoir si vous faites les divorces ici aussi ? » Décontenancé, l'officier d'état civil lui répondit que les divorces étaient prononcés dans la salle voisine. « D'accord, très bien. C'était juste pour savoir », dit Ecclestone. Les esprits s'apaisèrent ensuite autour d'un dîner au champagne. C'est un souvenir qui fait encore rire Bernie. « Fabiana ne l'a pas mal pris, assure-t-il. Elle sait comment je suis. »

De fait, dans le monde de Bernie, les blagues fusent sans prévenir et n'épargnent personne.

Ecclestone a toujours aimé et admiré les pilotes, aussi bien ses adversaires Stuart Lewis-Evans et Jochen Rindt, avec qui il a noué des liens forts, que, plus tard, Niki Lauda et Ayrton Senna, avec les filles duquel il était comme un oncle. Il est encore proche de Lauda et les deux hommes ne ratent pas une occasion d'échanger quelques ragots et plaisanteries politiquement incorrectes. Quant à Sebastian Vettel, à l'époque où il raflait ses quatre titres mondiaux, il rejoignait souvent Bernie dans son *motorhome* pour une partie de backgammon après les qualifications ; une année, le jeune pilote fut invité à passer les vacances d'été sur le yacht de Bernie, en compagnie d'un de ses vieux copains et de Christian Horner.

Vettel, qui n'avait pas pour autant cessé l'entraînement, enfilait chaque jour son maillot de bain et faisait des allers-retours furieux dans la baie où le bateau avait jeté l'ancre. Un jour, Ecclestone attendit qu'il remonte haletant et ruisselant, et là il le félicita, non sans ajouter aussitôt qu'il était prêt à parier que Vettel ne réussirait pas à battre son copain John. Vettel jeta un coup d'œil à John, qui lisait le journal couché sur un transat, la figure rouge et le ventre généreux, un cocktail à la main. « Tu plaisantes, répondit Vettel. J'ai vingt-cinq ans, il doit en avoir soixante-quinze. » Ecclestone insista, dit que John avait été nageur de haut niveau. Les paris s'envolèrent et la mise était de plusieurs milliers de dollars quand la course débuta, le lendemain matin à 9 heures.

Ecclestone aligna les participants : Vettel, svelte et musclé, en maillot de bain moulant, sautant d'un pied sur l'autre et prêt à s'élancer dans les eaux bleues, et John, grisonnant et dégarni, en short ample, qui bâillait en regrettant de ne pas avoir eu le temps de prendre un petit déjeuner digne de ce nom. Voici comment Bernie raconte l'histoire : « On s'était mis d'accord pour que la course se joue selon les règles imposées par John et qu'ils nagent depuis le yacht jusqu'à une bouée à une cinquantaine de mètres. Mais à ce moment-là, John décide qu'il a envie de prendre son petit déjeuner, donc Sebastian est obligé de suivre la règle et de prendre le même petit déjeuner que John. Il finit par être 10 heures et ils sont enfin prêts. Là, je dis à Sebastian que John est incapable de nager s'il n'a pas bu une pinte d'eau. Cette règle-là non plus ne pose pas de problème à Sebastian, et un membre de l'équipage apporte deux verres sur un plateau. John boit le sien cul sec. Sebastian prend le sien et là, il s'aperçoit que c'est de l'eau bouillante. Pendant qu'il souffle dessus pour la refroidir, John saute dans l'eau et se met à nager. Au moment où Sebastian réussit à plonger, John est déjà en train de revenir et gagne sans problème. »

Le coup de Trafalgar. Une composante fondamentale d'une vie en F1, où l'humour peut être cruel. Et, dans le cas de Vettel, il peut aussi coûter cher. Mais en contrepartie, Ecclestone lui offrait une bonne leçon : « Tu viens d'apprendre que si ça a l'air trop simple, ça ne l'est probablement pas tant que ça. »

Du reste, rien n'était jamais simple avec Ecclestone le perfectionniste, dont les tics et manies couvraient toute la gamme de l'absurde à l'amusant. C'était le grand névrosé en chef, et sous sa direction le paddock était d'une propreté parfaite. Toute personne surprise à laisser traîner un déchet aurait suivi le papier ou le plastique incriminé dans la poubelle. Sa minutie s'appliquait jusqu'à la flotte de camions rutilants qui voyageaient d'un grand prix européen à l'autre : quand ils arrivaient sur un circuit, ils étaient alignés par ordre de numéro de plaque, mesurés et disposés de manière parfaitement régulière et parallèle.

Voici une autre anecdote qui date de quelques années et se déroule sur un Grand Prix d'Australie. Dans la région de Melbourne, le circuit Albert Park est situé à moins de deux kilomètres de la mer et, par conséquent, sujet à d'importantes variations météorologiques. Ecclestone faisait visiter les garages aux VIP quand on l'avertit que les aires de changement de pneus dans les stands étaient humides. La chaussée était glissante et dangereuse, et dans les écuries on craignait de plus en plus qu'un pilote calcule mal son arrivée et dérape en fauchant ses mécaniciens. Ecclestone ordonna que l'on achète de l'adhésif pour améliorer l'adhérence de la surface, en veillant à avoir des couleurs qui correspondent à celles des écuries et des stands. Un peu plus tard, il était à quatre pattes avec une grande paire de ciseaux, en train de découper et de placer des morceaux d'adhésif pour montrer précisément ce qu'il attendait. Non seulement il fallait que ce soit sûr, mais il fallait aussi que ce soit parfait.

Malgré tout son argent, Ecclestone restait un pilote de course, et il était passionnément attaché à ce sport et à ses participants. Il vivait et respirait pour la F1, que ce soit sur les circuits ou dans son antre de Princes Gate, idéalement situé à quelques pâtés de maisons du Royal Albert Hall et à deux pas du quartier des musées. Il acheta cet immeuble en 1985 à Adnan Khashoggi, un vendeur d'armes saoudien dont les orgies sont restées célèbres, avant de l'aménager à grands frais.

Après son divorce avec Slavica, Ecclestone s'installa « au-dessus de la boutique », dans un penthouse au dernier étage de l'immeuble d'où il prenait l'ascenseur pour descendre travailler. Il avait bien tenté des adresses chic, comme en 2001 quand il avait acheté la plus grande maison de Kensington Place Gardens, la rue la plus chère de Londres. Cette maison avait la réputation d'être la demeure la plus richement meublée du pays après le château de Windsor ; on y trouvait un hammam et du marbre de la même veine que celui du Taj Mahal, ainsi qu'un parking souterrain pouvant accueillir vingt voitures. Slavica la détestait et, d'après Ecclestone, ils n'y allèrent que trois fois. Il l'acheta 50 millions de livres et la revendit à Lakshmi Mittal, le magnat indien de l'acier, en faisant au passage une culbute de 7 millions.

Maintenant que sa petite clique d'employés proches a été déménagée dans les bureaux flambant neufs de Liberty à Piccadilly, il songe à vendre Princes Gate, qui lui rapporterait encore une petite fortune de plus, mais cette atmosphère de terrier de lapin lui manquera.

Dans cet immeuble, il fallait appuyer sur un bouton pour être admis dans un couloir étroit où l'on était accueilli par une réceptionniste assise derrière un petit bureau très simple. Les visiteurs dirigés vers la salle d'attente avaient l'œil attiré par une sculpture représentant un monticule de billets de 100 $ d'une valeur d'un million – une plaisanterie de circonstance, de la part d'un homme qui comptait sa fortune en milliards. Les murs étaient tapissés d'œuvres évoquant la Formule 1, et d'autres encore étaient entassées en attendant de trouver leur place – plusieurs affiches de courses, une immense toile représentant Senna et Ecclestone, une autre Ecclestone avec Niki Lauda, un grand portrait de Mike Hawthorn, le premier champion du monde britannique, et tant d'autres qui rappellent que la Formule 1 était pour Ecclestone plus qu'une passion, mais sa vie tout entière. Au milieu de tout cela, on trouvait aussi une affiche de *L'Affaire Thomas Crown*, le film de 1968 avec Faye Dunaway et Steve McQueen. Un de ses préférés. Et il avait rencontré McQueen, aussi fanatique que lui des sports mécaniques. Dans son bureau, c'est un casque que l'on remarque en premier, un casque de pompier à pointe disposé à une extrémité de sa grande table de travail ; Bernie disait qu'il lui servait à éteindre les incendies qu'il avait allumés.

Un an environ après son « renvoi » par Liberty, Ecclestone organisa une petite conférence de presse. Ça lui avait manqué de charrier les scribouillards des divers journaux, et lorsqu'il nous vit assemblés, il nous demanda : « Alors, qu'est-ce que vous voulez savoir ? » Là-dessus débuta une conversation à bâtons rompus qui ne s'interrompit que lorsqu'une de ses secrétaires vint servir le thé et le café. Au moment où elle sortit de la pièce, Ecclestone la suivit du regard et lui demanda avec un sourire malicieux : « Pourquoi est-ce que vous n'êtes pas en mini-jupe ? » L'envoyé du *Guardian* leva les sourcils aussi haut qu'il pouvait, mais pour Bernie, l'objectif était atteint, il avait doucement secoué l'assistance, histoire de réveiller la discussion.

Après cela, il décida de nous emmener déjeuner. Je savais où nous irions : au Bar Boulud, un bistrot étoilé à quelque distance de Princes Gate. Sa cantine de prédilection pour inviter la presse. Un collègue du *Financial Times* qui y fut convié un jour voulut savoir si Ecclestone était un habitué de l'endroit, et celui-ci lui répondit « Non, pas vraiment », pile à l'instant où le serveur qui leur apportait les menus demandait à Bernie « Comme d'habitude, M. Ecclestone ? » Le « comme d'habitude », c'était un burger sans le pain et sans les frites.

Il faisait un froid glacial, mais Ecclestone décida de s'y rendre à pied et laissa Fabiana partir devant avec le Range Rover. Il portait un blouson léger dans lequel il devait geler, mais Bernie aime l'attention et la conversation. Manifestement peu coutumier de la condition de piéton, il s'engagea sans regarder dans le carrefour très fréquenté de Knightsbridge, forçant un bus à piler. Il contourna l'engin comme si de rien n'était et alla serrer la main du chauffeur. « Merci, mon vieux », lui lança-t-il joyeusement avant de continuer sa traversée.

Ce jour-là, à table, Bernie dérogea à ses habitudes : il ne commanda pas un burger, mais des crevettes avec une bière. Puis il nous parla de Formule 1, et Fabiana nous parla de l'avenir. Fabiana est une belle femme, ancienne avocate, qui était rapidement devenue un des meilleurs atouts d'Ecclestone dans le paddock, veillant à ce que les invités soient bien accueillis et gardant toujours un œil sur son mari. Les cyniques concluront qu'elle est avec lui pour son argent, mais ceux-là n'ont pas vu les attentions qu'elle a pour lui : elle adore Bernie autant qu'il l'adore.

Elle était assise à la gauche de son mari, suffisamment près pour vérifier que son téléphone – un fléau technologique dans la vie d'Ecclestone – était bien connecté à ses appareils auditifs. Curieusement, cet homme qui a régné si longtemps sur un sport où la technologie est reine n'y a jamais compris grand-chose. Peu après le lancement de sa chaîne de télévision haute définition, une des premières du genre, il est venu me trouver dans le paddock de Monaco et m'a demandé avec une excitation de gamin : « Alors, tu as regardé ? C'est génial, non ? » Malheureusement, je n'en avais pas eu l'occasion car j'étais toujours sur la brèche. Il m'a donc embarqué avec Bob McKenzie du *Daily Express* et il nous a traînés au « Kremlin », son *motorhome*, pour nous montrer son nouveau joujou. Je signale au passage qu'on ôte ses chaussures pour entrer dans le Kremlin, pour ne pas salir la moquette grise. Bernie alluma son téléviseur et commença à zapper d'une chaîne à l'autre. « Ça, c'est MTV, Bernie », dis-je devant un clip de Take That ou autre boys band. « Non, ça c'est Channel Four, et là tu es sur Eurosport. » Ce petit manège a duré plusieurs minutes jusqu'à ce que, exaspéré, Ecclestone balance la télécommande sur le sofa à l'autre bout du salon sans avoir réussi à trouver sa chaîne. « Bon, bref, en tout cas croyez-moi, c'est génial. » Et là-dessus, nous sommes ressortis. Génial, ça l'était probablement, mais pour une fois le timing de Bernie était mauvais, et la chaîne coula en lui faisant perdre 50 millions de livres.

Si l'on en croit Charlie Whiting, le chef mécano d'Ecclestone qui devint par la suite directeur de course à la FIA, même les technologies les plus rudimentaires lui posaient problème à l'époque de Brabham. Whiting raconte que Bernie déboulait dans le *pit wall* avec un chronomètre dans chaque main, appuyait sur tous les boutons au hasard pendant plusieurs minutes, et finissait par les jeter en les traitant de tous les noms.

Il s'est toujours énervé contre ses téléphones portables. Pendant longtemps, il a eu le Nokia le plus simple qui soit et scotchait à l'arrière un morceau de papier avec une poignée de numéros importants. Un jour, il a voulu me lire une blague qu'il avait reçue par texto ; nous étions dans le paddock de Shanghai le jeudi soir et il ne l'a pas retrouvée avant le samedi matin. Imaginez donc ma surprise lorsque, au cours d'un déjeuner, je l'ai vu entamer une nouvelle conversation tout en regardant un smartphone étincelant ; l'explication était que Fabiana avait trouvé un appareil capable de relier le Bluetooth du téléphone aux appareils auditifs de Bernie. Et à l'arrière de ce smartphone, il n'y avait plus de liste de numéros. C'était un moment étonnant.

Une fois certaine que son mari était bien connecté, Fabiana nous présenta la marque de café qu'elle venait de créer avec la production de la ferme que Bernie avait achetée dans la région de São Paulo. Celebrity Coffee, puisque c'est son nom, ambitionne de toucher les brûleries et les cafés les plus huppés. Et Bernie semble tout à fait enthousiasmé par cette nouvelle aventure, pourtant bien éloignée du rugissement des moteurs de course. Fabiana nous raconta ensuite leur visite dans la plantation pour rencontrer la trentaine d'employés qui y travaillent. « Il y a une femme qui refusait de nous regarder et de nous sourire. Et puis on a fini par se rendre compte qu'elle n'avait pas de dents. Bernie a fait le tour des maisons et décidé qu'il fallait agir, donc il a tout fait démolir pour construire de nouveaux logements, ainsi qu'un centre de soins médicaux et dentaires. La fois suivante, cette femme avait un grand sourire plein de belles dents toutes neuves. C'était fantastique. »

Un acte de générosité tout simple mais qui change une vie, et dont – une fois de plus – Bernie rechignait à parler, préférant jouer avec ses crevettes du bout de sa fourchette. Au moment du dessert, il commanda pour tout le monde son soufflé au chocolat préféré. Et quand vint l'addition, il chercha dans sa poche son rouleau de billets de 50 livres toujours prêts à l'emploi, mais le montant de la note l'obligea à sortir son American Express – une noire, le plus haut niveau qui soit. Au moment où il quittait le restaurant, un homme se leva pour lui demander un selfie, et Ecclestone, légèrement mal à l'aise, se prêta au jeu avant de grimper dans le Range Rover pour rentrer.

J'ai eu la chance de vivre un dernier moment mémorable à Princes Gate. À mon arrivée, Ecclestone descendait tout juste du penthouse et souriait déjà de toutes ses dents. Il portait son habituelle chemise blanche amidonnée, mais cette fois avec des jeans gris moulants qui attiraient l'œil sur ses jambes de sauterelle. Il n'était plus aussi vif qu'autrefois, et sa bedaine trahissait une vie privée confortable, mais à quatre-vingt-sept ans, âge auquel la majorité des retraités envisagent une aide à domicile et quelques ultimes années devant la télé, Bernie débordait encore d'énergie – et de malice.

Il m'a fait signe de m'approcher et m'a pris le bras pour me conduire à son bureau, qui avait été le centre névralgique de la Formule 1 pendant plus de trente ans. Les derniers dossiers étaient bouclés et il n'y avait, pour la première fois depuis bien longtemps, plus aucun document ayant trait à la F1 sur la grande table en verre. « Prêt à décoller », m'a-t-il annoncé sans un soupçon de tristesse... mais avec une idée derrière la tête. Il m'a ensuite conduit dans une antichambre dissimulée derrière une petite porte. « Regarde-moi ça. Qu'est-ce que tu en penses ? » m'a-t-il demandé en me montrant une boîte en acier fixée au mur, avec un hublot circulaire, un gros bouton rouge sur un côté et un bouton vert sur l'autre. « Tu te lances dans les laveries automatiques après la F1 ? » ai-je demandé, sans comprendre ce que je voyais. « Exactement, s'est marré Ecclestone. Je me lance dans la blanchisserie, la blanchisserie d'argent. Tu mets les billets là-dedans, comme dans une machine à laver, et tu appuies sur le bouton vert. »

Comment ne pas relever l'ironie de cette remarque, venant d'un homme assis sur une fortune dont il n'aurait pu rêver durant son enfance modeste, un homme qui avait nié en riant toute implication dans le « Great Train Robbery ». Encore aujourd'hui, je me demande si je n'ai pas été la cible d'une autre monumentale farce de Bernie Ecclestone.

20
LA FIN D'UNE ÉPOQUE

Lewis Hamilton croise les bras sur sa poitrine, immobile dans son cockpit exigu pendant que six mécaniciens rentrent sa longue Mercedes profilée au garage. Ils essuient, briquent et bichonnent la voiture comme s'ils pomponnaient une diva avant qu'elle entre sur la scène d'un opéra. L'espace d'un instant, le calme se fait au milieu du vacarme des qualifications de la course ultime, à laquelle tout le monde veut assister, qui s'est taillée une place dans l'histoire du sport et qui convoque à elle seule toutes les images associées à la Formule 1.

Hamilton a remporté deux fois le Grand Prix de Monaco et sait parfaitement que ces victoires aideront à son inscription au panthéon de la F1. Nous sommes en 2018 et je le regarde s'entraîner dans les rues étroites et sinueuses avec un mélange presque inhumain d'endurance physique et d'agilité mentale.

Je suis branché sur le système qui lui permet de communiquer avec Pete Bonnington et Ricky Musconi, ses ingénieurs de course, et je me tiens devant l'entrée du garage, près de Geoff Willis, un des cadres les plus expérimentés du milieu et détenteur d'un titre de poste qui ne tient pas sur une carte de visite : directeur des technologies de transformation de l'ingénierie numérique. Willis a un ordinateur portable dans les mains et, comme moi, un casque sur les oreilles pour suivre les échanges entre la voiture et le garage. L'entraînement est un flux ininterrompu d'informations : pendant que Hamilton négocie les courbes les plus serrées, remonte à 290 km/h entre les barrières d'acier qui soudainement s'incurvent devant lui en l'obligeant à écraser les freins, Bonnington lui dit où il perd le plus de temps, même s'il s'agit parfois de centièmes de seconde. Bonnington a la tranquillité rassurante d'un pilote de British Airways ; il s'adresse à Hamilton sur le même ton que s'il lui présentait le programme de ses prochaines vacances, le menu des repas et l'heure d'arrivée dans la dernière ligne droite. Pendant ce temps, dans la voiture, le pilote malmené par la force gravitationnelle en a le souffle coupé par moments.

Son volant pourrait tout aussi bien équiper un avion de chasse, avec sa constellation de boutons permettant de régler avec précision les freins, l'alimentation, les pneus... En matière de course automobile, cette complexité revient un peu à se tapoter le crâne tout en se frottant le ventre et en faisant les mots croisés du *Times*.

C'est en tout cas dans ces termes que me le décrit Hamilton quand nous sortons de son garage avec vue sur le front de mer monégasque : « Les objets te foncent dessus à une vitesse hallucinante et ton corps est tordu dans tous les sens, constamment tendu, avec tous les muscles en feu. Des fois, après les grands prix, il y a eu tellement de choses qui se sont accumulées que je rentre chez moi et je ne suis plus bon à rien, je passe plusieurs jours au lit. Mais quand les gens voient la course depuis leur canapé en buvant une tasse de thé, ils croient que c'est facile. »

C'est peut-être ce que se sont dit les spectateurs quand Ayrton Senna, le héros de Lewis Hamilton, a réalisé son tour le plus célèbre à Monaco – et, selon certains, le plus grand tour de l'histoire de la course automobile, toutes catégories confondues. L'exploit, réalisé pendant les qualifications du Grand Prix de Monaco 1988, dura 1 minute et 23,998 secondes durant laquelle Senna lutta avec une bravoure inouïe contre le volant de sa McLaren MP4/4 rouge et blanche. Senna raconte qu'il se trouvait dans un état second, presque comme s'il avait quitté son corps. Trente ans plus tard, en 2018, Hamilton réalisa un temps de 1 minute et 11,232 secondes lors des qualifications du Grand Prix de Monaco.

La technologie, la sécurité, la vitesse et les sommes en jeu dans la Formule 1 ont considérablement changé. Il est loin le temps où l'écurie Brabham de Bernie Ecclestone chargeait ses deux voitures dans un camion avant de partir sillonner l'Europe avec une poignée de mécaniciens, sans jamais savoir si l'équipe rentrerait au complet. Il a fallu 1500 personnes et près de 350 millions d'euros pour fabriquer la voiture que pilotait Hamilton à Monaco. Le budget d'Ecclestone atteignait difficilement les sept chiffres. Ayrton Senna se prit le bec avec Dennis pour un million de dollars, mais à Monaco Hamilton s'apprêtait à signer un contrat à 40 millions. Et pourtant les deux pilotes auraient volontiers piloté pour rien, uniquement pour assouvir leur besoin de vitesse.

Les hommes qui règnent sur le sport ont changé, eux aussi. Au moment où je quitte le garage et l'armée de techniciens penchés sur leurs ordinateurs, je tombe sur Toto Wolff, directeur de Mercedes Motorsport et premier représentant de cette nouvelle race de directeurs d'écuries. Déjà riche avant d'arriver chez Mercedes, il détient en outre des parts dans l'écurie qui valent désormais plus de 160 millions d'euros, après quatre titres consécutifs avec Hamilton et Nico Rosberg. Mais Wolff doit rendre des comptes à Stuttgart, devant le conseil d'administration qui décidera de l'avenir de Mercedes en F1. Quand les costards-cravates auront récolté les fruits de leur investissement, ils couperont les vivres à la division sport parce que, contrairement aux *garagistes**, ils ne sont pas obnubilés par la course et son cortège d'épreuves et de succès.

Wolff était accompagné par un petit garçon qui arrivait à peine à la taille du grand Australien. Ce petit garçon s'appelait Andrea Kimi Antonelli et il avait douze ans. Ce n'est pas un hasard s'il s'appelle Kimi : son père est un grand amateur de F1 et le petit garçon était le meilleur espoir du karting junior – d'ailleurs, il venait de signer avec Mercedes.

« Pour trouver le prochain Lewis, il faut chercher du côté des très jeunes, tous les grands champions étaient déjà impressionnants à cet âge », déclare Wolff. Graham Hill n'a passé son permis de conduire qu'à vingt-quatre ans, alors qu'il était déjà deux fois champion du monde, et à l'inverse Nigel Mansell a dû attendre ses trente-neuf ans pour décrocher son premier titre.

Quel trajet accompli pour la F1 depuis le temps des combines de Bernie Ecclestone et sa clique. Aujourd'hui, le sport appartient à un groupe médiatique américain dont la première mesure a été d'augmenter sa présence sur les réseaux sociaux – à la consternation d'Ecclestone –, tandis que les fans enrageaient devant des événements de plus en plus ennuyeux et dominés par les Mercedes de Wolff.

On peut légitimement se demander ce qu'ont laissé en héritage ces entrepreneurs hors du commun qui ont façonné la Formule 1. Pendant l'âge d'or, tout était plus simple : il suffisait de construire une voiture, d'y mettre de l'essence et de la conduire pied au plancher. La seule menace planant sur ce mode de vie était le risque que l'argent vienne à manquer.

Aujourd'hui, alors que les constructeurs délaissent le tonnerre des chevaux vapeur au profit de l'énergie électrique, la menace est plus profonde, presque existentielle. Fut un temps où la Formule 1 se posait en leader du progrès technologique, où les systèmes et pièces qu'elle développait finissaient par équiper les voitures de tourisme conventionnelles. Mais aujourd'hui, les écuries emploient des fortunes et des centaines de scientifiques hautement qualifiés à concevoir des détails aérodynamiques sans intérêt et abandonnent les moteurs thermiques pour des systèmes hybrides, complexes et coûteux, dont le bruit chétif a détourné des millions de fans de la F1. C'est la Formule E – entièrement électrique – qui s'est imposée sur la scène technologique en se concentrant sur les batteries dans lesquelles nombre de constructeurs voient leur avenir. Pendant que la F1 tentait en vain de faire revenir les grands constructeurs, la Formule E recrutait Jaguar, Audi, Mercedes et d'autres encore, qu'elle fait s'affronter dans des cadres d'exception tels que le centre de Berlin, Paris, Hong Kong et New York – des villes que la F1 aimerait tant attirer.

Fini aussi le rituel dominical consistant à zapper sur une chaîne hertzienne pour suivre une course dans un lointain pays exotique. Les chaînes payantes ont capté tous les droits de diffusion d'un sport qui préfère l'argent à son public. En Angleterre, c'est la Premier League de football qui a lancé l'exode vers le satellite, mais la F1 ne s'est pas fait prier pour lui emboîter le pas. Lorsque Jenson Button remporta le Grand Prix du Canada en 2011 – une des courses les plus haletantes de l'histoire, qui le vit passer de la dernière place à la première après que la pluie eut retardé la course de deux heures –, ce fut devant 8,5 millions de téléspectateurs branchés sur la BBC ; en 2017, Sky Sports, qui s'est assuré pour 1 milliard de livres l'exclusivité des droits de diffusion de la F1, rassemblait en moyenne 652 000 téléspectateurs par course.

Cela étant, le modèle traditionnel des grand-messes télévisées a fait son temps. Les jeunes regardent le sport sur leur téléphone et leur tablette, et les autres disciplines ont toutes les peines du monde à conserver leur attention pendant quatre-vingt-dix minutes d'affilée. Et les sponsors investissent dans l'e-sport, à savoir la course automobile sans la sueur, sans le danger, et sans même avoir à sortir de chez soi. Mercedes a recruté son premier champion d'e-sport à l'été 2018, un ancien commis de cuisine nommé Brandon Leigh qui s'est vu confier la direction de l'équipe. Mais, même avec toute la meilleure volonté du monde, Leigh ne sera jamais Hamilton. Il a remporté le premier championnat e-sport de Formule 1 à Abou Dhabi en 2017, juste avant le Grand Prix. Avant cela, il n'était jamais sorti du Royaume-Uni et n'avait même jamais pris l'avion.

La technologie aussi a contribué à dévitaliser la F1. Aujourd'hui, un ordinateur transmet les données à un technicien qui informe son pilote des conditions météo, de la santé de sa voiture, et qui lui dit même comment conduire. Lors du Grand Prix de France 1999, Eddie Jordan envoya un mécanicien à scooter dans la campagne pour surveiller l'arrivée de la pluie, et modifia sa stratégie en fonction des indications du mécano. Il remporta la course. Aujourd'hui, toutes les écuries ont des images satellite et une cohorte d'experts qui évaluent à distance toutes les possibilités à l'aide de leurs superordinateurs.

La séduction viscérale exercée par Senna à Monaco – puissance pure, force, risque, vitesse – a été étouffée par l'informatique et les algorithmes.

Une fois tiré le trait sur le passé fascinant et lucratif de la Formule 1, demandons-nous ce que lui réserve l'avenir. Mark Gallagher, ancien directeur commercial d'Eddie Jordan devenu commentateur sportif, écrivain et consultant, a un point de vue intéressant sur la question.

« Peut-être que l'avenir est à chercher dans le passé. Prenons la course hippique : le cheval n'est plus un moyen de transport depuis plus d'un siècle, mais nous continuons à regarder le Grand National et le Prix de l'Arc de Triomphe. Il y a des jockeys et des chevaux qui deviennent légendaires et génèrent des centaines de millions de livres. Quand les voitures se conduiront toutes seules, je dirai à mes petits-enfants de regarder à la télé de vraies machines conduites par de vraies personnes qui courent de vrais risques. »

Lorsque les choses se tassèrent après la prise de contrôle de la F1 par Liberty et qu'Ecclestone se retrouva officiellement au chômage pour la première fois de sa vie à l'âge de quatre-vingt-sept ans, je suis allé le voir à Princes Gate. Le soleil inondait son bureau, qui donnait sur un petit jardin bien entretenu. Autrefois, nous aurions parlé des transferts de pilotes et des écuries qui lui réclamaient le plus d'argent, mais au lieu de cela nous nous sommes demandé ce qu'allait devenir un sport qui avait été toute sa vie et dont il avait fait ce qu'il est aujourd'hui.

Ecclestone n'avait que des souvenirs à mettre sur la table, ne sachant pas plus que quiconque ce qui allait advenir après son départ. « Quand je mourrai, j'ai dit à Fabiana de me foutre dans une caisse et de me jeter aux ordures », sourit-il.

Je lui ai dit que son départ signait la fin de la bande qui avait créé la Formule 1, la fin de l'ère d'Enzo, Ron, Luca, Max et les autres. Ken Tyrrell est mort en 2001, Tom Walkinshaw en 2010, et Sir Frank n'est plus en très grande forme. Tous les autres ont été mis sur la touche par un monde qui les reléguait au passé.

Ecclestone a regardé un moment par la fenêtre, comme pour assimiler ce que je venais de dire et laisser pénétrer en lui toutes ces années à croiser le fer, la croissance de la F1, les amis perdus et la fin de tout cela.

« La fin d'une époque ? a-t-il dit. C'est peut-être dans l'ordre des choses que les vieux débarrassent le plancher. On a fait notre temps et on en a bien profité. On n'a rien à regretter. »

Surtout pas les fortunes qu'ils ont faites, j'imagine ? Ecclestone s'est penché vers moi et a posé son menton dans ses mains. « Tous les gens dont tu viens de parler, moi compris, on ne faisait pas ça pour l'argent. Ron, Frank, etc., on était tous des pilotes. On a gagné de l'argent grâce à la F1. Mais on n'est pas allés dans la F1 pour gagner de l'argent. On y est allés pour piloter, et tant mieux si ça nous a permis de gagner de l'argent. Mais on était des pilotes. »

POST-SCRIPTUM

Lorsque j'ai fait mes adieux au cirque ambulant de Bernie, on m'a gentiment décrit comme le doyen des journalistes de F1, un titre que je dois plus à mon âge qu'à mon talent et qui s'incarne également sous la forme liquide que je préfère : le gin. La marque Daffy's, sponsor de Manor Racing, a inventé pour l'occasion un cocktail, le Doyen. En voici la recette, histoire que vous puissiez trinquer aux hommes qui ont fait la Formule 1 : mélanger 50 ml de gin Daffy's, 100 ml de jus d'airelles, ½ cuillère à café de marmelade Duerr 1881 Golden Orange, passer au shaker et filtrer, ajouter un trait de champagne, garnir de fleurs d'hibiscus et de zestes de lime. Santé !

REMERCIEMENTS

À tous les dîners et pendant les conversations au pub, quand mon interlocuteur apprenait mon métier, il me demandait immanquablement : « Et Bernie Ecclestone, il est comment en vrai ? » Ou sinon : « Je ne peux pas encadrer Lewis Hamilton. Il est aussi arrogant en vrai qu'à la télé ? » J'espère donc que ce livre apportera une réponse à certaines de ces questions. Je me suis toujours étonné que les gens ne voient que le pire dans la F1, malgré le succès de ce sport et mes efforts pour leur faire comprendre que ses personnages étaient exactement comme eux : ils avaient une famille et des soucis, un caractère souvent bien trempé et des passages à vide, car la Formule 1 est le plus grand des feuilletons, et son strass et ses paillettes ont ouvert la voie à bien d'autres sports.

Je n'ai pas voulu entrer en détail dans les complexités de ce sport, mais j'ai tâché de dépeindre les personnes que j'ai rencontrées au fil de plusieurs décennies à suivre le championnat aux quatre coins du monde. Pour approfondir l'histoire qui a contribué à façonner ces personnages, je me suis appuyé sur les excellentes biographies de Bernie Ecclestone par Tom Bower et Susan Watkins, sur le récit détaillé de *The Piranha Club,* écrit par mon ancien collègue Timothy Collings, sur le merveilleusement complet *Grand Prix Century* de Christopher Hilton, et sur la biographie d'Enzo Ferrari par Richard Williams. Arrivé trop tard sur le circuit pour faire la connaissance du grand Enzo, il me faut remercier Brenda Vernor, son ancienne secrétaire, pour m'avoir raconté la vie à Maranello. J'ai passé une formidable journée avec elle près de l'usine Ferrari.

Je veux aussi remercier tous les grands noms de la F1 pour m'avoir accordé le temps de parcourir ensemble des souvenirs, certains flatteurs et d'autres moins. Merci donc à Eddie Jordan, Christian Horner, Flavio Briatore, Graeme Lowdon, David Coulthard, David Richards, Mark Gallagher, Sir Jackie Stewart, Vijay Mallya, Claire Williams, Anthony Hamilton, Toto Wolff, Paul Stoddart, John Hogan, Finbarr O'Connell et Oliver Weingarten pour leur temps, leur compagnie et leur franchise. Ils m'ont été d'une aide considérable pour mettre de l'ordre dans mes idées. Je me suis aussi appuyé sur des entretiens réalisés au cours des années précédentes, notamment avec Niki Lauda, Sir Frank Williams, Sir Stirling Moss et Michael Blash, alias Herbie, un des vétérans les plus adorables de la Formule 1. Merci en outre à mes vieux copains de la presse : Jonathan McEvoy du *Daily Mail* et Bob McKenzie du *Daily Express* pour avoir stimulé ma mémoire vieillissante. Et merci à Bradley Lord, le directeur de la communication de Mercedes, pour m'avoir permis de passer un moment avec Lewis Hamilton, un jeune homme qui n'avait que quinze ans lors de notre première rencontre.

Enfin, à tout seigneur tout honneur, un immense merci aux « Big Beasts » de la F1, ces figures tutélaires qui ont probablement plus fait que n'importe qui pour ce sport : Bernie Ecclestone, Ron Dennis, Max Mosley et Luca di Montezemolo. Leur gentillesse et leur générosité exceptionnelle m'ont aidé à comprendre vaguement la Formule 1 – et m'ont assuré un gagne-pain.

GLOSSAIRE

A

Agnelli, Giovanni, « Gianni » (Turin, 1921 – 2003) : directeur de Fiat et homme le plus riche d'Italie. Il a pris le contrôle de Ferrari après la mort d'Enzo.

Alonso, Fernando (Oviedo, Espagne, 1981) : double champion du monde avec Renault, vainqueur de trente-deux grands prix.

Andretti, Mario (Motovun, Croatie, 1940) : Américain aux douze victoires en grand prix, et champion du monde 1978 avec Lotus.

Ascari, Alberto (Milan, 1918 – Monza, 1955) : premier champion du monde pour Ferrari, en 1952 et 1953, il se tue lors des essais à Monza.
Son père Antonio était mort au cours du Grand Prix de France en 1925.

B

Balestre, Jean-Marie (Saint-Rémy-de-Provence, 1921 – Saint-Cloud, 2008) : président tyrannique de la FIA, renversé par Max Mosley et Bernie Ecclestone.

Bandini, Lorenzo (Marj, Libye, 1935 – Monaco, 1967) : dentiste reconverti dans la course automobile qui rapporta la première victoire à un constructeur britannique (partagée avec Stirling Moss) lors du Grand Prix de Grande-Bretagne, à Vanwall en 1957. Décédé des suites d'un accident survenu au Grand Prix de Monaco 1967.

Barrichello, Rubens (São Paulo, Brésil, 1952) : pilote ayant pris le départ de plus de trois cents grands prix sur Jordan, Ferrari, Honda, Brawn et Williams. Onze victoires.

Berger, Gerhard (Wörgl, Autriche, 1959) : pilote pour Arrows, Benetton, Ferrari et McLaren. Dix victoires. Grand ami d'Ayrton Senna.

Button, Jenson (Frome, Angleterre, 1980) : entré en Formule 1 à vingt ans, il a à son actif 306 départs et 15 victoires, ainsi que le titre mondial 2009.

C

Collins, Peter (Kidderminster, Angleterre, 1931 – Bonn, Allemagne, 1958) : charismatique coéquipier de Mike Hawthorn chez Ferrari, tué lors du Grand Prix d'Allemagne 1958.

Cooper, John (Surbiton, Angleterre, 1923 – 2000) : au côté de son père Charles, il lance l'essor des constructeurs anglais. En plus de ses seize victoires en F1 et de deux titres constructeur, il est le créateur de la Mini Cooper.

Coulthard, David (Twynholm, Écosse, 1971) : pilote entré en F1 en 1994 chez Williams, il passe ensuite chez McLaren où il bat le record de durée avant de partir chez Red Bull en 2005. Treize victoires sur 246 départs. Producteur de télévision et commentateur sur Channel 4 jusqu'à la fin de la saison 2018.

D

Dennis, Ron (Woking, Angleterre, 1947) : ancien mécanicien, il a pris en 1981 le contrôle de McLaren, qui s'arrogera douze titres individuels et huit en tant que constructeur. Il en part en 2016 après un désaccord avec le conseil d'administration.

E

Ecclestone, Bernie (St Peter, Angleterre, 1930) : pilote amateur et vendeur de voitures d'occasion, il fait fortune à la tête de la F1 pendant près de quarante ans. Controversé et spontané, il est démis de ses fonctions en janvier 2017.

F

Fangio, Juan Manuel (Balcare, Argentine, 1911 – Buenos Aires, Argentine, 1995) : pilote argentin souvent considéré comme le plus grand de tous les temps, détenteur de cinq titres mondiaux.

Farina, Giuseppe (Turin, Italie, 1906 – Aiguebelle, France, 1966) : pilote vainqueur du premier Grand Prix de Formule 1 à Silverstone le 13 mai 1950 et premier champion du monde.

Ferrari, Enzo (Modène, Italie 1898 – 1988) : fondateur de l'écurie la plus célèbre et la plus titrée de la Formule 1, la seule à avoir pris part à toutes les saisons du championnat moderne depuis 1950.

H

Häkkinen, Mika (Vantaa, Finlande, 1968) : double champion du monde avec McLaren, vainqueur de trente grands prix sous la direction de Ron Dennis.

Hamilton, Lewis (Stevenage, Angleterre, 1985) : sept fois champion du monde, ce qui en fait le pilote le plus titré de l'histoire, à égalité avec Michael Schumacher. Recordman du nombre de pole positions, de podiums, de courses terminées dans les points, du nombre de points marqués en une saison, du nombre de points en carrière, de tours passés en tête et du nombre de victoires.

Hawthorn, Mike (Mexborough, Angleterre, 1929 – Guildford, Angleterre, 1959) : premier champion du monde britannique, en 1958 au volant d'une Ferrari. Tué dans un accident de la route six mois après son départ à la retraite.

Head, Patrick (Farnborough, Angleterre, 1946) : cofondateur et directeur technique de Williams Grand Prix, il récolte avec l'écurie neuf titres mondiaux. Prend sa retraite en 2004.

Horner, Christian (Leamington Spa, Angleterre, 1973) : directeur de l'écurie Red Bull, qui a remporté quatre titres constructeur et quatre titres pilote avec Sebastian Vettel (2010-2013).

Hunt, James (Belmont, Angleterre, 1947 – Londres, 1993) : champion populaire au look de playboy, il remporte le championnat en 1976 sur McLaren. Commentateur sur la BBC, il meurt d'une crise cardiaque à quarante-cinq ans.

I

Irvine, Eddie (Newtonards, Irlande du Nord, 1965) : pilote qui perdit le championnat 1999 à deux points près sur Ferrari avant de passer chez Jaguar. Quatre victoires en carrière.

J

Jordan, Eddie (Dublin, Irlande, 1948) : ancien patron de Jordan Grand Prix, il devient ensuite commentateur sur Channel 4. Entré en F1 en 1991, il cède son écurie à Midland F1 en 2005.

L

Lauda, Niki (Vienne, Autriche, 1949 – Zurich, 2019) : triple champion du monde, il pilote pour March, BRM, Ferrari, Brabham et McLaren. Magnat du transport aérien et président de l'écurie Mercedes.

M

Mallya, Vijay (Calcutta, Inde, 1955) : propriétaire de l'unique écurie indienne à avoir vu le jour. Rachète Spyker en 2007 pour monter Force India, qui dépose le bilan en 2018 avant d'être reprise par un consortium mené par l'homme d'affaires canadien Lawrence Stroll.

Mateschitz, Dietrich (Sankt Marein, Autriche, 1944) : copropriétaire de la marque Red Bull, classé parmi les 50 plus grandes fortunes mondiales avec 21 milliards de dollars. Propriétaire des écuries Red Bull et AlphaTauri (ex-Toro Rosso).

Minardi, Giancarlo (Faenza, Italie, 1947) : fondateur de l'écurie Minardi, vendue à Paul Stoddart en 2001.

Montezemolo, Luca Cordero di (Bologne, Italie, 1947) : l'homme qui a fait de Ferrari l'écurie la plus titrée en F1. Protégé d'Enzo Ferrari et de Gianni Agnelli, il quitte Ferrari en 2014 en ayant passé près de trente ans à la tête de la société.

Mosley, Max (Londres, Angleterre, 1940 – 2021) : avocat devenu pilote, il cofonde l'écurie March avant de devenir président de la Fédération internationale de l'automobile de 1993 à 2009, et gouverne la Formule 1 pendant près de deux décennies.

Moss, Stirling (Londres, Angleterre, 1929 – 2020) : considéré comme le meilleur pilote à n'avoir jamais gagné de titre mondial, il est le premier Britannique à remporter le Grand Prix de Grande-Bretagne en 1955 sur une Mercedes.

N

Newey, Adrian (Stratford-upon-Avon, 1958) : designer le plus titré de la F1, il remporte des championnats avec Williams, McLaren et Red Bull. Ses voitures ont gagné dix championnats constructeurs et leurs pilotes ont récolté six titres individuels.

O

Ojjeh, Mansour (Arabie Saoudite, 1952) : ex-associé de Ron Dennis, il reste actionnaire de McLaren.

P

Prost, Alain (Lorette, 1955) : quadruple champion du monde sur Ferrari, McLaren et Williams, il prend sa retraite fin 1993 avec 51 victoires. Achète l'écurie française Ligier en 1997, qui coule en 2002 sous le poids de ses dettes.

R

Rindt, Jochen (Mayence, Allemagne, 1942 – Monza, Italie, 1970) : unique champion du monde à titre posthume après avoir trouvé la mort au volant de sa Lotus lors du Grand Prix d'Italie à Monza. Ami proche de Bernie Ecclestone.

S

Scheckter, Jody (East London, Afrique du Sud, 1950) : pilote pour McLaren, Tyrrell et Wolf, il remporte le titre en 1979 avec Ferrari.

Schumacher, Michael (Hürth, Allemagne, 1969) : deuxième pilote le plus titré de l'histoire avec 91 victoires et sept championnats du monde. Il prend le départ de 307 courses en F1 sur Jordan, Benetton, Ferrari et Mercedes.

Senna, Ayrton (São Paulo, Brésil, 1960 – Bologne, Italie, 1994) : triple champion du monde sur McLaren. Passe chez Williams en 1994 et meurt peu après dans un accident à Imola pendant le Grand Prix de Saint-Marin. Quarante et une victoires en carrière et 65 pole positions.

Stewart, Jackie (Milton, Écosse, 1939) : triple champion du monde et ancien patron de Stewart Grand Prix. Grand militant pour la sécurité sur la piste et gagnant de 27 grands prix pour 99 départs.

Stoddart, Paul (Melbourne, Australie, 1955) : magnat australien du transport aérien, il achète Minardi en 2001 et la revend à Red Bull en 2005.

T

Todt, Jean (Pierrefort, 1946) : copilote champion du monde de rallye, il devient *team manager* chez Peugeot, où il gagne Le Mans. Directeur sportif de Ferrari en 1993, il remporte six championnats constructeur d'affilée. Prend la suite de Max Mosley à la tête de la FIA en 2009.

Tyrrell, Ken (East Horsley, Angleterre, 1924 – Surrey, 2001) : pionnier de la Formule 1 britannique, il gagne trois championnats constructeurs avec Jackie Stewart en 1969, 1971 et 1973. Vend l'écurie qui porte son nom à British American Racing en 1999.

V

Vettel, Sebastian (Heppenheim, Allemagne, 1987) : un des pilotes les plus titrés de tous les temps avec quatre championnats du monde sur Red Bull avant de passer chez Ferrari puis Aston Martin.

Villeneuve, Gilles (Saint-Jean-sur-Richelieu, Canada, 1950 – Zolder, Belgique, 1982) : pilote chouchou des fans, il remporte six grands prix avec Ferrari mais se tue lors du Grand Prix de Belgique en 1982. Père de Jacques, champion 1997 sur Williams.

T

Trips, Wolfgang von (Cologne, Allemagne, 1961 – Monza, 1961) : aristocrate allemand en lice pour le championnat du monde 1961, il meurt ainsi que quinze spectateurs dans un accident au cours du Grand Prix d'Italie.

W

Walkinshaw, Tom (Mauldslie, Écosse, 1946 – Midlothian, 2010) : champion d'Europe des voitures de tourisme, il devient directeur de l'ingénierie chez Benetton où il orchestre deux titres mondiaux pour Michael Schumacher. Achète en 1996 l'écurie Arrows, qui coule six ans plus tard.

Watkins, Sid (Liverpool, Angleterre, 1928 – Londres, 2012) : neurochirurgien renommé, il devient le premier médecin à plein temps de la F1 en 1978 et prend sa retraite en 2005.

Williams, Claire (Windsor, Angleterre, 1976) : fille de Sir Frank et directrice générale adjointe de l'écurie Williams F1 entre 2013 et 2020.

Williams, Frank (South Shields, Angleterre, 1942) : constructeur britannique le plus titré avec neuf championnats. Lance sa première écurie en 1966. Confiné à un fauteuil roulant depuis un accident de voiture en 1986.

Wolff, Tom (Vienne, Autriche, 1972) : ancien actionnaire de Williams, il entre chez Mercedes en 2013 et prend la tête de Mercedes Sport.

INDEX